价值发现

一个价值投资者的投资札记

张靖东 著

清华大学出版社

北京

内 容 简 介

　　市场上关于价值投资的图书多如牛毛，但绝大部分偏于理念阐述而缺乏实战案例，读者即便理解了价值投资理念，在实战中往往也不知如何下手。本书从方法论和投资案例入手，从理念、案例、感悟三个方面深入浅出地讲解价值投资之道，让你轻松拥有成功的投资人生！

　　全书分为三个部分，第一部分是投资理念篇，完整地阐述了投资策略和企业分析框架，构建了整套的投资方法论；第二部分是投资案例篇，是对本书作者10多年投资生涯的经典投资案例进行复盘，帮助读者在代入感中了解投资并理解企业经营之道；第三部分是投资感悟篇，是本书作者平时的投资感悟以及最近7年的投资年终总结。全书可以让读者感受到一个投资者一步一步通过自己的努力，采用价值投资的方法，最终走向股市投资成功的进化路程和心路历程。

　　本书的读者对象主要是对股票价值投资感兴趣的投资者。

本书封面贴有清华大学出版社防伪标签，无标签者不得销售。
版权所有，侵权必究。举报：010-62782989，beiqinquan@tup.tsinghua.edu.cn。

图书在版编目(CIP)数据

价值发现：一个价值投资者的投资札记 / 张靖东著 . 一北京：清华大学出版社，2020.6
（2021.11重印）
（深度投资分析丛书）
ISBN 978-7-302-55227-7

Ⅰ．①价⋯　Ⅱ．①张⋯　Ⅲ．①投资—研究　Ⅳ．① F830.59

中国版本图书馆 CIP 数据核字 (2020) 第 055255 号

责任编辑：施　猛
封面设计：熊仁丹
版式设计：方加青
责任校对：牛艳敏
责任印制：朱雨萌

出版发行：清华大学出版社
网　　址：http://www.tup.com.cn，http://www.wqbook.com
地　　址：北京清华大学学研大厦A座　　　邮　编：100084
社 总 机：010-62770175　　　　　　　　　邮　购：010-62786544
投稿与读者服务：010-62776969，c-service@tup.tsinghua.edu.cn
质 量 反 馈：010-62772015，zhiliang@tup.tsinghua.edu.cn

印 装 者：三河市铭诚印务有限公司
经　　销：全国新华书店
开　　本：180mm×250mm　　印　张：19.25　　字　数：334 千字
版　　次：2020 年 7 月第 1 版　　印　次：2021 年 11 月第 6 次印刷
定　　价：58.00 元

产品编号：086207-01

序1 成为一个擅于发现价值的投资者

2020年伊始，收到好友张靖东先生的书稿，这是一件非常令人欣喜的事。我在很早的时候，就在雪球上持续关注他写的投资文章，从中获益良多。2018年底，我们在南京举办大视野年度投资分享会，邀请了张先生到现场做分享，与会的朋友们对张先生分享的内容，给予了高度的评价。在后来的岁月中，市场也逐步兑现了他当初的投资逻辑。初学者看到优秀投资者竟然可以提前数年就知道未来会发生什么，仿佛见到了神！其实，神即道，道法自然，如来。投资是认知的变现，所谓的"道"即股市运行的客观规律。在市场处于一片迷雾状态时，优秀投资者基于自己的理性判断，可以前瞻性地看到企业未来的发展形态，这是需要扎实功底的。如今，张先生出版了这本书，我们有机会系统地学习他的投资体系了。

从这本书中，可以看出来张先生从一个投资新手，一路摸爬滚打，其间也走过一些弯路，最终成长为一位资深人士，形成了一套适合自己的完善投资体系。处于不同阶段的投资者都能从书中吸收到适合自己的知识。对于初学者来说，该书指明了一条在股市上成功进阶的道路。张先生以前也是一个业余投资者，他是如何逐步进化的？他把自己过去是如何思考的、如何做的，无论是成功的投资案例，还是失败的投资案例，都毫无保留地分享了出来。而专业投资者可以学习张先生的商业分析方法，来提高商业洞察力。张先生通过自己的实战，总结出一套跟踪企业竞争态势的系统性的方法论，通过他自身的实践结果看，这套方法是具备可行性的。

张先生的投资体系，并不拘泥于长期持有优质公司股权来穿越牛熊市。在投资标的选择与仓位动态管理上，他有自己更加灵活并适合自己持股心态的方法。比方说，对于周期股、困境反转类的企业，他形成了一套比较成熟的应对方式，这样就扩大了可选择的投资范围。再如，A股市场的牛短熊长特征，导致股票价格相对于内在价值出现非理性的大幅度波动，有些资深投资者选择性地忽视市场波动，看企业更加长远的发展前景，然而张先生却根据市场的这种非理性波动的特征，总结出来一套具备实战性的仓位动态管理方法，通过自造现金流的方式，既可以保证主力仓位在正面战场的优势地位，也可以利用游击仓位对突发出现的变局进行有效狙击。这种灵活的仓位管理方式，我相信对于专业投资者来说，也具有一定的启示。

买股票就是买生意，既然是买生意，当然要选择投资好生意。投资体系的落脚点还是要落在一个个具体的企业分析上，我们要识别出企业具备了什么样的差异化竞争优势。我们可以先通过财务指标定量筛选的方法，从股市数千家上市公司中筛选出各行各业中最优秀的企业；然后配合基本面分析的方法，分别研究清楚这数家企业所在行业的前景、商业模式、竞争格局、管理能力；最后选择进入我们视野的那些企业。当我们对生意过去、现在和未来有了清晰认识以后，才能够对这个生意进行有效的估值，知道这个生意在什么价格是合理的，在什么价格是被低估了，之后耐心地等待市场给我们出手的机会，当历史性的机会出现时，要敢于重仓，敢于秀出自己的"本垒打"。从张先生2008年三聚氰胺事件发生以后重仓投资了乳业龙头伊利股份、2013年限制"三公消费"及白酒塑化剂事件期间重仓投资了白酒龙头贵州茅台这些经典的投资案例，可以看出一个优秀的投资者敢于重仓逆市买入不仅需要完备的知识体系做支撑，更需要强大的心理素质，也正是因为这些成功的投资行为逐步成就了一个伟大的投资者。

最后，如张先生所说，持有股票的最高标准是看我们是否可以处于一种放松的状态，即无论市场价格涨跌，你自己心中可以做到云淡风轻、闲庭信步。当然，是否已经做到了这一点，相信每个人心里面都有自己的一杆秤，如人饮水，冷暖自知。如果投资还让你有一种看镜中花水中月的感觉，那么这本书可以帮助你拨开迷雾，直击股市成功投资的核心。

南京春谷投资咨询有限公司CEO　蒋炜
2020年1月15日于大视野

网络的世界就是这样奇妙,几年前在雪球网上,我发现一个ID为"价值发现"的投资者发表的一些文章、帖子很有见解,于是就加了关注,并且在备注一栏中标注"投资理念一致",再后来我们便成为互相关注的粉丝好友。2018年8月,央视"投资者说"节目对这位投资者的投资经历做了一期节目,揭开了这位投资者的面纱,我才知道他的真名叫张靖东,而且我们之间原来离得还很近,这无形之中又增加了亲近感。但是如实说,我们彼此在网上关于投资的交流却很少,或许志同道合的投资者就是这样,大家彼此就如此默默地关注着,尽管少有交流,但心灵之间也能够息息相通,这也算是对投资的一种心照不宣的默契吧。

2020年春节前夕,靖东先生突然致信我说,他今年要出一本书,问我是否方便给他作个序言,并且还将全部的书稿传给了我。关于作序,我一向认为,一是要对作者比较熟悉,二是要对书中的内容比较认同,至少在投资价值观上应当处于同一个频道,否则,也有负于自己的内心,更是对读者的一种不负责任。于是,我回复说,我先看一看书稿吧。

三人行必有我师焉。我首先是抱着一种学习的态度,带有一些好奇心来看他的书稿的,并且从头到尾看得很仔细、很认真,于是慢慢地便有了为其作序的冲动,脑海中还不断在浮现一个题目,这个题目便是《价值投资的进化》。

我为什么要以这个题目作为其书的序言呢?

这是因为,价值投资以1934年美国格雷厄姆所著的《证券分析》(与多德合作)横空出世为标志,80多年来,价值投资这个大家庭不断繁衍生息,不断进化,进而形成了价值投资的不同派别和风格。粗线条地分析,价值投资可以划分为三类:

一是原教旨主义的格雷厄姆派。

这种投资理论主张以低于清算价值,或者低于营运资产三分之一或者更低的价格买入,然后等待市场充分反映其价值之时卖出。早期的巴菲特就是采用这种投资策略,后来巴菲特称之为"捡烟蒂"策略,就是说在大街上见到烟头还剩下一小截儿没有抽完,拾起来可以再吸上几口，这个比喻很形象。格雷厄姆的另一个学生沃尔特·施洛斯，可以称得上这种投资策略的忠实门徒，深得其精髓，后来将这种投资策略发挥到了极致。

二是菲利普·费雪的成长股投资派。

1957年菲利普·费雪出版了一本书《怎样选择成长股》，这本书与格雷厄姆的著作一样，也称得上投资的圣经。费雪的投资思想与格氏风格有所不同，他更看重企业的显著经济特征，并且认为，伟大的公司是稀少的，一旦发现投资机会，比如它们在市场上一时失宠之时，就要集中资金进行投资。所以，费雪与施洛斯有所不同，施洛斯采取"广泛撒网"的方法，比如，他可以买入100多家公司的股票，但是费雪则集中长期持有几家少数优秀的公司十几年、二十年、三十年，甚至更长的时间。此外，如果非要归类的话，巴菲特的合作伙伴查理·芒格可以归结到费雪的成长股投资派。

三是巴菲特-芒格派。

真正把价值投资发挥到极致(无论是在理论还是在实践上)，或者说集大成者，自然是沃伦·巴菲特了。巴菲特从自身投资的经历中总结出来一句名言，即宁可以合理的价格买入超级明星企业，也不以低廉的价格买入平庸的企业，并且他说，明白了这一点有一种从大猩猩向人类进化的感觉。芒格则有一个著名的"三个训导"，即股价公道的伟大企业比股价超低的普通企业好(说三遍)。

价值投资是不分国界的，如果分析一下历史并不太长的中国股市走出来的一批大牛股，它们给投资者带来了几十倍、上百倍、几百倍的收益，巴菲特与芒格的这些名言，也在不断地得到印证，因为道理很浅显，即时间是优秀企业的朋友，是平庸企业的敌人。机会成本有时是一种巨大的成本，只是这一点常常为一些投资者忽略。

在今天中国股市的投资界，谈起国外的一些投资大师，谈格雷厄姆、巴菲特、芒格相对多些，而谈费雪似乎相对少些，费雪的投资策略似乎有被"低估"之嫌。换言之，投资者(特别是个人投资者)聚焦投资优秀企业，拉长时间看，反而回报可能更好。而且据我观察，很多的投资者投资时间越长，越是向这个方面进化。

本书的作者靖东先生就是这样一个进化的典范。他在自己的书中详细地记录了自己的进化过程，并且给人以深刻的启示。

靖东先生的这本书，其可取之处还在于，不仅有投资理念的阐述，更侧重于自己过往投资案例的分享，并且这种分享很无私、很真诚，特别对自己投资中的缺憾与不足，也不讳言，这一点更是难能可贵。

靖东先生的这本书有投资理念，有投资案例，有商业分析，还有对人性的洞悉。全书以前言《一个投资者的自我进化》开始，以最近7年的年终总结结尾，首尾呼应，就如同一幅波澜壮阔的历史画卷慢慢铺陈开来，可以让读者感受到一个投资新手一步一步地通过自己的努力，最终走向股市投资成功的整个进化路程和心路历程。

开卷有益。如果您对靖东先生投资的进化过程有兴趣，还是尽快地打开本书吧！

张居营（闲来一坐s话投资）

2020年2月

前言

一个投资者的自我进化

投资十余载，经历了三个阶段的蜕变，简单地说，就是三段式：2005—2008年、2008—2013年、2013年至今。三段式特点分明，都有各自不同的投资理念和投资策略。

第一阶段(2005—2008年)，初入股市，少量资金入市，追涨杀跌的事情没少干，也研究过企业基本的皮毛，看过巴菲特的书，也套用公式计算过企业的自由现金流，结果是在大牛市里资金翻倍，但在随后的下跌行情里回到原点，但的确没有赔钱；同时用部分资金投资期货，深度学习、研究、应用技术分析，技术分析领域中各种技术形态、量价配合、均线指标都熟练应用过，结果是8万元的本金最低谷时只剩下1万多元，最后反弹至3万元时果断清仓出局。这一阶段算是各种试错，钱倒是赔得不多，但时间成本较大，算是初入股市的学费吧，初步接触并接受了巴菲特价值投资的理念。

第二阶段(2008—2013年)，接受了价值投资的理念。利用2008年股市下跌的机会大笔资金入市，归返巴氏门下，学习了大量与巴菲特有关的书籍，投资理念归入正途，这一阶段主要学习的是投资策略和投资理念方面的书籍，对价值投资理念有了比较深入的了解，但比较呆板和僵化，主要的投资策略是寻找估值便宜的股票，对PE和PB指标看得比较重，重仓买过大秦铁路、海油工程、招商银行、万华化学等股票，虽然最后都赚到钱了，但许多股票卖出以后股价又下跌到了原点，赚钱主要靠运气，在股票选择上还有重大的缺陷。最大的收获是认识到了最重要的一点：低估的股票可能长时间低估下去。这个低估时间可能消耗掉大部分人的耐心，这显然不是投资的真正目的。这5年的投资复合收益率大概在10%，非常平庸的投资业绩。

第三阶段(2013年至今)，这个阶段主要投资的是优秀的企业以及各行各业的龙头企业，学会了动态地看估值，抛弃了以前静态看估值的理念，真正明白了投资主要是为了赚取企业发展和成长带来的收益，顺便赚取一点企业估值变化的收益，两者绝对不能本末倒置，所以寻找和发现优秀的企业成了最重要的事情。这一阶段看了大量的商业传记、企业经营、企业管理方面的书籍，对分析并发现优秀的企业帮助非常大。这一阶段的进化就像巴菲特所描述的，是从大猩猩进化到了人类，真正理解了"用合理的价格买入优秀的企业比用低估的价格买入一般的企业要好得多"。我经常读到这句话，但真正理解并能够应用大概花了5年的时间。投资是着眼于未来的，而PE(市盈率)和PB(市净率)只是代表了过去，商业世界的蓝图宏伟壮观，丰富多彩。这一阶段重仓买入了贵州茅台、五粮液、伊利股份、中国平安、古井贡酒、复星医药等股票，获得了巨大的收益，7年复合收益率28%，算是真正进入了投资的大门。

三个阶段三种状态，第一个阶段试错，是痛苦的；第二个阶段学习价值投资，是挣扎的；第三个阶段自我进化，是充实的。第一个阶段完全依靠自己的摸索前进，缺少领路人，在迷茫中前行；第二个阶段拼命地学习寻求自我突破，非常难，就像有绳索绑在身上，拼命地挣扎，最终摆脱绳索的束缚，成为自由身；第三个阶段以商业的逻辑看投资，豁然开朗，拼命地学习商业知识，终有小成！

投资理念相对容易掌握，商业知识的掌握就难多了，比如行业发展态势分析、企业的商业模式分析、竞争优势分析、管理效率和营销效率分析、估值体系的建立等等。这是一个比较复杂的体系，一点一点地填充内容，最后把整个体系都填满，结果则比较简单，归根结底就是一句话：客户是公司价值的来源，满足客户需求，给客户创造价值，创新驱动价值。

张靖东
2020年2月

第1部分　投资理念篇

第1章　投资的本质　/　2

1.1　投资的本质1——投资的真谛　/　2

1.2　投资的本质2——企业估值　/　3

1.3　投资的本质3——寻找错配的赌注　/　5

1.4　投资的本质4——找龙头　/　7

1.5　投资的本质5——逆风飞扬　/　9

1.6　投资的本质6——资产配置与仓位管理　/　10

第2章　投资策略谈　/　13

2.1　投资策略谈1——何时买入　/　13

2.2　投资策略谈2——仓位配置与现金流管理　/　16

2.3　投资策略谈3——筛选企业的三条关键指标　/　18

2.4　投资策略谈4——如何降低投资难度　/　21

2.5　投资策略谈5——如何防止财务"爆雷"　/　23

2.6　投资策略谈6——困境反转型投资策略　/　27

2.7　投资策略谈7——白马与黑马　/　30

2.8　投资策略谈8——价值股与成长股　/　32

2.9　投资策略谈9——问题清单　/　34

2.10　投资策略谈10——何时卖出　/　37

第3章　投资思考系列　/　41

3.1　投资思考系列1——满足客户需求，为客户创造价值　/　41

3.2　投资思考系列2——管理与企业家精神　/　43

3.3　投资思考系列3——行业维度　/　45

3.4　投资思考系列4——企业经营　/　47

3.5　投资思考系列5——产品力　/　50

3.6　投资思考系列6——创新　/　53

3.7　投资思考系列7——低成本的商业模式　/　55

3.8　投资思考系列8——品牌驱动的商业模式　/　58

3.9　投资思考系列9——差异化经营的商业模式　/　60
3.10　投资思考系列10——研发驱动的商业模式　/　62
3.11　投资思考系列11——平台型商业模式　/　65

第4章　影响企业价值与估值的因素　/　**68**
4.1　影响企业价值与估值的因素1——成长性、周期性和不确定性　/　68
4.2　影响企业价值与估值的因素2——行业缺陷　/　69
4.3　影响企业价值与估值的因素3——商业模式缺陷　/　71
4.4　影响企业价值与估值的因素4——管理缺陷　/　73

第2部分　投资案例篇

第5章　价值股(分红型)投资　/　**78**
5.1　大秦铁路投资案例　/　78
5.2　对双汇发展的重新认识——兼谈2015年年报　/　81
5.3　双汇发展投资案例　/　83
5.4　价值股投资思考　/　85

第6章　周期股投资　/　**88**
6.1　海油工程投资案例　/　88
6.2　万华化学投资案例　/　90
6.2.1　送别"老伙伴"　/　90
6.2.2　2018年的复盘　/　93
6.3　周期股投资思考　/　95

第7章　困境反转型投资　/　**97**
7.1　李宁：想说爱你不容易　/　97
7.2　李宁2019年中期财报分析及未来展望　/　100
7.3　复盘李宁　/　103
7.4　困境反转型投资思考　/　106

第8章　金融股投资　/　108

8.1　招商银行投资案例　/　108

8.2　中信证券投资案例　/　111

8.3　投资中国平安的逻辑　/　114

8.4　中国平安2018年报简析　/　116

8.5　中国平安案例分析　/　118

8.6　金融股投资思考　/　122

第9章　白酒股投资　/　125

9.1　谈股票投资之茅台、五粮液　/　125

9.2　白酒四强简评　/　127

9.3　白酒五强解析　/　129

9.4　泸州老窖2018年年报详解　/　131

9.5　老白干酒的未来　/　134

9.6　老白干酒2018年年报详解　/　138

9.7　白酒股投资路线图以及白酒股投资思考　/　140

第10章　消费股投资　/　147

10.1　荒岛股票之10年股解析　/　147

10.2　荒岛股票之伊利股份　/　150

10.3　伊利股份2019年中报点评及行业竞争态势判断　/　153

10.4　伊利股份案例分析　/　157

10.5　青岛啤酒案例分析　/　162

10.6　周黑鸭2019年中报分析及未来展望　/　169

10.7　周黑鸭案例分析　/　171

10.8　消费股投资思考　/　177

第11章　投资失败案例　/　179

11.1　中葡股份投资案例分析　/　179

11.2　博士蛙国际投资案例分析　/　181

11.3　飞科电器投资案例分析　/　183

11.4　投资失败股投资思考　/　187

第3部分 投资感悟篇

第12章 市场思考 / 192
- 12.1 股票投资两大陷阱 / 192
- 12.2 估值的艺术 / 194
- 12.3 再谈仓位管理 / 195
- 12.4 牛市的反思 / 198
- 12.5 10年股浅析 / 201
- 12.6 长线的威力 / 202
- 12.7 投资"暴利"的来源 / 203
- 12.8 与赢家为伍 / 206
- 12.9 熊市还是牛市 / 207
- 12.10 确定性还是不确定性 / 208
- 12.11 左侧交易还是右侧交易 / 209
- 12.12 核心持股与非核心持股 / 210
- 12.13 重仓股的信心 / 212
- 12.14 熊市里可以做的事情 / 214
- 12.15 投资的原点思维与扩展 / 215

第13章 商业思考 / 219
- 13.1 品类的机会1 / 219
- 13.2 品类的机会2 / 221
- 13.3 品类的机会3 / 222
- 13.4 渔夫系列文章有感——兼谈定位理论与企业竞争优势分析 / 224
- 13.5 商业趋势的力量1 / 226
- 13.6 商业趋势的力量2 / 227
- 13.7 检验护城河的唯一标准——定价权 / 229
- 13.8 从5到10年的周期看行业发展趋势 / 231

第14章　行业思考　/　**237**

14.1　家电业的三国演义　/　237

14.2　电商的江湖　/　241

14.3　房地产的未来　/　243

第15章　企业思考　/　**246**

15.1　对投资好想你和三全食品的再思考　/　246

15.2　和复星医药说一声再见　/　248

15.3　对小米集团的思考　/　250

15.4　对涪陵榨菜的冷思考　/　252

15.5　对伊利和蒙牛的几点看法　/　254

15.6　永辉超市的未来　/　257

15.7　对洋河股份的最新思考　/　258

第16章　投资总结　/　**260**

16.1　进化之年——2013年股票交易总结　/　260

16.1.1　2013年操作总结　/　260

16.1.2　2014年操作展望　/　263

16.2　跑输牛市——2014年股票交易总结　/　264

16.2.1　2014年操作总结　/　264

16.2.2　2015年操作展望　/　266

16.3　熊市赢家——2015年股票交易总结　/　268

16.3.1　2015年操作总结　/　268

16.3.2　2016年操作展望　/　271

16.4　熔断之年——2016年股票交易总结　/　272

16.4.1　2016年操作总结　/　272

16.4.2　2017年操作展望　/　274

16.5　价投大年——2017年投资总结　/　275

16.5.1　2017年操作总结　/　275

16.5.2　对未来发展趋势的几个判断　/　277

16.5.3　核心持股一览　/　278

16.6 投资者的炼狱——2018年投资总结 / 280

16.6.1 2018年投资总结 / 280

16.6.2 对几个热点问题的思考 / 282

16.7 二次进化——2019年投资总结 / 284

16.7.1 2019年投资总结 / 284

16.7.2 对未来发展的几点看法 / 286

16.7.3 2020年投资策略 / 289

致谢 / 291

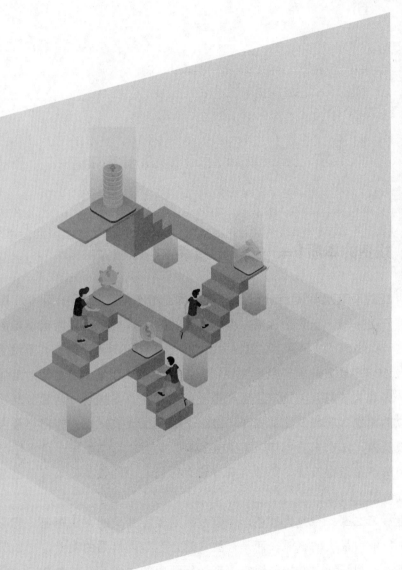

第1部分 投资理念篇

第1章
投资的本质

1.1 投资的本质1——投资的真谛

　　投资的最高境界是资产配置，第二级是仓位控制，第三级才是具体标的的选择。三级系统，首先是战略，其次才是战术层面的东西。其实最难的是资产配置，这一点决定了一个人一生80%的财富来源，当然创业者除外，那属于另一个话题。最近15年最大的赢家是房产投资者，多投资一套房子超过努力工作十年的总所得，人和人的财富差别取决于在合适的时候是否多买了一两套房产，而不是工作职位的差别、职场发展的好坏，这很悲催但很现实。过去的15年最大的赢家是房产投资者，那未来的15年呢？大类资产不会有永远的赢家，风水轮流转，未来哪一类资产最值得投资？每个人都应该有自己心中的答案，大家自己选择吧！这就算投资第一课吧！

　　投资第二课：寻找大行业，即有发展前景行业里的龙头企业。所谓龙头企业未必是行业内最大的企业，而是行业内综合竞争力最强的企业，比如保险业内的中国平安、银行业内的招商银行、证券行业内的中信证券、白酒行业内的贵州茅台和五粮液、家用电器行业内的美的集团、厨房电器行业内的老板电器、乳制品行业内的伊利股份、酱油行业内的海天味业、医药行业内的恒瑞医药等，股票投资其实都是明牌，没那么多内幕消息。化繁为简，利用常识，自然事半功倍。找龙头就是降低投资风险、提高研究水准的最佳路径！弱水三千只取一瓢，抓住自己应得的那一部分就可以了，高难度的、火中取栗的事情还是让给别人吧！

投资第三课：寻找错配的投资标的。好公司很多，但好价格难寻，市场上一般是好公司高价格，差公司低价格，瞬间做出投资选择变得困难很多，无所适从。我们需要找的就是市场上出现的错配的投资标的，即好公司出现了便宜的价格，比如2008年三聚氰胺以后的伊利股份，2014年初塑化剂事件后的茅台。一旦出现这样的机会，我们需要将平时谨慎积攒下来的筹码压上，来个"本垒打"！

投资第四课：企业估值。所有的投资策略都建立在对企业的正确估值上。企业估值是投资中最难的事情，要综合考虑行业发展前景、企业的成长性、公司的管理水准、行业的竞争格局，这最考验一个投资者的功力，也是对其商业洞察力的综合考验。

投资第一课是资产配置；第二课是选行业、选龙头；第三课是寻找错配的投资标的；第四课是企业估值。前三课是投资理念，相对好掌握，第四课是实操知识，最难，也最需要花时间和精力。投资的全部理念其实就这么多，简单而不容易！以上就是投资的真谛！十多年的投资生涯，看了无数的资料，阅读了无数的书籍，浓缩出来就这么一点干货！

1.2 投资的本质2——企业估值

所有的投资策略都建立在对企业的正确估值上，企业估值是投资中最难的事情，要综合考虑行业发展前景、企业的成长性、公司的管理水准、行业的竞争格局。从本质上来讲，企业价值等于企业在全生命周期内全部自由现金流的折现值。这个概念说起来很简单，却基本上没有可操作性，但将其作为一种思维方式来考虑，则要简单得多，也具有了可操作性。

第一点，限制投资企业的范围，只找能力圈内的企业，找行业龙头，这样下来可以过滤掉90%的企业，只剩下10%的企业。从财务指标上来讲，用ROE指标的5年均值达到15%作为筛选指标，筛选出来的企业大多都是优秀的企业，不是小而美就是大而优，这样就大大降低了估值的难度，对企业估值也就有信心了！

第二点，综合考虑行业的发展前景、行业的竞争格局、企业的综合竞争优势、企业的管理水准，并对企业的成长性和竞争优势的持久性做出评估。综合而言，这一部分是对投资者商业洞察力的一种考验，是投资水平高低的分水岭。企业的成长性的确重要，对企业估值和折现率的选择影响巨大，也是投资利润的重要来源。

第三点，采用综合估值法对行业进行分类，对不同的行业采用不同的估值方法，这一点可能会有争议，但它的确好用，比全部采用自由现金流折现法要好用得多。下面详细说一下不同的估值方法。

对于金融行业来讲，PB(Price to Book Value Ratio，市净率)估值是最实用的，也是长期观察的结果。对银行业来说，极端PB估值为0.8～1.0，此时跌无可跌，进入漫长的窄幅震荡期，也是重仓介入的时期；对券商来说，极端PB估值为1.2～1.3，此时会进入漫长的窄幅震荡期，也是重仓介入的时期；对保险业而言，极端PB估值为0.8～1.0，此时跌无可跌，进入窄幅震荡期，也是重仓介入的时期。三个大行业都可以用简单的PB估值法找到估值的底部区域，在银行业最不受待见的这7年里，在1倍PB左右介入，投资收益率也可以保持在15%以上，这是非常好的收益了。

对于强周期性行业而言，选龙头是个重要的方法，这样可以有效避免企业破产的风险，投资不是寻求收益的最大化，而是在风险可控前提下寻求合理的投资利润。强周期类股票在熊市底部或者行业的低谷期估值在1～1.5倍PB，此时若基本面因素好转，股价会暴涨，属于非常好的战略建仓期。比如中国神华的极端PB估值为0.9～1倍，此时跌无可跌，1倍PB以内属于重大的战略建仓期。

对于分红型企业而言，企业的成长性不是关注的重点，分红率是最重要的估值指标，当分红收益率超过5%时就是非常好的战略建仓期，这类股票有福耀玻璃、双汇发展、大秦铁路等，长期投资收益率一点都不低，而且运气好的话企业会焕发第二春，比如福耀玻璃最近几年成长性明显加快，市场估值大幅提升，实现戴维斯双击。最后需要说明一点，对于分红型企业而言，企业的利润可以不增长，可以没有成长性，但一定不能衰退，如果企业利润是负增长的，原则上是没有投资价值的。

对于消费、医药等发展相对稳定的行业而言，PE(Price Earnings Ratio，市盈率)估值具有合理性，操作性比较强，比如品牌消费类股票在熊市中的极端估值为15倍PE，20倍以内的PE属于非常好的战略建仓期(东阿阿胶、双汇发展、伊利股份)；对于医药类企业来说，20倍PE是很不错的介入机会。

对于困境反转型企业或者高科技类企业，由于利润为负或者少得可怜，以上估值方法都不太实用，这就需要有前瞻性的眼光，用总市值法进行估值，即合理预期企业未来可以达到的高度，未来总市值可以达到的高度，折现到现值，从而得出有效的估值。以恒顺醋业为例，2017年其估值在65亿元左右，作为行业龙头,其未来市值达到150亿～200亿元是可以预期的,只是业绩提升的时间不确定而已。2017年,京东估值为300多亿美元,以阿里巴巴和亚马逊作为对标企业来看,未来市值做到千亿美元以上也是可以预期的,当然企业的前景都是预估的,准确与否考量的是一个人的商业智慧。

以上讲的都是偏于历史经验的估值方法,下面溯本求源,用企业未来自由现金流折现估值法的简化模型——ROE(Return on Equity,净资产收益率)折现估值法来估值吧!个人认为这是通用的估值方法。

首先,选用最近5年ROE的平均值作为ROE指标,当然也可以参考最新一年的ROE指标以及变化趋势,得出相对合适的ROE指标。其次,折现率选择5%、7%和10%三个指标。对于企业成长性较高(业绩增速为20%以上)的采用5%的折现值,对于成长性中等的企业(业绩增速为10%～15%)采用7%的折现值,对于成长性低或者无成长性的企业(业绩增速为0～10%)采用10%的折现值。总之,根据成长性指标选择相应的折现指标,将7%折现值作为基准指标(隐含的是15倍PE),10%的折现值对应的是零增长的企业估值(隐含的是10倍PE)。估值公式=ROE/折现值×PB。ROE折现估值法具有相当好的实用性,对可预测性较好的行业和企业非常适用,最关键的两个指标是ROE和折现指标,前者需要预测ROE的变化趋势以及稳定性,后者与成长性有关。

以上多种估值方式都能对能力圈内的企业计算出有效的估值。其实我们并不需要太精确的估值,我们追求的是企业发展前景,同时确保估值不受到向下的打击(至少从三年以上的周期来看),如果运气好的话顺便赚一点市场估值提升的钱,从经验上来看我们往往可以同时赚到这两部分的钱!

1.3 投资的本质3——寻找错配的赌注

好公司很多,但好价格难寻,市场上一般是好公司好价格,差公司低价格,瞬间做出投资选择变得困难很多。我们需要找的就是市场上出现的错配的赌注,即好公司出现了便宜的价格,一旦出现这样的机会,我们需要将平时谨慎积攒下来的筹码压上,来个本垒打!那么在哪里找错配的赌注呢?下面就踏上寻找之旅吧!

最容易出现错配的赌注的地方是大熊市的底部,此时基本上80%的股票都处于低估状态,错配的赌注比比皆是。比如2008年的大熊市、2016年熔断之后的股市，基本上一眼就可以看出股票的胖与瘦。但在实际操作中，有以下三个难点：第一，你手头是否有足够的现金，大部分人在熊市里其实都是被动满仓的，现金很少，所以平时的仓位管理非常重要，甚至超过标的选择的重要性，有了良好的仓位管理才会有良好的现金流，那时候就像进入了超级市场——可以随意筛选令你满意的标的了；第二，心理上能否接受逆向操作的理念，大家都在流血割肉逃跑，你凭什么就敢逆势加仓？逆势加仓对心理层面的要求是很高的，当然对专业投资者而言要简单很多，心理过关是投资的基本前提；第三，熊市不言底，谁也没有能力去预测股市的底部，所以我们需要锚定一样东西——估值。以合理估值作为锚定基准，在基准以下慢慢买入就是了，唯一需要控制的是买入节奏的问题。通过以上三点，在熊市里你会大有作为呀！

第二个发现错配的赌注的地方是陷入困境的行业或者陷入困境的企业。行业不会消失，行业龙头不会轻易破产，这是基本常识，我们利用常识就可以了。一种情况是行业陷入困境时期(行业选择要慎重，比如航空、钢铁、水泥等行业轻易不要碰)，这时候选择行业龙头来投资成功的可能性很大，比如2008年以后选择风电行业的金风科技、2016年选择煤炭业的中国神华和伊泰煤炭、2013年限制"三公消费"叠加塑化剂事件之后选择贵州茅台和五粮液等。另一种情况是企业陷入困境中，这种情况比行业性机会更好把握一些，只要平时多研究企业，多跟踪企业，对企业有相对深入的了解，一旦企业发生不利情况，你的判断就会准确得多，也会比市场深入得多，会有独到的见解。比如三聚氰胺事件以后的伊利股份、富通事件以后的中国平安、瘦肉精事件以后的双汇发展、汇金事件以后的中信证券，都出现了错配的赌注，这是非常好的投资机会。其实我们关心的不是事件本身，而是事件导致的超低价格，企业成长很难，但从低谷期走向正常状态则要简单得多！前提是企业不倒闭！

第三个发现错配的赌注的地方则要难得多，即企业的成长性和成长的持久性远超市场的正常预期，即我们常说的超级白马股。这种股票基本上不存在明显低估的时候，大部分时候都是高估值，个别情况下会出现合理的估值，以合理的估值介入就不错了，充分享受成长的快感。比如刚上市时候的贵州茅台、最近10年内的恒瑞医药、2010年以后的老板电器等。这种投资类型非常难，对企业的成长性要求很高，对投资者的判断能力和商业洞察力要求极高。天平的另一面则是成长性一旦降低则估值回归非常厉害，所以这种投资方式非常难！

第四个发现错配的赌注的地方则是相对管理层改善的平庸的企业，这种投资

模式里面管理改善是关键指标。比如2008年以后的古井贡酒、2013年以后的恒顺醋业、2017年之前的洋河股份都是管理提升企业价值的典范。这类企业大部分出现在消费和医药行业里面,企业本身的品牌和基因还是不错的,但长期受到糟糕管理层的压制,一旦管理层变更导致管理水平大幅提升,企业价值的提升是很快的,这就是第四个发现错配的赌注的地方。

综合而言,大概就这四个发现错配的赌注的地方吧!每一个的侧重点是不一样的,有心理层面的,有管理改善层面的,有商业洞察力层面的,有长期跟踪功课做到位的,不一而足,但本质上都是寻找相对企业价值而言的低估值,俗称错配的赌注!

1.4 投资的本质4——找龙头

股票投资的前提是将投资标的限制在自己相对能够看懂的行业和企业里面,这样就大大降低了投资的难度,寻找有发展前景的大行业里的龙头企业就是一条捷径,化繁为简,利用常识,自然事半功倍。股票投资其实都是明牌,没那么多内幕消息,找龙头就是降低投资风险、提高研究水准的最佳路径!

首先需要明确的是,行业是有优劣之分的,有些行业天生就容易赚钱,比如银行业、医药行业个个赚得盆满钵满,但有些行业天生就比较艰难,比如火电行业、航空业、钢铁行业等,观察其长期的ROE走势,赚钱太难了。所以找好投资行业就会降低投资的难度。其次,最好找大行业,池塘里养不了大鱼,只有海里才会产生巨无霸。笔者经过长期观察发现,满足大行业和好行业标准的有以下几个行业:消费品行业、医疗保健行业、能源行业、高科技行业、金融行业、优势制造业。这几个行业雪道足够长,可以走出长久的赢家。

限定行业以后,下一步就是找行业龙头。一般来讲,行业发展具有三个阶段。

第一个阶段是野蛮生长时期。行业快速增长,行业容量快速增加,大量投资纷纷介入抢夺增量市场,这时候大家的日子过得都不错,都在快速增长,只是增长快和慢的问题。比如2006年之前国内的乳制品市场就属于一个高速增长的大市场,伊利每年营收增长在40%以上,但利润增长仅在20%左右,这个阶段营收增长是主线条,利润增长并不重要,大家都在抢市场,抢到市场以后再考虑利润的问题。

第二个阶段是行业整合期。这时候行业增速开始降低，但龙头企业开始整合市场，通过提高市场占有率开始挤压式增长，这个时期只有行业龙头可以获得确定性的增长，中小企业则纷纷被整合或者倒闭。比如2008年之后的空调行业、2014年之后的房地产市场就遇到了典型的行业整合期。格力电器在2008年营收显著降低了，但利润开始高速增长，空调行业开始了格力和美的的双雄争霸时代。万科、恒大、融创从2014年左右开始爆发性增长，市占率开始大幅提升，而大量中小房地产企业都拿不到地，不是倒闭就是被巨头收购，房地产行业进入整合期。

第三个阶段是胜者为王。通过行业整合以后，行业内的竞争态势大大降低，竞争格局开始良性发展，行业龙头企业的毛利率和净利率水平开始快速提升，利润增速显著高于营收增速，比如，2012年之后的伊利股份以及2013年之后的美的和格力，利润都获得了爆发性的增长。再比如啤酒行业，2018年之后的青岛啤酒和华润啤酒利润开始快速增长，而啤酒行业本身则已经萎缩了好几年。

从行业发展的三个阶段来看，最大的受益者都是行业龙头，每一个阶段的成长性都是超越行业的，我们还有什么理由去投资行业内的小企业呢！想做赢家，我们必须与行业赢家为伍。有一点需要说明的是，所谓龙头企业未必是行业内最大的企业，而是行业内综合竞争力最强的企业，这一点需要特别重视。比如银行业的龙头是招商银行，而不是所谓的五大行；保险业的龙头是中国平安，而不是中国人寿或者中国人保；医药行业的龙头是恒瑞医药，而不是上海医药。当然许多行业内的老大就是竞争力最强的企业，那就无可争议地去选择吧！比如乳制品行业的伊利股份、肉制品行业的双汇发展、调味品行业的海天味业、煤炭行业的中国神华、啤酒行业的华润啤酒，不一而足。总之，要找行业内综合竞争力最强的那家企业，而不是最大的那家企业！

投资的核心在于风险可控前提下获得合理的收益，而不是所谓的收益最大化。投资行业龙头，我们就可以立于不败之地，然后赚取合理的利润。小而美是不错，但找起来困难重重，结局往往是不确定的；大而优好在天生丽质，内涵好，可以持久！黑马人人想骑，但往往骑的都是死马和病马，能够真正抓住黑马的，凤毛麟角；白马遍地都是，但平时高高在上，难以靠近，只有在错配的赌注出现时，才能轻松地跨上白马，投资的旅程平坦许多。

1.5 投资的本质5——逆风飞扬

价值投资用一句话来概括就是用合理的价格买入优质的企业,但市场上一般是好公司好价格,差公司低价格,只有出现不利因素时好公司才会出现合理或者低估的价格,从这个意义上讲,价值投资本质上都是逆向的,必须具有逆向思维的特质。逆向投资其实很容易理解,但实际操作起来难度很大,个人认为要做到以下4点才具备可行性。

第一点,必须对企业有深入的了解。必须长期跟踪和研究企业,对企业的价值有比较清晰的认知,只有做到这一点,在价格大幅低于价值时,才没有买入的障碍。但要想做到这一点需要做好基本功,需要长期的知识积累,这其实才是投资的真正壁垒,而这种对商业的认知是可以积累的,具有很强的累积效应,老而弥坚,越老越值钱。投资的确是一个可以养老的工作。

第二点,锚定价值,就是企业估值(详见《投资的本质——企业估值》)。对企业估值以后,在合理估值以下逐步买入就可以了。对企业有深入的了解,有相对合理的估值体系,价值锚定后,剩下的事情就是守株待兔了。企业估值在投资体系里面占据非常重要的位置,所有的投资策略其实都是围绕企业估值这个锚而展开的,没有商业知识的积累,缺乏企业估值的知识,在投资的世界里你什么也做不了。

第三点,心理修炼。逆向投资本质上是违反人性的,需要做个孤独的前行者,大部分人终生都做不到这一点。在投资的世界里,从众心理是最致命的,往往导致人们在牛市的高点买入,在熊市的低点卖出,即使是机构投资者也不能免俗,所以多数人在股市里都是赔钱的,10个人里面7亏2平1赚是常态,明白了这一点,你就不能去做那7个人,而是要去做那个唯一。股市里恰恰是少数人战胜多数人的地方,做个股市里的异类,逆向思维贯穿始终,正如巴菲特的名言:在大多数人贪婪时我恐惧,在大多数人恐惧时我贪婪。

第四点,现金。即使以上几点你都做到了,没有现金在手也没用,所以仓位管理尤为重要。仓位管理的重要性在于:①天然符合逆向的思维,有现金在手,就具备了随时买入的权利;②现金是一种选择权,这种选择权在股票价格处于低位时具有成倍的放大效应;③现金是一种心理安慰,可以确保心理层面的稳定性以及主仓位的稳定性;④现金是一种资产,是可以放大收益的资产,本人经验是用部分现金在价格低位时买入股票,往往收益率好于长期持股。一方面可以稳定长期持股，一方面还可以放大收益，何乐而不为呢！

逆向思维其实不难，而逆向操作其实很难，对企业深入了解、会估值、锚定价值、合理的仓位管理，做到以上4点才可以谈逆向。逆向是一种思维方式，同时也是成功投资的根本，错配的赌注里面提及的4种方式其实都是逆向的，只有逆向，才能发现错配的赌注。

1.6 投资的本质6——资产配置与仓位管理

投资的最高境界是资产配置，第二级是仓位控制，第三级才是具体标的的选择。三级系统，首先是战略，其次才是战术。其实最难的是资产配置，这一点决定了一个人一生80%的财富来源，当然创业者另说，那属于另一个话题。从大的资产分类来讲，有四类资产：黄金、石油、房产和股权资产。当然小类资产还有很多，但不属于这里要讨论的范畴。

第一，黄金资产。从长期走势来看，黄金资产还是可以跟得上通货膨胀的，即其保值性还是可以的，但黄金的周期性是非常明显的，一个大周期在15～20年，对一般人来讲过于漫长，一旦踏错节奏，翻身无望，所以投资黄金要慎重。个人的观点是黄金只有在个别有限的时间段内可以投资，其他时间段则尽量回避，即在相对的价格低位可以进行定投，静等黄金周期的逆转，算是一种傻瓜投资法吧！香港股神曹仁超其实就是采取的这种投资法，总的收益率还是可以的，但太考验人性和耐力，一般投资者还是敬而远之吧！黄金资产本质上是用来保值和应对极端情况的，对一般人来讲意义不大，作为一种非常规的投资手段来看待比较好。

第二，石油资产。石油价格的波动性还是蛮大的，投资难度很大，趋势对了赚得盆满钵满，趋势错了满盘皆输，而预测趋势是最不靠谱的事情，高盛当年高唱每桶石油到200美元，结果跌至30多美元，被狠狠地羞辱了一番。可见，常识最重要，价值是根本，比如2016年每桶原油跌至30美元以下时，完全跌破了全球石油开采的盈亏平衡点，这时候介入属于风险完全可控但潜在收益巨大的一笔投资。所以投资原油就是等待极端情况的出现，一旦出现错配的赌注，我们需要将平时谨慎积攒下来的筹码压上，来个本垒打！投资石油和投资其他大宗商品的思路是一样的，只有价格跌破采掘成本的时候才是可以战略性介入的，我们只是找到了一个非常有利于自己的赌注而已！所以石油和大宗类商品也只能作为一种非常规的投资手段。

第三，房产。最近15年最大的赢家就是房产投资者，投资房产天然带有5倍左右的杠杆，在这个大周期里投资房产的人个个赚得盆满钵满，是最大的赢家。多投资一套房子超过努力工作十年的总所得，人和人的财富差别取决于在合适的时候是否多买了一两套房产，而不是工作职位的差别、职场发展的好坏，很无奈但很现实。就现阶段而言，投资房产的黄金期的确已过，一线城市的上涨潜力有限，三、四线城市供需失衡，唯有二线城市尚有上涨潜力，本质上来讲，中国的房地产市场受政府强力调控，一切基于宏观经济预测、人口结构预测、工资收入预测等得出的结论都是错误的。所有的预测都顶不上政府的一个政策变化，而政策变化是不可预测的，毕竟政府要通盘考虑整体的宏观经济以及政治上的稳定性。从政府的角度来讲，不希望房地产大跌也不希望大涨，保持稳定最重要，个人认为在房产税实质性推出来以前，房产的走势都是乐观的，至少大幅下跌的可能性是不存在的。或许对普通大众来讲，唯一作为货币保值增值的工具就是投资房产了，目前虽然房产作为投资标的是超配的，但市场预期和购买力犹在，金融紧缩政策在一定程度上降低了购买力，但并不能打破以前的趋势，正反馈一直在自我强化，只有两种情况可以打破这种趋势：大的外力作用导致政策的彻底转向或者房产税实质性推出，中国房地产未来的结局会是个影响世界的大事件！将在世界经济史上写下重重的一笔。

第四，股权资产。股权资产对一般人来说就是投资股票。从美国大类资产的历史统计结果来看，房产和黄金资产是可以起到保值作用的，但只有股票资产才可以大幅战胜通货膨胀，长期统计的收益率保持在7%左右。而优质股票的收益率远超过7%，这就是投资者的未来，在西格尔的书中有详细的统计，这里不再赘述。但从中短期来看，股市巨幅波动，风险巨大，观察A股的历史，波动幅度更大，牛短熊长基本上是常态化的特征。

投资A股市场，仓位管理就显得尤为重要，A股市场的特点是股票下跌有底而上涨无顶(这一点与港股刚好相反)。以股票的合理估值作为基准点进行仓位管理非常重要，高估值时低仓位，低估值时高仓位，可以过滤掉许多市场风险，但硬币的另一面则是在牛市里会降低投资回报率。个人的经验是将仓位控制在30%～100%，在低估值区域仓位是可以加到100%的，如果股市进一步下跌，完全可以利用融资资金介入，融资资金的成本是8.5%，而融资买入时买入分红收益率在5.5%～6%的股票是没有任何问题的，风险敞口只有2.5%左右，风险完全可控。

随着股市的大幅度上涨是可以逐步减仓的，在高估值区域仓位完全可以降至30%左右，牛市不言顶，以30%的仓位迎接不可预知的顶部区域完全没有问题，当然仓位逐步降至10%或者完全空仓也没有问题。总的原则是低估值高仓位，高估值低仓位，具体的仓位控制因人而异，以自己心理舒服为原则。

股市的底部和顶部是不可预测的，但底部区域和顶部区域是完全可以感知的，不指望买到最低点，能在底部区域建仓就好；不指望卖在最高点，能在顶部区域出手就好。满仓穿越牛熊市太不靠谱，这种心理波动非一般人可以承受，而且A股的牛市不言顶，估值普遍高得离谱，卖出是理所当然的选择。价值投资不等于长期持股，长期持股仅仅是一种思维方式，一切都基于估值，如果10年的预期1年就实现了，那就卖出好了，如果估值始终合理而企业一直在成长和发展，则可持有10年或者20年。持股与否一方面取决于估值因素，另一方面取决于对公司长期发展的判断，是综合平衡两个方面得出的结果。

对一般人来讲，资产配置只有房产和股票两个大类，黄金和石油只有在极端情况下才可以投资，机会可遇而不可求。过去的15年最大的赢家是房产投资者，那未来的15年呢？大类资产类别不会有永远的赢家，风水轮流转，未来哪一类资产最牛？个人认为优质股票资产是未来15年最大的赢家！即使在过去房地产如日中天的15年里，优质股票资产也是跑赢房产的，未来的15年里，股票跑赢房产的概率几乎是100%，而且最关键的一点是优质的股票资产可以提供日常生活所需的现金流，而投资房产的现金流非常有限，对改善平时的生活质量没有什么帮助，而我们毕竟活在当下，现金流可以折现，投资可以折现，但生活是不可以折现的，我们要活好当下的每一天，而不仅仅只是期望未来的美好日子，投资股票所得的现金流可以大幅改善当下的生活，这一点弥足珍贵！优质股票资产是我们应对不可预知的未来的最佳选择！

第2章
投资策略谈

2.1 投资策略谈1——何时买入

投资股票的买入时机一般来讲只有以下4种情况：①大盘处在熊市底部区域；②行业性利空因素或者行业处于发展的低谷期；③公司偶发性利空事件；④相对于巨大的发展前景，公司的估值处于合理价位。除了以上4种情况，其他时候买入股票都属于输家的游戏。

第一种买入时机：大盘处在熊市底部区域。这是一种最佳的买入时间，以A股为例，2005年、2008年、2013年和2016年(股市熔断以后)，都是最佳的买入时机。股市的最低点是无法预测的，有很大的随机性，但股市底部区域是很容易判断出来的，这个不是重点，重点是在股市的底部区域你要有足够的现金资产，这考验的是投资人的仓位管理能力和资金管理能力。这是比较难的事情，首先要求投资人具有非常成熟的投资理念作为支撑，其次是心理层面的，必须有逆势加仓的勇气。大盘在底部区域+投资现金流管理能力+逆向操作的心理=本垒打。

第二种买入时机：行业性利空因素或者行业处于发展的低谷期。这也是一种非常好的买入时机，可以分为两个层面来考虑。

第一个层面，对弱周期性行业来说，行业发生利空性因素往往蕴含着巨大的投资机会。比如2008年乳制品行业的三聚氰胺事件，如果在危机爆发以后的低点买入伊利股份，会有40倍左右的投资收益，超级本垒打；2013年中央限制"三公消费"，再加上塑化剂事件，白酒行业陷入低谷期，此时买入贵州茅台，会有10倍左右的投资收益，也是超级本垒打；2019年"带量采购"事件将医药行业打入谷底，这个事件改变了仿制药以前的投资逻辑，对基本面有深刻的影响，这和前两个事件(三聚氰胺事件和塑化剂事件)有很大的区别,而且最优秀的企业恒瑞医药跌幅有限,所以"带量采购"事件也是一个很大的行业性利空事件,但行业性投资机会相对比较难,需要投资者仔细甄别。对于行业性利空因素带来的投资机会,个人认为最好投资行业龙头,行业龙头抵御风险的能力是最强的,反弹力度也是最大的,千万别投风暴眼中的企业(比如三鹿奶粉、酒鬼酒),这些企业是有倒闭风险的,远离风暴眼,投资行业老大,是最佳的投资选择。

第二个层面,对强周期性行业来说,行业处于发展的低谷期也蕴含着巨大的投资机会。对于强周期性行业而言,当行业内大部分企业都处于亏损状态,行业龙头的市值都跌破净资产,此时出现了巨大的投资机会。比如2008年和2016年水泥行业陷入大面积亏损状态,行业内企业日子非常难过,此时投资海螺水泥会有巨大的收益;2015年煤炭行业陷入低谷期,行业内80%的企业都陷入亏损状态,此时投资中国神华也会取得非常棒的投资收益。投资处于低谷期的强周期性行业需要注意两点:①行业陷入大面积亏损,行业龙头的市值跌破净资产,这是投资的先决条件,在1倍PB附近买入强周期性股票可以规避90%以上的投资风险;②投资行业龙头,如果一个企业在全行业都陷入亏损状态时还可以保持盈利,说明这家企业具有巨大的竞争优势,在行业反转以后利润会暴增,一般来说只能是行业龙头,投资行业龙头,利润滚滚来。

第三种买入时机:公司偶发性利空事件。没有股市的底部区域,没有行业性利空因素的出现,但公司本身发生了利空性因素,此时也蕴含着巨大的投资机会。作为投资人,需要明确以下两个问题:①公司的基本面是否发生了根本性的改变?如果回答是肯定的,那必须回避。比如2018年发生的长生科技事件,的确是个大雷。②是否会影响公司的生存?如果回答是肯定的,则躲得远远的。比如近期康得新债务违约事件,牵连出了大股东占用资金、财务涉嫌造假等事件,严重影响到了公司的生存。如果以上两个问题的答案是否定的,那才是我们要找的投资机会,比如2011年双汇发展的瘦肉精事件,投资者很容易判断出这是个单一事件,对公司未来的发展影响不大,但股价却跌了不少,此时就出现了绝佳的投资机会。2019年5月,海康威视被爆受限于美国芯片,导致海康股价大跌,这也是单一事件,因为海康的芯片都是传统的通用芯片,大部分供货商都在我国,美国限制与否对公司影响不大,这个结论经过跟踪调研是很容易得出来的,而此时就是不错的投资机会。

再举个例子。2019年1月,人福医药曝出30亿元的商誉减值,属于偶发性重大利空事件，首先判断第一个问题：公司的基本面是否发生了根本性的改变？个人认为人福医药基本面最烂的时候其实是2017年，2016年高价收购Epic Pharma，2017年又以 6 亿美元(公司占60%股份)控股 Ansell Ltd.全球两性健康业务，并以约1 亿美元参股收购 RiteDose，以7.31亿元[①]入股华泰保险，获得2.53%的股权，一路买买买，基本面蕴含了巨大的风险，2018年随着归核化战略的实施，出售旗下血制品医药子公司，回笼了25亿元的现金资产，所以人福医药基本面最差的时候已经过去了。其次，判断第二个问题：是否会影响公司的生存？商誉减值并不影响公司的现金流，相比2017年公司回笼了25亿元的现金资产，短期有息负债为59亿元，长期有息负债为37.95亿元，公司货币资金有29.6亿元，还有接近50亿元的天风证券的股权，还有一个金娃娃"宜昌人福"。个人判断公司并没有倒闭的风险。综合以上两个判断，如果人福医药继续大幅下跌，符合偶发性利空事件的定性，可以逢低加仓。

第四种买入时机：相对于巨大的发展前景，公司的估值处于合理价位。前三种买入时机都是被动状态，可遇而不可求，第四种买入时机是主动状态，是投资者主动的行为；前三种买入时机相对容易识别，主要考验的是投资者的心理层面，或者说考验的是逆向思维，第四种买入时机就难多了，考验的是投资者的商业洞察力；前三种主要赚取的是企业估值提升的钱，而第四种赚取的是企业发展壮大的钱，后一种钱才更有生命力。这里重点想说的是第四种买入时机。长期来看，股市是相当有效率的，大部分企业的定价都是相对合理的，投资者很难找到错配的赌注。如果一个企业估值合理，但核心竞争力明显优于竞争对手，未来有巨大的发展前景，那么这种企业是非常值得买入的。这种企业即巴菲特所说的**"以合理的价格买入优秀的企业比以低估的价格买入一般的企业好得多"**。

投资者必须从定量和定性两个方面对企业进行全方位的考察，定量方面的资产负债率指标、ROE指标、现金流指标、营收和利润增长指标都是需要重点关注的，必须通过一套严格的财务指标筛选出优秀的企业；而定性方面必须有一套方法论，从行业层面、管理层面、产品层面、创新层面、技术研发层面、商业模式层面、营销层面等进行全方位的分析，从而找出有核心竞争力的优秀企业，这将在第3章具体分析。通过定量和定性两个方面的筛选，找到有发展前景的优秀企业，在合理的价位买入，赚取企业发展壮大所获取的利润。其实市场是相当有效

---

① 如无特别说明，本书所称"元"指人民币。

率的，对于这种优质企业的估值都是溢价的，估值常年高高在上，合理估值的机会并不多，所以投资人必须等待，等待合理估值的出现。

综合而言，第四种买入时机与市场的关系并不密切，重点考验的是投资人的综合商业知识。投资大家张磊曾经说过，分析企业要从行业的本质、企业经营的本质入手，关注企业最本质的东西。抓住行业和企业最本质的东西，才是投资人的最高境界。投资大师本质上就是企业经营大师，两者是相通的，比如巴菲特和李嘉诚，前者从投资入手走向企业经营，并成为企业经营大师，后者从企业经营入手走向投资，也是投资大师。投资本质上是对投资人商业知识的奖赏。

正如著名投资人杨天南所言："好的投资都是在坏的时候做出来的。"市场给予投资人的机会并不多，大抵包括以上总结的四种情况，投资人80%的时间都处于等待状态，等待最佳击球区的出现，当重大的买入机会出现时，将平时小心积攒下来的筹码重重地押上！

2.2　投资策略谈2——仓位配置与现金流管理

中国股市的两个特点是高波动性和牛短熊长，困扰散户投资者的最大问题是投资现金流缺乏，为了解决这三个问题，经过深度思考，本人提出了自己的仓位配置与现金流管理原则，希望对读者有所启示和帮助。

仓位管理的第一条原则是低估值高仓位，高估值低仓位，仓位可以在10%至100%之间做调整。这个容易理解，但具体操作起来难度不小，需要解决几个关键性问题。第一点，需要判断什么是低估、什么是高估，以及目前所处的位置。解决这个问题首先要从大盘入手，对A股历史极端估值作归纳总结，可以大概率判断出我们目前所处的位置，比如参照2005年、2008年、2013年、2016年4个极端估值区域，很容易判断出2018年也是一个极端低估值区域，加大仓位是一个合理的选择；其次，从个股入手，将个股目前估值和历史极端估值作比较，2018年大部分股票的估值都击穿了历史最低估值区域；最后，从大盘和个股两个方面入手，可以判断出股市处在什么样的水平。第二点，需要克服情绪上的波动，逆市场行情来操作。这一点其实很不容易，没有5年的投资功力根本不可能做到，这个只能靠个人修炼，让时间去打磨！有些人一辈子都热衷于追涨杀跌，一辈子都修炼不出来；有些人天生就喜欢逆势操作，天生就适合价值投资，这也是没办法的事情。第三点，在高估值区域为什么不100%减持？因为股市疯狂起来超出想象，请参照

2007年和2008年A股走势，所以伴随市场疯狂是一件很惬意的事情。此外，始终保持10%的持仓可以随时感受到市场的温度，是和市场保持亲密关系的最简单的办法。第四点，具体的仓位水平因人而异，只要符合大原则，多一点或者少一点没多大关系，以自己心里舒服为准。第五点，需要合理的现金流管理，这一点在后面会具体谈到。综上所述，只有做到以上五点要求，才可以做到"低估值高仓位，高估值低仓位"，才可以做到"知行合一"。

仓位管理的第二条原则是合理的现金流管理。困扰大部分投资者的问题是看着股票便宜了但又没钱加仓，只能干瞪眼，相信这种情况很多人都遇到过，下面给出个人的解决方案。对刚入市的投资者来说，资金投入有限，所以平时的工资收入或者家里的银行存款就可以当作现金流，在股市低位加仓就可以了，但对于资深投资者而言，这种方法杯水车薪，基本上没用，所以重点说说资深投资者如何管理现金流的问题！

第一点，必须配置一部分高息股票。虽然成长股很性感，可以创造大部分利润，但价值股可以救命，在市场极端情况下，高息股一方面可以提供生活资金的来源，另一方面可以提供加仓资金。个人建议可以配置20%～30%的高息股，这部分股票以防守为主，目的就是应对极端情况的出现。一句话总结就是股息是现金流的第一来源。

第二点，70%的长线资金+30%的短线资金。70%的资金可以长线布局，以5到10年的眼光来看待投资企业，这部分资金轻易不动，只有一个卖出理由：严重高估了。这是着眼于长线布局的资金，享受长线的复利增长是唯一的任务。30%的资金可以短线布局，以1到3年的眼光来看待投资企业，这部分资金比较灵活，可以创造出强大的现金流。30%的资金在低估区域至少可以相当于50%的购买力，还是非常强悍的！个人经验验证，最后10%的资金有相当大的概率可以买到熊市的底部区域，这一部分资金很容易就可以盈利了，当这一部分资金赚到30%的收益以后就可以出来了，以后随着股市进一步的上涨逐步降低仓位，比如2019年春节以后那几天股市大涨，自己最后买入的资金获利都在30%以上了，变现是合理的选择。

30%的短线资金承担的主要任务就是创造现金流，同样是属于防守性质的，只要赚到目标利润就可以逐步退出了，等待下一次投资机会。个人的经验总结是长期来看，30%的短线资金和70%的长线资金总体收益率差不多，而且最关键的一点是，30%的短线资金一方面可以起到创造现金流的作用，更关键的是有利于整体持仓心态的稳定，可以保证对于70%的长线资金的心态稳定！套用战争术语来讲，

30%的短线资金属于非主力部队，主要任务是确保主力部队大量歼敌，次要任务是找准机会歼灭小股敌人，积小胜为大胜。

"70%的长线资金+30%的短线资金"这套组合打法非常适合A股投资，A股的特点是高波动+牛短熊长，外加行业或者个股突发性问题迭出，经常会出现一些很不错的买入机会，手里经常保持一部分现金不但不是负担，反而有利于提高收益率。但对于港股这个策略经常会失效，原因在于港股经常会出现极低的估值，很容易将手里的现金用光，而且长时间不反弹，所以我的港股账户大部分都是被动满仓的，港股的收益率比A股低了一些，解决方案就是加强个股的研究深度，精选个股，减少持仓股票的数量。港股对优质蓝筹股是溢价的，但对平庸的股票和小股票都是大幅折价的，你以为是机会，但大部分时候都是陷阱。如果说投资港股的经验，那就是只投资优质蓝筹股，规避"小票"，规避所谓的"机会"。

仓位管理的第三条原则是逆向原则。这条原则主要是针对心理层面的，完美的操作策略如果心理不过关结果等于零。以2018年为例，股市大幅下跌，中美贸易战看不到终局，敢不敢逆势加仓？能够回答这个问题的投资者并不多。股市大幅下跌加仓和股市大幅上涨减仓都是逆向的，所以心理层面的修炼是非常重要的。还有一点是你必须相信一些东西，比如历史的极端估值区域是有效的，股票长期来看是最好的投资品种，企业的成长是可以创造价值的，中国经济长期来看是向好的。如果你不相信一些常识，心理修炼永远不会过关。**长期来看，乐观主义者比悲观主义者要好得多！** 看看美股、港股的百年史，发生了那么多历史性大事件，但都没有击垮股市，股市的头始终是向上的。即使所谓"失去20年"的日本股市，如果按照常识来操作，100%会避免买在最高位，买在股市底部区域的概率很大(日本股市的底部区域估值并不低，所以买到的概率非常大)，长期投资日本股市的收益率还是不错的，如果买到丰田汽车那就是中头彩了！但我们买到日本经营四圣的企业(丰田汽车、松下、索尼、京瓷)的概率很大，投资收益率也非常可观。

最后总结一下，仓位管理的第一条原则是低估值高仓位，高估值低仓位；第二条原则是自我创造现金流；第三条原则是逆向操作心理的修炼，三条原则属于一个完整的体系，不完美但实用性强。

2.3 投资策略谈3——筛选企业的三条关键指标

企业分析是投资中最难的一部分，有擅长财务定量指标分析的，有擅长企业定性分析的，大抵与个人的从业经历有关系。企业分析有时候有一点盲人摸象的感觉，不同人对同一家企业会有完全不同的判断。我们要将复杂的问题简单化处理，抓住企业发展最本质的规律，本人总结了三条关键性指标，能够通过筛选的企业一般都是优秀的企业，或许会买贵，但不会买错。

筛选企业的第一条指标是ROE≥15%。 这是市场公认的优秀企业的最低门槛，所以不必过多解释，重点强调的是在实际运用中的关注点。第一点需要强调的是ROE指标最好是5年均值，最低也是3年均值，再低就没有意义了，再低就不能认定企业ROE的长期发展趋势可以在15%以上。第二点需要强调的是ROE的质量，即净利率、财务杠杆、资产周转率三者是否合理，这个需要结合公司的商业模式来判断，定量指标分析离不开对公司的定性分析，对商业知识的积累是躲不过去的必修课，但一般来说财务杠杆要保持合理，高财务杠杆意味着企业的经营风险较高，尤其是对于有息负债占比很高的企业，需要慎之又慎。第三点需要强调的是对ROE发展趋势的判断，ROE指标介于10%至15%之间的公司也是可以纳入分析范围的，只要ROE指标趋势是逐步向上的，而且从基本面可以找到强有力的证据做支撑，说明企业发展逐步向好，这种企业也是可以投资的，比如2016年以前涪陵榨菜的ROE指标是低于15%的，2010年上市以来长期在10%至14%之间，虽然与IPO上市后净资产增厚有关，但ROE指标基本上反映了涪陵榨菜的基本面情况，这种情况在2016年被打破了，ROE飙升至16.4%，研究基本面时可以发现涪陵榨菜的产品重新定位和提价策略行之有效，基本面有了质的改善，这时候就是上车的好时候。ROE指标长期低于10%的企业，基本上可以放弃了，研究的价值太低了，完全是浪费时间。第四点需要强调的是ROE指标有滞后效应，对于ROE指标持续向好的企业，重点是找到企业基本面改善的有力证据，可以提前上车，没必要等到ROE指标一定达到15%之后才上车。

筛选企业的第二条指标是找到清晰可辨的企业"护城河"。 "护城河"是指竞争对手无法轻易进行复制的能力。很多企业所谓的"护城河"都是虚假的，在大量金钱攻势下会土崩瓦解，真正的"护城河"是非常稀缺的，用钱是根本解决不了的。比如永辉的生鲜超市战略，其战略根基是完善的生鲜产业链+经营上的内部合伙人管理机制，其他超市根本就没法进行复制，这就是永辉的实实在在的护城河；伊利股份的护城河就是品牌知名度，每年超过100亿元的广告营销投入构建了非常高的竞争壁垒；顺丰控股的护城河就是基于时效和服务的品牌效应，其根基是一体化的垂直产业链+直营模式，其他企业也是没法去学习的；海底捞的护城河就是独特的服务，其根基是内部合伙人机制+善待员工的企业文化，其他餐饮企业也是没法学习的，服务的标准可以制定，但服务员真诚的笑容从何而来？海螺水泥的护城河就是低成本，其根基是T型战略布局+优秀的管理机制，其他企业没有任何机会可以再造T型战略，从而垄断低成本的石灰石资源。

《巴菲特的护城河》这本书将企业护城河归纳为四种：无形资产、客户转换成本、成本优势以及网络优势。本人大抵是认同的，但这种分类在操作层面上意义不大，因为人人都具备的东西是没办法产生溢价的，本人更愿意从更加微观的层面去判断企业的护城河，只要企业具备的某种竞争优势是独一无二的，是竞争对手难以进行学习和复制的，那这种竞争优势就是护城河。**护城河的真正意义是竞争对手没法轻易进行学习和复制、企业可以独享的竞争优势。**

筛选企业的第三条指标是企业具备优秀的企业管理人+优秀的企业管理机制。管理才是企业发展的关键因素，管理才是企业价值创造的源泉。但是作为企业外部的投资人，判断企业家以及企业管理的好坏是非常难的一件事情，首先我们得到的资料是不全的，其次企业家被公开的东西都是被洗白的，不好的一面很难被发现。虽然很难，但必须去做，个人认为判断企业管理好坏的唯一标准就是管理效率和产品营销效率，通过逐步摸索，本人总结了以下几点经验。第一点是观察管理层是否大量持股，这一点对国企效率的提升是非常关键的，凡是发展很棒的国企大部分都有这个特点，比如海康威视、万华化学、海螺水泥、格力电器、洋河股份等企业无不是市场上的超级大白马。第二点是观察管理层是否有股权激励，这一点主要针对民营企业，企业有股权激励说明老板的格局大，有财富分享精神，下面的人会拼命干活，企业可以做大。典型例子就是美的集团，何享健老板的格局非常大，以方洪波为首的管理层持有大量股权激励股份，企业发展蒸蒸日上。反面的例子是飞科电器，李丏腾持股比例达到极高的90%，对于管理层什么股权激励都没有，老板的格局小了很多，其后果就是新产品迟迟不能推出，研发效率和管理效率低了很多，虽然本人持有飞科电器，但对李老板的这种做法是非常不屑的，也算是上贼船了，好在估值不高，风险不大。第三点是观察企业的管理层级，管理层级多的企业必定官僚作风盛行，管理效率低下，事业部制管理方式基本上是现代企业管理的标配，如果连这一点都做不到，那就完全没有分析的必要了，大部分老国企就是这种作风。第四点是观察企业的产品定位和营销定位。定位理论可以帮上大忙，套用定位理论对大部分消费品进行分析，准确率可以达到90%，是一把最有效率的利器，也是投资人很有必要掌握的一项分析技能。

第五点是观察企业家平时的采访和发言，是否有很好的战略眼光，是否有产品情结，是否可以做到言行一致，是否有利益以上的追求。通过长期的跟踪和观察，大抵可以判断出对方是否是一个优秀的企业家。

第六点是观察企业是否在内部实行合伙人管理机制(类阿米巴经营模式)，这是目前最新的管理理论，其核心内容是三点：①划小单元，让员工像老板一样主动思考和经营；②赋权经营，快速培养经营人才；③数字化经营，形成公平、公开、公正的赛马平台，实现销售额最大化、费用最小化。简单来说，就是将内部员工变成小老板，利用员工的主动性创造效益，大幅降低管理上的监督成本，从而做到管理成本的最小化和管理效率的最大化。凡是内部合伙人管理机制比较成功的企业，属于牛股集中营，比如永辉超市、海底捞、爱尔眼科、阿里巴巴等。

通过以上三条指标的甄别，预计90%以上的企业都出局了，剩下的都是100%优秀的企业，唯一考虑的因素就是买入价格问题，只会买贵，不会买错，"贵"可以通过时间来化解，"错"没有解决方案。从逻辑上来讲，优秀的管理人必然会建立一套优秀的企业管理机制，在企业发展中会建立起独特的竞争优势，反映到财务指标上就是优秀的ROE数据，三者是相辅相成的，如果三项筛选指标出现背离，很大可能是分析出现了偏差或者企业在通往变好/变坏的路上，投资人可以提前发现问题，从而发现投资机会或者避免投资损失。

如果只能从三条指标中选择一项的话，我会选择第三条指标：优秀的企业管理人+优秀的企业管理机制。优秀的企业管理可以化解掉企业发展过程中90%以上的问题，而大部分企业在发展过程中遇到的问题本质上都是管理问题，管理才是根本，管理是企业价值的最大来源。

2.4 投资策略谈4——如何降低投资难度

股票市场的噪声是非常大的，大家的投资策略也是五花八门，导致大家非常迷茫，很多人炒股的目的就是"解套"，搞得身心疲惫。很多人的投资策略越来越复杂，投资收益却越来越低，但任何复杂的投资体系本质上都是不经济的，在市场面前更加容易受到攻击。投资的本质可以用一句话来概括：**投资就是投企业，投资优秀的企业才是投资的真谛！**从投企业的角度来讲，投资应该做减法而不是做加法，将投资企业限定在特定的领域内，在特定的领域内做专家，这样投资成功的概率更大，即寻找1米以内的栏杆去跨越，而不是强练技能试图去跨越3

米高的栏杆。

降低投资难度的第一个方法是限定行业。虽然说三百六十行，行行出状元，但有些行业赚的就是辛苦钱，有些行业就是高利润。经过对百年美股历史的研究，结合A股30年的发展历史，本人将投资限定在六大行业：①能源；②科技；③金融；④消费；⑤医疗保健；⑥优势制造业。前5个行业的特点是：第一，属于大行业，行业几乎没有天花板的限制，科技、金融、消费、能源四大行业在巅峰期都可以占到美股总市值的30%左右，属于超级大行业，水大鱼大；第二，属于基业长青的行业，基本属于永续性行业，企业的生命周期更加长久；第三，属于规模逐渐变大的行业，在规模不萎缩甚至逐步变大的行业里，企业会有稳定的预期，企业更容易做大；第四，属于牛股辈出的行业，在牛股堆里找牛股，事半功倍。

优势制造业是中国独有的行业，作为世界第一制造业大国，制造业一定是一个优势行业，牛股辈出是必然现象，比如美的集团、格力电器、福耀玻璃、潍柴动力等。优势制造业是一个需要重点关注的行业，一般来讲，中国的优势制造企业都可以做到全球第一，所以投资这样的企业在精神上还是很享受的，投资不仅仅是为了赚钱，还有精神方面的享受。

除了个人总结的六大行业以外，投资者还可以根据自己的工作和生活阅历来观察行业，在自己平时工作中经常接触的行业中会更容易找到契合点，了解起来更加容易，投资的前提是深入了解，了解自己在投资中的优势领域，自然容易成功。

降低投资难度的第二个方法是限定企业。A股有3000多家企业，都研究一遍会累到吐血，而且是属于浅层次研究的无用功，所以限定企业就非常必要了，在限定企业内做深度研究，深度研究才具有投资价值。本人在上一节中谈到了筛选企业的三条关键指标，能够通过这三条筛选指标的企业大抵都是优秀的企业，但仅这三条还不够，再增加第四条筛选指标：投资行业老大或者行业内综合竞争力最强的那家企业。行业老大的综合竞争力是远远强过其他企业的，老大和老二相比有质的区别，老大吃肉、老二喝汤是真实的写照。观察最近5年A股的走势，行业老大在调整股市里调整得最少，而且会最先反弹甚至创新高，投资行业老大几乎是赢家的选择。通过以上四条筛选指标的选择，至少是百里挑一了，有可能买贵，但不会买错。

降低投资难度的第三个方法是限定买入价格。如何避免买贵？答案是限定买入价格。股票的合理估值是很难界定的，但股票的高估值和低估值区域则是很容易判断出来的，我们需要注意的第一点就是不在高估值区域买入，不在低估值区域卖出，这样就规避了80%以上的操作风险。第二点是我们需要知道股票投资收益的来源：①企业发展的收益；②企业分红收益；③估值提升的收益。前两个收益是我们稳定的收益来源，也是通过努力可以把控的，第三个收益可遇而不可求，有运气的成分，而且时间是不可控的，算是靠天吃饭吧！为了规避第三个收益的不确定性，我们买入的基本逻辑是：买入的价格底线是合理的估值，赚取企业发展的收益和分红收益，可以赚一些估值提升的收益，赚不到没关系，但不能接受估值下移的负收益。这样逻辑就比较清晰了，参照2.1节中4种买入股票的时机，大抵可以买到低估值区域的股票，这样就解决了买贵的问题。

降低投资难度的第一个方法是限定行业，核心是解决投资知识积累和深度研究的问题；降低投资难度的第二个方法是限定企业，核心是发现优质企业，解决买错的问题；降低投资难度的第三个方法是限定买入价格，核心是解决买贵的问题。

2.5 投资策略谈5——如何防止财务"爆雷"

在谈投资策略之前，首先说一段本人的黑历史，2011年前后笔者重仓投资了港股的博士蛙国际，结果传出博士蛙财务造假，13万元投资资金归零，按照这些年的投资复利计算，这是一笔价值50万元的损失！财务造假可以让投资资金归零，所以规避财务"地雷"是投资者的必修课。

2019年初，A股市场财务"爆雷"现象迭出，高商誉减值成为市场热点，本人在人福医药上再一次"中雷"，好在不但没损失，还利用股价大跌加仓小赚了一笔钱。赔赚不是重点，重点是引起了自己的深度反思，在雪球网上找了大量关于财务报表分析的文章进行学习，尤其是"岁寒知松柏"在雪球大会上交流的那篇文章非常给力，逻辑清晰，对我的启示是最大的，岁寒兄堪称财务专家，对财务报表的分析入木三分，不但可以做到有效规避财务"地雷"，而且可以进一步在涉嫌财务报表造假(隐藏利润也是一种财务造假)的企业中寻找"富矿"，这种能力需要非常深的财务背景，需要有深厚的财务分析功力，对一般的投资者来说过于困难，对本人来说也是如此。经过一段时间的思考，我想出了自己的解决方案，这个解决方案不完美但非常有效。在谈解决方案之前我先谈谈自己对财务报表的理解。首先，财务报表是企业经营的真实性反映，但滞后效应明显，明显滞后于基本面变化和股价的反应，所以深度研究财务报表的回报是有限的，时间和精力的投入产出比是非常低的；其次，财务报表的最大功能是用来筛选企业，在这方面，财务报表是非常高效的，可以迅速规避掉一大堆平庸企业，使投资者聚焦于优质企业的研究，事半功倍；最后，财务报表是验证指标，对企业定性方面的分析必须得到财务指标的验证，定性先行，定量验证，两者结论必须一致。基于以上三点认识，下面介绍如何高效地利用财务报表，有效防止财务"爆雷"。

防止财务"爆雷"的第一点是检查经营现金流与净利润的匹配度，最好观察最近5年的平均数，可以规避干扰因素。这一点岁寒兄对我的启示最大，经营现金流不好的企业要么是商业模式太差，经营赚到的钱收不回来，比如大部分环保类企业，经营现金流非常差，3P项目占用了大量的资金，最近两年纷纷"爆雷"了；要么涉嫌财务造假，比如2019年初"爆雷"的康得新。不管是哪一种情况，这种企业都不值得投资，所以规避经营现金流与净利润匹配度差的企业可以规避掉大部分不合格的企业，起到用财务报表筛选企业的作用。需要强调的是，自由现金流并不能起到筛选企业的作用，自由现金流差的企业未必不能投资，大部分处于快速成长期的企业自由现金流都不会太好，企业需要大量的资金去投资，去扩大产能，反而是不错的投资标的。记得2006年前后刚刚接触价值投资，很努力地用自由现金流估值模型对万科进行估值，估值非常低，结论是不值得投资，真是贻笑大方。

防止财务"爆雷"的第二点是规避高有息负债类企业。负债本质上是输出管理，如果企业的管理水平显著优于同行，企业可以合理利用财务杠杆快速将企业做大，从而获取更大的市场份额，这是非常合理的做法，但是如果企业管理低效，那利用财务杠杆进行扩张是非常危险的。负债一般分为两类，第一类是无息负债，企业合理占用上下游的资金，从而降低自己的资金成本，这种负债是一种优势，从侧面反映了企业处于产业链的优势地位，属于优秀企业的特征，比如永辉超市和格力电器，无息负债较多，其实是一种好的现象。需要注意的是，企业不能无限制地利用产业链的优势对上下游企业进行"压榨"，产业链本质上是一种共存关系，保证产业生态链的兴旺发达是龙头企业的责任，如果无限制去"压榨"产业链上的企业，最终会破坏掉产业链生态，最终得不偿失。第二类是有息负债，有息负债高的企业危险性很高，即使ROE指标非常优秀，但含金量很差，这类企业原则上是需要规避的，但对于因企业对外收购而产生的高负债则另当别论，这要重点分析这个收购有没有价值，对未来的影响是正面还是负面的。负债本身倒不是最需要关注的事情，比如潍柴动力有息负债很高，通过分析可以看出大量的有息负债都是对外收购产生的，对潍柴的分析重点就应该转移到收购战略本身以及收购以后的协同效应。从本质上来说，优秀的企业本身就可以产生大量的现金流，是不需要高有息负债的，即便是重资产行业，优秀的企业也可以做到低负债，比如中国神华、海螺水泥、陕西煤业、福耀玻璃等优质龙头企业对有息负债控制得非常好。从投资的角度来看，高有息负债企业要么赚钱能力差，要么管理层扩张冲动，要么商业模式非常差，只能被动高负债经营，都不值得投资，所以规避高有息负债类企业是投资者合理的选择。

防止财务"爆雷"的第三点是规避高商誉类企业。商誉本质上是一种无形资产，高商誉意味着企业可以利用无形资产赚钱，比如贵州茅台的品牌就是典型的高商誉，赚钱赚到手软，但在财务报表里企业拥有"高商誉"的这类资产并没有体现在财务报表上，属于隐形资产。体现在财务报表上的商誉都是溢价收购产生的，所以分析企业的高商誉首先需要分析企业高商誉收购的合理性，否则很难说高商誉一定是坏事。以创业板为例，前几年创业板上大量公司利用收购战略，大量收购估值貌似合理、成长性好但企业品质平庸或较差的企业，从而达到每年利润高增长的假象，当对赌协议结束，被收购企业原形毕露，体现在财务报表上的高商誉就是一颗颗"地雷"，只有商誉减值一条路，股东们只能被动买单，承担资产减值的实实在在的损失。

高商誉都是企业对外收购产生的，所以高商誉公司历史上都有对外收购的案例，甚至有些公司将对外收购作为企业经营的一项战略来考虑，比如复星国际、复星医药、人福医药这些企业是将收购作为企业战略来对待的，这些企业有很强的路径依赖，未来继续收购其他企业的概率很大，分析这类企业时需要研究企业过往的收购历史，看看企业收购有没有达到目标，有没有产生必要的协同效应，这个的确很难，除了研究历史，我们别无他法。本人的经验是对高商誉公司采取谨慎性原则，尽量规避，有可能会错过，但不会买错。经常收购总会有看走眼的时候，比如这一次人福医药高达30亿元的商誉减值就是一颗"大雷"，其实人福医药历史上的收购战略还是比较成功的，企业获得了高速发展，但成功冲昏了管理层的头脑，2016—2017年对外收购极其迅猛，终于失败了一次，一次的损失超过以往所有成功收购的全部收益。个人认为对外收购战略本身就是一种很差的经营策略，只有两种情况下才是值得的，一是用钱买时间，企业有清晰的战略目标，利用收购快速进入目标市场，二是业务上有很强的协同效应，这种协同效应非常容易识别。除了以上两种，其他收购就是浪费企业资源，成功的概率很低。

防止财务"爆雷"的第四点是规避高存货和高应收账款类企业。当存货可以升值的时候高存货才是有价值的，比如白酒企业的存货不仅不贬值，还有升值效应，这属于一种特殊的情况，不重点探讨。绝大部分高存货都会有减值风险，尤其是服饰类企业，高存货就是一颗"定时炸弹"，2012年服饰类企业全行业处于高存货状态，整个行业雷声不断，非常惨，只有极少数企业幸免于难。目前，海澜之家的高存货就是一种潜在的风险，但海澜之家的商业模式相对而言处于行业领先水平，其存货大部分是可以退货的，所以并没有报表上那么严重，但如果拖累到上游产业链那就不好说了，好在海澜之家的动销没有问题，动销才是一切问题的关键。高应收账款说明企业处于产业链的劣势地位，货卖出去了但拿不到钱，企业经营资金被优势企业占用了，企业还得承担隐形的资金成本，应收账款还有实实在在的减值风险；高存货说明产品销售不畅，存货减值风险大，两者同步出现就是确定无疑的"大杀器"，绝对需要规避，这样的运营企业属于典型的"毁灭价值"。

防止财务"爆雷"的第五点是规避大存大贷的企业。从逻辑上来讲，有大量存款的企业没必要大量贷款，毕竟贷款利息是远高于存款利息的，除非管理层脑子进水或者有其他不可告人的问题。以康得新2018年中报为例，账面有货币资金167.8亿元，但有息负债却达到了110.8亿元，典型的大存大贷，极其不合理，问题是康得新可是过去5年的大牛股啊，拿管理层的话说就是"过去吹的牛都实现了"。但问题是吹牛就是吹牛，"牛"总有吹破的一天，财务指标反常必有妖，这个雷在2019年初终于爆炸了，虽然爆出来的是大股东侵占上市公司资金的问题，但问题远没有这么简单，这属于典型的财务欺诈。在看财务报表的时候，如果逻辑上不合理一定要多问一个为什么？这是发现问题的第一步，无法做合理性解释的问题都可以归入"财务造假嫌疑"名单，一票否决。

防止财务"爆雷"的第六点是用定性分析指标去排雷。通过对企业的定性分析，我们可以综合评价企业的竞争态势、管理水平、行业地位以及商业模式的优劣，先对企业有个整体的评价，然后回过头看企业的财务报表，很多东西都会清晰很多。利用定性分析和财务指标的相互验证来筛选企业，"踩雷"的风险极低。

财务报表是用来筛选企业的。通过以上6个筛选指标，一定可以达到"避雷"的目的。如果想利用财务报表去寻找企业、发现企业，那属于另一个层次，大部分投资者都没法达到那个境界，还不如去做更加有意义的事情。合理利用自己的优势，有效规避自己的劣势，这才是成功之道。

2.6 投资策略谈6——困境反转型投资策略

困境反转型投资是一种常见的投资策略，本人曾经投资过海油工程、伊利股份、贵州茅台、五粮液、万华化学、李宁等困境反转型股票，所以对这种投资策略比较熟悉，有一定的发言权，本节就单独谈谈这种投资策略。

困境反转型的第一种情况是行业出现危机状态，导致企业利润大幅衰退甚至出现亏损。2008年的三聚氰胺事件、2013年中央限制"三公消费"和塑化剂事件都属于典型的行业危机事件，2008年的事件导致乳制品全行业亏损，2013年的事件导致白酒行业利润大幅度下滑。三聚氰胺事件中本人投资了伊利股份，塑化剂事件中投资了茅台和五粮液，这两个事件事后来看都是非常棒的投资机会，但在事中则属于雾里看花，事态并不明朗。以2018年末的医药带量采购事件为例，对医药行业影响巨大，算不算一个好的投资机会？这个结论并不好下，本人认为医药行业的投资逻辑完全变了，三年之后的终局并不好判断，所以这个结论非常难。本人认为行业性危机算是一种不错的投资机会，前提是能够比较清晰地判断出三年之后的行业终局，如果没有这个判断，就没法做出正确的投资决策，所以对行业未来发展前景的清晰判断才是投资的前提条件。

困境反转型的第二种情况是周期性行业处于低谷状态。反周期投资是投资周期性行业的不二之选，2015年的水泥行业和煤炭行业都处于周期性的谷底，就是不错的投资机会。本人2012年曾经重仓投资过海油工程，后来又投资过万华化学和中国神华，所以对投资周期性行业还是有一点感觉的。说句实话，投资周期性行业是比较煎熬的。首先，周期性行业的底部很难判断，买入之后被套是常态；其次，周期反转的时间不确定，有时候市场长时间在周期底部徘徊，对投资者是一种煎熬；再次，周期高点不好确定，卖早了或者卖晚了都是常事，会有很强的挫败感，而且属于靠天吃饭，企业主观经营方面能做的事情不多，属于被动状态，本人并不喜欢这种感觉，所以目前已经不轻易投资周期性股票了，除非出现绝佳的投资机会。

困境反转型的第三种情况是偶发性事件或者企业经营自身问题导致企业业绩大幅下降。2011年前后，双汇发展的瘦肉精事件就属于偶发性事件，上海家化的业绩衰退属于自身经营问题造成的，结果都使企业经营陷入困境，利润大幅衰退，本人曾经中度仓位买入上海家化，收益还不错。但印象最深刻的是2017年对桃李面包的投资，我利用一季报业绩大幅衰退的时机买入桃李面包，这笔投资的收益率不错，属于短平快。这种投资模式的难点是判断企业经营能否从困境中走出来，从结果上来看，桃李面包在经营上实现反转了，但上海家化在经营层面并没有明显的反转，所以这种投资模式更考验投资人的商业洞察力，判断企业最终能否经营好转是投资成败的关键因素，企业分析的功力非常关键，投资成败取决于自己对企业未来发展前景的判断。

困境反转大抵就包括以上三种情况，相对好理解，但投资操作难度很大，事后看起来很美，事中则令人苦恼，投资难点主要有以下几点。

困境反转型投资难度的第一点是心理层面的，投资者必须做好充分的心理准备。 一方面，由于困境反转的时间和结果上都具有不确定性，所以心理上是非常煎熬的；另一个问题是投资标的涨跌经常与大盘不同步，在牛市里受到基本面的压制涨幅有限，而大盘和其他股票经常会大涨，这对心理的打击也是巨大的。投资者经常会对自己的判断产生质疑，所以心理层面修炼过关是投资困境反转型股票的前提条件，心理承受力才是修炼的最大难点。心理层面的修炼是非常难的，除了时间的打磨没有太好的办法，只有慢慢来，"水"到自然成。

困境反转型投资难度的第二点是反转的不确定性。 以目前本人投资的周黑鸭为例，2018年业绩大幅衰退30%，能否反转过来具有不确定性，本人唯一能做的就是研究财报，收集各种资料，利用行业逻辑和常识进行逻辑推理，个人估计周黑鸭发生反转的概率大，但不反转的可能性也是存在的，在盖子没有揭开以前没法100%确定，这就是说反转的不确定性始终是存在的，事后来看可能很清晰，但事中其实是一团迷雾。解决方案就是加强对行业和企业的理解，尽量降低不确定性，实在看不明白的话就放弃，并不是每一次的困境都是机会，只要能抓住属于自己的机会就可以了。

困境反转型投资难度的第三点是时间的不确定性，需要有长线资金做支撑。 本人的投资经验是困境反转大概需要三年时间，运气好的话一年就可能反转，比如本人2012年重仓投资李宁，实际上2017年李宁的基本面才出现实质性的反转，用了5年时间，内心的煎熬无以言表。所以投资困境反转型股票至少要有三年的长线资金准备，否则最好别碰，买入就反转属于运气使然，做好打持久战的准备才有可能取得最终的胜利。

困境反转型投资虽然很难，但长期的收益率还是不错的，投资者要在实际操作中，想办法降低投资难度，同时提升投资成功概率，避免出现漏洞。

降低困境反转型股票投资难度的第一个方法是投资龙头企业。对于困境反转型行业而言，处于风暴眼中的企业是有可能倒闭的，比如三聚氰胺事件中的三鹿奶粉以及塑化剂风波中的酒鬼酒，这种企业坚决不能碰，碰了是有归零风险的，但乳制品行业和白酒行业是会长久存在的，那投资龙头企业就是理性的选择。首先，行业龙头抗风险能力强，不会轻易倒闭；其次，行业反转以后龙头企业会收割小企业退出以后的市场份额，从而进一步发展壮大；最后，龙头企业占据优势资源，可以获得长久的发展，可以将短仓变长仓，避免频繁决策导致的决策风险。

降低困境反转型股票投资难度的第二个方法是从终局看问题。对于处于困境中的行业或者企业，从逻辑上来判断行业或者企业恢复常态以后的状态是什么样的，可以从终局往回看，就会把很多问题看得比较清楚。比如三聚氰胺之后的乳制品行业以及塑化剂之后的白酒行业，终局相对比较清晰，投资决策就容易做出。有些情况终局是很难看清的，比如医药带量采购事件，对仿制药的影响是非常大的，而国内99%的企业都是以仿制药为主的，即便是医药一哥恒瑞医药，其仿制药也占据大头儿，新药的利润增长能否填补仿制药利润的流失也是未知数。一方面仿制药利润率大幅下跌是可以预期的，另一方面国内并没有高额投入开发创新药的体系支撑，所以目前对医药股的投资决策很难，终局很难看清楚。个人认为，对于可以从终局看清问题的股票可以投资，对于从终局也看不清楚的股票避免投资，本质上就是个人能力圈问题，在能力圈范围内看问题容易看到本质，决策相对容易，在能力圈之外看问题是不会有答案的。

降低困境反转型股票投资难度的第三个方法是等待催化剂事件的出现。为了降低不确定性，提高获胜的概率，等催化剂事件出现以后再进行投资是比较稳妥的策略，好处是确定性进一步增强，赢面较大，坏处是股价已经从底部大幅反弹了，股票不会太便宜，所以更好的做法是在股价的底部区域加一部分底仓，等催化剂事件出来以后第二次加仓，这样可以兼顾风险与收益。催化剂的本质是发现基本面向好的关键因素，这同样需要商业知识帮助判断，外加逻辑推理，如果所有的事情都明朗化了，那股价已经到天上了。催化剂事件就是在事态明朗化之前的关键判断信息，是提高确定性的关键信息。

降低困境反转型股票投资难度的第四个方法是从管理角度看问题。从逻辑上来分析，优秀的管理层更容易抓住行业经营的本质，容易发现并解决问题，企业实现困境反转相对容易。所以从企业管理入手去判断企业的管理水平、管理效率、营销效率等问题，对企业的管理水平会有一个定性的分析和了解。如果企业由优秀的管理层在经营，那么反转的概率会大很多，因为人才是企业经营的关键因素，从人才的角度来判断企业管理是个不错的视角。本人对李宁的投资中最大的失误就是忽略了管理层的问题，事后来看我对体育服饰行业的终局判断都是对的，但唯独忽略了管理层这个因素，如果考虑这个因素，那么选择的应该是安踏体育，而不会是李宁，这次疏忽的代价就是内心煎熬了5年，虽然最终的结果还不错，但精神损失是不可估量的。李宁的催化剂事件就是签约CBA联赛，此时入局赢面非常大。

降低困境反转型股票投资难度的第五个方法是足够低的买入价格。如果概率不高那就应该要求赔率很高，用高赔率补偿低概率，足够低的价格几乎可以规避掉100%的风险(唯一没法规避的风险就是财务造假，财务造假可以让价格归零，所以足够低的价格也没用)。举个简单例子，对于周期性行业而言，如果行业龙头股票价格跌破净资产就属于足够低的价格了，此时买入属于低风险高收益，价格已经补偿了所有的风险，买入是唯一的选择。风险本质上是可以定价的，如果价格足够低，说明已经对风险进行了充分定价，此时才属于真正的低风险投资。

总之，困境反转型投资策略是一种高收益的投资策略，同时可能伴随一种被煎熬的投资过程，在没有反转以前，内心是非常煎熬的。困境反转策略是一种赔率更高，但概率一般的策略，所以核心是在保证赔率的前提下，如何提高概率的问题。降低投资难度本质上就是提高反转的概率。

2.7 投资策略谈7——白马与黑马

对大部分投资者来说，抓黑马是永远的情结，白马虽好，但估值偏贵，涨得慢，黑马虽少，一旦选对，爆发力强，短期会有巨大的收益，那这种认知对吗？

本人2005年入市，曾经也努力抓过黑马，曾经投资过中葡股份、好想你、恒顺醋业、中国食品等所谓的黑马，但没有一匹黑马最终变成白马，经过多年的观察，股市里黑马最终变成白马的凤毛麟角，属于极低概率事件，所以抓黑马在投资上没有任何意义，投资白马股才是正道。

第一，黑马永远是黑马，很难变成白马。从生物角度来讲，黑马变白马的唯一途径是基因突变，而基因突变属于极低的概率因素。从企业经营角度来讲，一个平庸的企业要变成一个优秀的企业，也必须有"基因突变"，必须在企业战略、企业文化、管理架构、企业管理人等方面有全方位的改变，这等于企业再造，这个难度系数非常大。如果说有黑马变白马的例子，洋河股份无疑算一个，因为洋河的改造是全方位的。首先，在公司治理层面管理团队全面持股，管理机制得到了全面优化；其次，产品重新定位，蓝色经典系列以及绵柔型白酒的定位重构了白酒的产品格局；最后，深耕渠道，做精细化的渠道管控，使洋河成为渠道能力最强的白酒企业。经过以上全方位的改造，洋河从黑马变为大白马，成为白酒行业老三。从以上洋河的蜕变过程可以看出，企业经过了全方位的改造，无疑属于"惊险的一跃"，属于低概率事件，大部分企业是不具备这些条件的，一通折腾以后还是原来的黑马本色，比如中葡股份和好想你等，管理层还是很努力的，但基因使然，企业没有多大的变化。

第二，白马未必永远是白马，但大概率还是白马。一般来讲，白马股都已经进化为与周围的环境高度匹配了，只要周围的环境不发生变化，大概率还是白马。经过多年的观察，在三种情况下白马会马失前蹄。第一种情况是行业性衰退，行业的基本面发生了根本性的改变，比如方便面行业最近几年进入全行业衰退，优质白马股康师傅和统一企业也不能免俗，随着行业一起陷入衰退；第二种情况是行业发生了根本性的改变，优质白马股不能做到及时自我进化，故步自封从而被行业所淘汰，最典型的例子是诺基亚，苹果iPhone重新定义了手机行业，而诺基亚并没有及时跟进从而被淘汰出局；第三种情况是行业发展失速，行业容量到顶甚至微幅衰退，如果企业不能够通过产品创新有效应对，企业的发展也会失速，白马的成色明显不足，比如最近几年的双汇发展，高温肉制品行业已经到顶，但双汇产品创新明显不足，所以营收停滞不前，所谓白马失速指的就是这种情况。除了以上三种由于行业原因造成的白马股业绩衰退，其他情况下白马股还是会保持本色的，即白马未必永远是白马，但大概率还是白马。

第三，时间成本最昂贵，白马是时间的朋友，黑马是时间的敌人。对投资来讲，时间是最宝贵的，一旦选择错误，会付出高昂的时间成本和资金成本，这种成本代价是无法承受之重。白马股大概率还是白马股，业绩会芝麻开花节节高。时间是白马股的朋友，股价涨不涨没关系，只要业绩始终是保持增长的，企业的内在价值就是增长的，最终会体现在股价上。投资白马股时，我们等得起，时间站在白马股这边，长期一定是赢家。黑马股只有变成白马股才有意义，而这一点在时间上具有不确定性，概率超低，这种损失是不对等的，为了一个低概率事件会付出高昂的时间成本，所以时间是黑马的敌人。

第四，投资本质上是赔率和概率综合考量的结果，高赔率不足以补偿低概率的损失。投资黑马股本质上是高赔率的游戏，如果这种高赔率是建立在中等概率的前提下还是值得的，如果这种高赔率是建立在低概率的前提下则没有任何意义，高赔率×零=零，高赔率×非常低的赔率最终的结果也比零高不了多少，投资需要在某种确定性前提下来增加概率和赔率。黑马变白马的超低概率决定了高赔率没有任何意义，或者说我们赌不起，尤其是考虑到时间因素，这几乎是必输的游戏，所以投资白马股才是王道。

第五，黑马变白马之后才具有投资价值。在综合考虑了以上几点因素以后，一个可行的投资方法是等黑马变白马以后再投资，虽然赔率降低了，但概率大大增加，赔率×概率的结果是大幅度增加的。黑马一旦变成白马，属于基因突变，白马还有很长的路要走，我们完全可以安全上马，陪伴白马一直往前走。

总之，投资黑马股属于超低概率的游戏，为这种游戏付出时间+精力+资金没有任何意义，但黑马情结每个人都有，一夜暴富，一夜暴涨都是人内心的贪婪情绪，有效避免内心的贪婪是投资人时刻面对的挑战。投资本质上是慢慢变富，通过投资复利一步一步走向成功，但没有多少人喜欢慢慢变富，所以这些少数人就有了某种优势，随着时间复利的增加，这种优势就会变成巨大的鸿沟，将少数人和多数人完全隔离。慢慢变富是一种投资策略，这种投资策略的优势是具有累积性，随着时间复利而逐步壮大，最终成为赢家。

2.8 投资策略谈8——价值股与成长股

对于投资者来说，投资价值股或者成长股属于永恒的话题，价值股虽然股价便宜，但业绩缺乏成长性，一般不受市场待见。成长股虽好，但股价往往都在天上，很难有买入的机会，所以在两者之间选择是很困难的事情，本篇就对这个问题展开讨论。

何为价值股？ 本人对价值股定义如下：①企业所处的行业渗透率很高，一般已经达到了70%以上，企业的市场占有率已经基本到顶，进一步提高的空间有限；②ROE指标大于15%，ROE低于15%的企业排除在外，这样的企业缺乏投资价值；③分红率大于5%，分红收益是价值股很重要的一块收益来源，所以确保5%的分红收益是非常必要的；④5%~10%的成长性，确保一定的成长性是必要的，除了分红收益，也需要一定的成长收益作为补充，如果是零成长的企业，一点想象空间都没有，那真的缺乏投资价值；⑤15倍PE以内的价格，一般来讲资本市场对价值股的估值在5至15倍PE之间，超过15倍PE就不能算是价值股了。

　　以上5点是本人对价值股的定义，和其他书上的定义是有差异的，但个人认为更有操作意义。价值股的投资收益主要来源于以下三个方面：①分红收益，分红率一般在5%左右；②企业成长收益，保守估计在5%左右；③市场收益，即在牛市中估值提升的收益，这部分收益具有不确定性，在0%~20%之间波动，所以这部分收益不能计算在内，就算市场额外的馈赠吧，可以理解为安全边际的一部分。通过以上三点分析，价值股的收益大抵可以保持在10%以上，这部分收益属于低风险高确定性的收益。目前市场上典型的价值股有大秦铁路、双汇发展、福耀玻璃、中国神华、陕西煤业等股票，都算是市场上高分红的代表性企业。

　　何为成长股？本人对成长股定义如下：①行业渗透率和企业的市场占有率均有一定的提升空间，企业成长的天花板还没有到来。②ROE指标大于15%，这是基本的指标；对于个别处于高速成长期的企业，如果企业管理层优秀、有清晰可见的独特的竞争壁垒存在，ROE指标可以放宽到10%以上，前提是自己对企业非常了解，对企业未来的发展判断非常清晰。ROE指标低于10%的企业，一票否决，完全没有分析的必要性。③成长速度大于15%。这条指标是对成长股的基本要求，也是价值股与成长股的分水岭，是非常重要的筛选指标。④清晰可见的企业竞争优势。成长有可能创造价值，也可能毁灭价值，判断标准就是企业是否具备清晰可见的竞争优势，如果企业缺乏竞争优势，成长只能毁灭价值而不是创造价值。典型例子就是2018年的创业板市场，创业板市场里大部分企业经过多年的高速成长在2018年原形毕露，原因就在于企业的成长大都是收购而来的，根本没有所谓的协同效应，对赌协议一结束立马原形毕露，一地鸡毛，典型的成长毁灭价值。⑤合理的资产负债率。很大一部分高速成长型企业都是高负债，表面风光但内部暗流涌动，一旦资本市场大幅波动或者利率上行，高负债就成了压死骆驼的稻草，随时会让企业倒闭，所以选择合理负债的企业是非常明智的，可以错过，但不能选错。⑥合理的买入价格。一般而言，优秀的成长性企业估值都是非常高的，在高估值下买入优质成长股一样会血亏，我们很难苛求市场会给予一个低估的价格，但市场给予合理估值的概率还是很高的。就像我在《投资策略谈1——何时买入》一文中总结的4种买入时机：①大盘处在熊市底部区域；②行业性利空因素或者行业处于发展的低谷期；③公司偶发性利空事件；④相对于巨大的发展前景，公司的估值处于合理价位。以上四种情况下我们都可以买到心仪的优质成长股，前提是必须有足够的耐心。

以上6点是本人对成长股的定义，和其他书上的定义也是有差异的，但个人认为更有操作意义。成长股的投资收益主要来源于两个方面：①成长收益，按照合理估值来考虑，估值不变，成长速度保持在15%～25%，有望获得15%～25%的成长性收益。②市场收益，即估值提升的收益，成长股比价值股更容易提升估值，给一点阳光就会灿烂，只要在合理价格买入，获得估值提升收益的可能性很大，当然在计算实际收益时可以把这部分收益排除在外，也算是一种安全边际吧！通过以上分析，成长股的收益大抵可以保持在15%以上，这部分收益属于中度风险、中度确定性，风险点在于：①买入价格过高，透支了企业的成长性；②对企业的发展前景判断错误，是伪成长股；③成长降速，形成戴维斯双杀，这种情况是最恐怖的，高估值叠加成长降速会造成致命的投资亏损。避免第一点风险需要耐心等待好的买入点；避免第二点风险需要提高自己的商业判断力；避免第三点风险需要降低对企业的预期，可以错过，但不可高估值买入！以上三点都不太容易做到，所以投资成长股比价值股难得多。典型的成长股有恒瑞医药、贵州茅台、海天味业、腾讯控股、中国平安等，个个都是优质大白马，除了买入价格外没有什么可担心的。

通过以上分析，我们大抵对价值股和成长股有了比较清晰的了解，那到底该买哪一种股票呢？个人有以下几点看法：①投资本质上是获得企业发展壮大的收益，所以投资成长股应该是主流模式。投资成长股，陪伴企业从小变大、从弱变强是一件比较惬意的事情。②价值股的分红收益可以帮助我们度过漫长的熊市，所以基于分红的价值股投资属于防守型，可以帮助我们活下来，属于补充性投资。③成长股存在过高的买入价格风险和对企业发展前景判断失误的风险，所以投资的确定性方面稍显不足；而价值股最大的优势就是确定性，适当地配置价值股可以对冲这种不确定性。④30%的价值股+70%的成长股是合理的配置标准。

价值股代表了当下，让我们可以活得长久，成长股代表了诗和远方，让我们对未来充满希望！

2.9 投资策略谈9——问题清单

A股有3000多家企业，而且鱼龙混杂，真正值得深入研究的企业并不多，真正值得投资的企业更加稀少，为了提高研究效率和投资效率，问题清单是一个不错的策略。通过问题清单进行筛选，迅速聚焦，可以达到深度研究的目的，真正的事半而功倍。本人列了三个问题清单，分别来回答三个困扰投资者的问题：如何筛选企业，如何避免中雷，如何选择长期投资企业。

1. 问题清单一：过滤掉90%的企业

(1) ROE小于10%的企业不投资；
(2) 吹牛的企业不投资，比如三聚环保、康得新、康美药业、乐视；
(3) 经营转型的企业不投资；
(4) 行业三甲之外的企业不投资；
(5) 自己看不懂的企业不投资；
(6) 涉嫌财务造假的企业不投资。

问题清单一属于初始的股票筛选条件，基本上可以过滤掉90%以上的股票，通过筛选的企业可以加入股票池，进行长期的跟踪研究。问题清单一的目的很明确，就是快速过滤掉不合格的企业，将时间和精力聚焦到值得研究的企业，进行深度研究，只有深度研究才可以创造价值，泛泛的研究价值有限，纯属浪费时间。

2. 问题清单二：谨慎选择投资标的

(1) 对外收购野心大的企业谨慎投资；
(2) 有息负债率高的企业谨慎投资；
(3) 商誉占比高的企业谨慎投资；
(4) 商业模式复杂的公司谨慎投资；
(5) 多元化扩张的公司谨慎投资(相关多元化扩张的公司除外)；
(6) 行业老二和老三谨慎投资；
(7) ROE介于10%至15%之间的谨慎投资，除非估值低或者发展潜力巨大；
(8) 大股东股权质押多的公司谨慎投资。

问题清单二的目的有三个：①避免财务"踩雷"，高有息负债、高商誉、大股东质押、多元化扩张等几种情况都是"雷区"，踩雷的概率极大，通过检查清单的方式规避"雷区"。②避免陷入投资陷阱。对外收购战略、构建所谓的"企业生态圈"导致商业模式复杂化等情况表面看来都比较光鲜，企业成长性显著加速，但往往容易陷入"成长陷阱"，将企业拖入泥潭，成为最为常见的投资陷阱，最近几年创业板里大量企业就是典型的例子。③选择行业老二或老三以及ROE介于10%至15%之间的企业，本质上是一定程度上降低了企业的选择标准，目的在于防止漏掉一些处于成长期的优秀企业，里面虽然有金子，但更多的是沙金，投资陷阱是大于投资机会的，这种情况要特别慎重，除非发现企业的基本面有了实质性的改善或者企业具备独一无二的竞争优势，否则避免投资，可以错过，但不能买错。

3. 问题清单三：买入之前最后的检查清单，选择长期投资标的

(1) 时间是企业的朋友还是企业的敌人？多想一想这个问题，买入会慎重很多，想一想3~5年之后这个企业会变成什么样子，想一想时间会不会创造价值。

(2) 价格继续下跌有没有继续买入的信心？股票价格进一步下跌可以加大仓位的股票其实并不多，敢于进一步买入的股票必定是自己深度研究、非常有信心的股票，投资者能够完全看明白的企业其实并不多，所以这一条非常考验投资者对企业的研究功力。

(3) 企业的估值是不是便宜？便宜的基本概念就是未来3年市场估值没有向下修复的空间。思考这个问题就是为了避免买贵，我们不苛求赚取市场估值提升的钱，但最低限度不能受到市场向下的打击，这是买入的价格底线，底线思维可以避免我们买贵。

(4) 对企业有深入的了解，是否能"真正"看懂公司？一家公司股价上涨时利好满天飞，感觉公司发展前景巨大；股价下跌时全是利空，感觉公司就要倒闭了，其实公司还是那家公司，根本没什么变化，投资人要想有投资定力，前提一定是对这家公司"真正"看懂了，抓住了核心，其他方面的问题都可以轻松对待，如果人云亦云，很容易被市场带偏。

(5) 是否具备独一无二的企业"护城河"？优秀的企业必定有独一无二的竞争优势，否则竞争对手会轻易进入，从而摧毁公司的超额利润，投资人必须发现企业独有的这种竞争优势。如果找不到，要么是自己对企业不够了解，要么就是企业的竞争优势是虚假的，无论是哪一种情况都不值得投资。定性分析企业时最为关键的一条就是企业是否具备独一无二的竞争优势，定量分析指标最为关键的指标是ROE大于15%，能够通过这两条指标体检的企业一定是一家优秀的企业，有可能买贵，但一定不会买错。

(6) 对已经持有的股票心理上是不是有一种放松的状态？无论股票涨跌心理上

都处于一种放松的状态，这是对企业最高的奖赏，没有几个企业可以让投资人有这个感觉，个人认为这是评价企业的最高标准。

(7) 是平庸的机会还是绝佳的机会？绝佳的机会是指5年一遇的机会。这一点考验的是投资者的耐心，大部分所谓的投资机会事后来看都非常平庸，以5年的视角来看，绝佳的投资机会凤毛麟角，一旦真的出现了就是重仓介入的机会，实现本垒打。

(8) 以长期的视角来看，5年之后的企业是不是比现在更好？想一想5年之后企业会变成什么样子是一件有趣的事情，大部分企业5年以后未必会变得更好，投资人需要找5年以后利润大幅增加的企业，行业地位进一步加强，竞争优势进一步凸显。

(9) 是平庸的企业还是优秀的企业？这个看似简单的问题让不少投资者都栽了跟头，本人也不例外，好多企业价格诱人，质地看着不错，不投资实在有一点可惜，但投资以后都是"坑"，平庸的企业和优秀的企业之间并非泾渭分明，有许多灰色地带，这些灰色地带就是坑杀投资人的陷阱，所以投资以前需要认真回答这个问题。

(10) 最后一问：买到垃圾？买得太贵？投资周期太短？(造成投资亏损的三个原因：看错了；估值太高；投资周期不匹配。)最后一问其实是对以上九问的一个总结，属于最后的救赎机会。

长期投资的时间成本非常高昂，没有几个投资者负担得起这么高的代价。投资十问本质上是对投资标的的全面体检，是为了筛选长期投资标的，过关的企业凤毛麟角，投资亏损反而成了一种小概率事件。投资十问考验的是投资者的基本功，资本市场会对基本功过关的投资者大加奖赏，反之则严厉惩罚。

2.10　投资策略谈10——何时卖出

《投资策略谈1——何时买入》一文中谈到了4种比较好的买入时机，本篇文章谈谈5种比较好的卖出时机：①买错了，认错及时出局；②基本面发生了变化；③发现更好的投资机会；④股票严重高估；⑤从仓位管理的角度出发，需要降低仓位。除了以上5种情况，其他时候都不应该卖出股票。

第一种卖出选择：买错了，认错及时出局。这种情况好理解，但操作上是有难度的，投资者对企业的认知是逐步深入的，有时候买入之后才会发现企业存在一系列问题，原来买入的理由错了，这个时候及时认错出局是最好的选择；有些时候虽然发现企业存在一些问题，但好像问题不大，企业在积极地解决这些问题，而且估值上相对便宜，这个时候谈卖出是个相对艰难的决定，人终归是会抱有一些侥幸心理的，认错出局没有想得那么容易！最关键的是每个人都会或多或少抱有一些侥幸心理，这是人性，克服人性是最难的。很多时候投资者对企业的认知没有那么清晰，不是非黑即白，是有很多灰色地带的，这个时候做决策是最难的。投资10多年在这方面本人也吃过不少亏，最后总结的经验是如果认为错了，第一时间认错出局，成本是最低的，侥幸心理没有一次成功的！一次也没有，所以如果发现买错了，坚决卖出，不要抱任何侥幸心理！

第二种卖出选择：基本面发生了变化。这种情况需要判断基本面的变化是本质性的还是暂时性的，如果是暂时性的，反而是加大仓位的机会。本质性变化的第一种情况是行业发展发生了根本性的改变，企业生存艰难，比如最近几年的红酒行业，大量进口红酒的涌入对国内红酒企业产生了巨大的冲击，红酒龙头张裕最近5年利润停滞不前，长城和王朝更是在贫困线以下生存；新能源客车补贴退坡对宇通客车的影响本质上也属于这种情况。本质性变化的第二种情况是企业自身发生了根本性的改变，企业以往的竞争优势不复存在，比如广电运通，以前公司在ATM机行业竞争优势相当突出，但最近几年ATM机需求低迷，公司开始积极转型进入武装押运和银行外包服务行业，基本面已经发生了相当大的变化，以前的投资逻辑已经不存在了，卖出是合理的选择，还有航天信息也属于这种情况。

第三种卖出选择：发现更好的投资机会。这种情况相对好理解，发现了更好的投资机会，手里没钱只能换仓买入了，这种操作未必会100%正确，前提是对更好的机会有深入的了解才行，有时候换仓反而错了，这是没办法的事情，提高准确率的唯一办法就是做深入分析，多做功课而已。

第四种卖出选择：股票严重高估。这种情况好理解，在A股的牛市里，股票价格高估是非常普遍的事情，有一些估值常识就可以看得比较清楚。有一种情况是高估卖出以后还继续涨，那是没办法的事情，属于博弈的收益，投资人只能赚取自己可以看明白的钱，博弈收益属于另一种策略，与价值投资无关。需要特别强调的是，优秀的企业业绩总是会超预期，给一点阳光就灿烂，高估值很快就会被高成长的收益拉平，所以对超级优秀的企业不妨多一点耐心，把估值标准提得更高一些，这样会少犯一点错误。

有一种说法是持有优秀的企业股票去穿越牛熊市。好像非常有道理，如果放在美股市场，这种情况或许没错，美国可以连续上涨10年，持有优秀的企业股票可以将收益最大化，反观A股市场，从2000年算起，牛短(1～2年)熊长(3～5年)，股市短期暴涨，股价涨幅巨大，随后步入漫漫熊市，能够穿越熊市的股票百里挑一，99%的股票都会大幅下跌的，好股票如贵州茅台、恒瑞医药、中国平安、招商银行，在熊市里跌幅也是巨大的，面对99%的股票都大幅杀跌的情况，有几人可以做到内心淡定，不为所动？所以持有优秀的企业股票去穿越牛熊市只是个美丽的幻想罢了！更好的选择则是在熊市里买入优秀的企业，企业通过自身的发展积蓄力量，熊市越长积蓄的力量越大，在牛市里进行完美的"戴维斯双击"。

第五种卖出选择：从仓位管理的角度出发，需要降低仓位。 估值是永远的锚，高估值低仓位、低估值高仓位是基本策略。在熊市里随着估值的下跌而逐步增加仓位直至满仓，在牛市里随着估值的提升而降低仓位，直至20%～30%的最低仓位。熊市里可以加到满仓，而在牛市里绝对不能将仓位降至0，个人认为最低仓位也应该保持20%～30%，这样一方面可以享受牛市的泡沫，牛市的疯狂是没法预测的，另一方面可以感受市场的温度，为随之而来的熊市做好准备。当然如果牛市达到了非常疯狂的地步，将仓位降至10%也是一个选择，但个人不建议全部空仓，否则就与市场失去了联系，感受不到市场的温度。

熊市是可以感受到的，牛市是没法提前判断的。 从估值方面很容易判断市场是不是处在熊市了，只要有良好的仓位管理和资金管理能力，在熊市里加大仓位是很容易的事情，最难的事情是判断牛市，其实牛市是没法判断的，只有事后才能看清楚，比如当下的市场是牛市还是一轮反弹？个人判断牛市的可能性大，但有可能仅仅是反弹，没法100%确定是牛市，所以依靠估值配置仓位就非常合理了，锚定估值，牛熊市就没那么重要了，判断并不重要，重要的是如何做好应对，应对才是王道，判断容易误入歧途！

有一种说法是满仓穿越牛熊市。 这也有一定的道理，如果你选的企业非常优秀，长期来看也没太大问题，但问题就在于：第一，你选择的每一只股票都足够优秀吗？优秀到可以穿越牛熊市？第二，面对熊市巨大的跌幅，你的心理层面可以承受吗？对这两个问题，我的回答是否定的，我做不到，市场上99%的投资人都做不到，所以更好的选择是高估值低仓位，低估值高仓位。A股市场永远会给你提供重新买入的机会，这一点可以100%确定，所以没有什么股票是不能卖的，关键是有没有好的价格。本人大概汇总过过往的交易，平均持股周期在5年左右，和A股的牛熊规律大致相符，最长的持有超过9年，还没有一只达到10年，下一阶段希望可以挖掘2到3只可以持有10年的股票。

　　投资本质上是赚取三部分收益：分红收益、企业成长收益以及市场收益。如果短时间市场收益大幅超越企业的成长收益，那我宁愿放弃潜在的成长收益，等待下一次机会，市场永远不缺乏机会，只是你没有准备好！

　　以上就是个人总结的5种卖出策略，未必准确，但逻辑上是合理的，而且比较适合本人的操作方式，毕竟长期持股的前提是稳定的心态，这些策略有助于本人保持心态的稳定，非常适合自己。投资者也可以总结自己的投资策略，适合自己的就是最好的。

　　本篇文章是第2章的终篇，第2章算是一个完整的投资策略和体系，后面的《投资思考系列》更多阐述的是企业分析方面的内容，包括投资体系和企业分析，两者结合才是一个完整的投资系统。炒股的门槛很低，但投资的门槛是非常高的，没有一个完整的投资体系和商业知识的积累，自己一定是被收割的韭菜！想不做韭菜，只能认真学习，不断积累和提高自己，投资没有捷径，只有努力学习，靠时间积累知识，最终达到靠知识积累财富的目的！

第3章

投资思考系列

3.1 投资思考系列1——满足客户需求，为客户创造价值

企业存在的基本价值是满足客户的需求，而优秀的企业在满足客户需求的同时，还可以为客户创造价值，这是分析企业价值的基本逻辑。

首先谈第一个层次，即满足客户的需求，这一点大部分企业都可以做到。只有满足客户的需求才会有客户的存在，而客户是企业存在的前提条件。客户可以是个人，也可以是一个组织，或者是政府部门，客户的需求创造了订单，执行订单的组织即企业，企业为订单而存在，订单充裕的企业获得发展壮大，缺少订单的企业则最终走向消亡。

其次谈第二个层次，即为客户创造价值。在自由竞争的市场里，一般来讲生产能力是过剩的，绝大部分企业都可以满足客户的基本需求，属于典型的供大于求的市场环境，在这种环境下为客户创造价值则弥足珍贵。为客户创造价值是区分优秀企业和平庸企业的试金石，笔者总结为以下6个方面。

节约成本是为客户创造价值最明显的方面。例如，超市取代百货公司，专业连锁店取代超市，电商取代专业连锁店，商业流通领域发展最直接的推动力就是成本节约，新的商业模式取代旧的商业模式以后都为客户节省了流通成本，从而为客户创造了价值。另一个例子则是低成本制造商在各个行业都取得了非凡的成绩，福耀玻璃依靠低成本优势攻城略地，国内的市场占有率达到了65%左右，海螺水泥依托长江沿线建立的"T"形战略布局大幅降低了生产成本，获得了爆发性的发展机会，利润稳居行业第一位，在行业低迷期竟然占据了行业三分之一的利润，拥有巨大的竞争优势。快时尚品牌优衣库与Zara提供同样品质的服饰，但只有

Zara一半的价格，成为服饰行业的领头羊，美国的低成本航空公司西南航空，低成本钢铁制造商纽柯钢铁都是非常好的例子，所以说节省成本可以为客户创造巨大的价值，企业从而获得巨大的成功。

节约时间是为客户创造价值的一个方面。这一点首先体现在品牌上。品牌存在的根本价值就是节约了客户的选择时间，品牌就是产品的一种背书，客户相信这种背书则会选择这种产品，从而节约了大量思考和选择的时间，这才是品牌存在的基础。尤其是对于琳琅满目的大众消费品，客户选择起来是很花费时间的，为了节约时间，选择品牌消费品成了最佳选择。另一个例子是电子商务，电商除了成本低之外，还能为客户节约了时间，点一下鼠标就会送货上门，节省了客户外出采购、货比三家的大量时间，所以电商获得了长足的发展，已经成为一种主流的商业模式。

提供服务从而创造良好的客户体验是为客户创造价值的一个方面。招行的服务远超其他银行，创造了极佳的客户体验，从而成为最佳零售银行；京东极佳的物流配送和正品行货创造了良好的客户体验，从而在电商的战国时代脱颖而出，成为仅次于阿里的电商巨头；海底捞的优质服务你学不会，每天5次翻台率高居行业榜首，从而成为接近两千亿市值的餐饮巨头，颠覆了大众对餐饮行业的认知。

提供便利性同样可以为客户创造价值。日本的7-11便利连锁店能够发展成为世界级零售巨头，开始仅仅是为社区提供便利性服务，卖饭团、提供复印服务、提供报纸等，为客户提供便利，增加了客户黏性。社区附近的超市同样提供了便利性，所以有其存在的价值；网点密集的全国性银行也是以为客户提供便利性为目的。

满足客户精神方面的需求同样是为客户创造价值。奢侈品存在的价值正是满足这种需求，一方面限制产品的生产数量，一方面高价售卖，营造出稀缺的特点，从而满足客户精神方面的愉悦感。最好的例子无疑是茅台酒，请客吃饭喝茅台，不仅对方感觉有面子，自己也倍儿有面子，在精神方面得到了极大的满足。

创新可以为客户创造巨大的价值。创新可分为产品创新和商业模式创新。产品创新最佳的例子就是苹果公司的iPhone系列，属于完全的颠覆性创新，为客户创造了巨大的价值。还有一种产品创新叫微创新，产品并没有什么翻天覆地的变化，通过微创新一点一点完善产品，从而达到最佳的客户体验，比如腾讯的QQ和微信，都不算是原创性产品，但通过不断的微创新，让产品走向了完美。商业模式创新属于另一种创新模式，比如360开启了免费杀毒的商业模式，完全颠覆了行业原有的商业模式，客户享受了免费的价值，360则获取了行业内最大的蛋糕。永辉超市也是一种商业模式的创新，通过完善的生鲜产业链+内部合伙人管理机制，永辉超市将生鲜的损耗率控制在4%～5%(行业平均水平在20%～30%)，其生鲜产品在总产品中占比50%左右，从而成为生鲜超市的代表，形成了强大的护城河。小米则创造了全新的商业模式，它重构产业链，提供具有极高性价比和一定品质感的产品，通过电商和小米专卖店销售米家系列产品，类平台经营方式大幅降低了营销成本，为客户创造了很大的价值，这也是小米产品成为爆款的原因。

以上是本人总结的为客户创造价值的6个方面的内容，当然并不完善，在企业经营中，只要时刻想着为客户创造价值，一定可以不断思考和创新，在客户获得价值的同时，企业获得巨大的发展。

3.2 投资思考系列2——管理与企业家精神

上一节提到企业存在的基础是为了满足客户需求，为客户创造价值，而为客户创造价值是区分优秀企业和平庸企业的试金石，那么如何为客户创造价值呢？个人认为企业家精神是企业价值创造的源泉。

何谓企业家精神？如何创造价值？下面从以下几个层面详细分析一下。

企业家精神的第一个层面是企业家本人的一些特质。企业家本人的第一个特质是具备一定的人格魅力，有一定的商业冒险精神和创新的精神，有梦想，有追求，并懂得和别人分享成果。中国民营企业大部分创业者都有这些特质，比如万科的王石、美的的何享健，都具备极强的人格魅力和分享精神，都将企业带到了行业龙头的高度。目前，互联网领域的大部分创业者都有这些特质，这些特质是成为成功企业家的前提条件，但未必一定会成功，也需要天时地利的配合。企业家本人的第二个特质是具备学习能力和自我进化能力，要与时俱进，善于学习。创业者一开始的眼界和思想是受限的，要想带领企业逐步发展，企业家本人必须有学习能力和自我进化的能力，否则难言做大！典型的例子就是永辉超市的张氏兄弟，高中文凭，在工地搬过砖头，开过小便利店，张氏兄弟开始创业时候的眼界未必有多高，但时至今日，永辉超市在管理层面全面实行内部合伙人机制，其"合伙人机制+赛马制+阿米巴经营"代表了新一代最先进的管理理念和管理水平，这就是张氏兄弟善于学习、自我进化的结果。周黑鸭从0到1之路已经走通(品牌塑造和商业模式塑造)，但目前从1到10之路走得并不顺利，这更考验企业的精细化管理和标准化复制的能力，周富裕和永辉的张氏兄弟经历差不多，都是低学历，创业初期吃过不少苦头，网上对周黑鸭管理缺点方面议论比较多，其实这些并不重要，重要的是周老板有没有不断学习和自我进化的能力，周黑鸭的从1到10之路就是周富裕的自我学习和自我进化之路，创始人的眼界和胸怀决定了企业的高度。

企业家精神的第二个层面是塑造企业文化、企业价值观和企业愿景。能够指引企业不断前进的除了企业家本人，就是企业家亲手打造的企业文化和企业愿景。一个优秀的企业必然具备使命感驱动的企业文化，宁德时代的使命感是将汽车从石油时代引领到清洁能源时代；小米集团的使命感是推动制造业的升级，做出中国人自己的"精工制造"；京东的使命感是降低整个物流行业的成本，并将节约的成本回馈给自己的客户；马云更是打造企业文化和企业愿景的大师级的人物。企业家精神的第二个层面是企业文化层面的，企业家将自身的一些特质通过企业文化和价值观的形式赋予企业组织，企业具有了灵魂，带领自己的员工不断前进，不断壮大。

企业家精神的第三个层面是打造出优秀的企业管理机制。好的公司治理结构会激发人性善的一面，从而大幅降低企业的管理成本，坏的公司治理结构会激发人性恶的一面，大幅增加企业的管理成本，我们需要激发人性善的一面的管理机制，而坚决杜绝激发人性恶的一面的管理糟粕。

企业管理的第一个方面是打造扁平化的管理机制。多层级、官僚、决策缓慢基本上就是平庸企业的代名词，要避免以上情况的发生则必然需要打造扁平化的组织。扁平化组织的核心是层级少，决策在前线，信任多于监督，呈现结果导向，能降低企业组织的复杂性。事业部编制是扁平化组织的一种方式，每个事业部都是一个利润中心，具有很大的自我决策的权限；事业部制叠加股权激励机制则属于打造扁平化组织的第二个阶段，股权激励机制有效解决了个人利益与企业利益之间的关系，进一步降低了管理监督的成本，让事业部制如虎添翼；最新的扁平化组织则是内部合伙人机制，将企业打散成一个个小的组织单位，通过内部合伙人方式进行管理，人人成为企业的管理者，组织彻底扁平化，比如永辉超市、小米集团、海底捞、华为、温氏股份、爱尔眼科等，涌现出一批超级优秀的企业。

企业管理的第二个方面是打造有战斗力和人文精神的组织。良好的激励机制和考核机制是打造有战斗力组织的必然选择；杀伐决断的狼性文化，干掉小白兔，是打造有战斗力组织的进一步要求。中国平安就是一个非常有战斗力的企业,其狼性文化进攻性十足,在行业内攻城拔寨,超强的竞争力让其他对手胆战心惊。华为是另一个战斗力十足的组织,从一个地方性小企业一路走来,杀伐决断,积极进取,最终成为5G时代的领导者。在企业组织有战斗力的同时,必须还要有人文主义精神,即微软CEO萨提亚所说的"同理心"。所谓文武之道一张一弛,谷歌、微软、阿里巴巴、腾讯这些企业组织都有很强的人文主义精神,为企业增加了特殊的魅力。

企业管理的第三个方面则是打造21世纪新型组织,超过以往的雇佣关系,成为新型的企业组织。个人认为内部合伙人机制+阿米巴经营模式就是新时代最先进的管理机制。这种管理模式相比传统的管理模式而言,类似于降维打击,会营造出巨大的竞争优势,目前实行这种新型管理模式的企业有海底捞、华为、温氏股份、永辉超市、爱尔眼科、万科、小米集团等,个个都属于行业翘楚。

企业家精神的第一个层面是个人魅力、商业冒险精神和创新,第二个层面是塑造企业文化和企业愿景,第三个层面是打造出优秀的企业管理机制,三个层面依次递进,将个人的特质赋予企业,并通过优秀的管理机制赋能企业。

企业家精神是企业价值创造的源泉,优秀的企业管理机制是企业价值创造的保障机制,优秀的企业文化则为企业的发展壮大保驾护航。

3.3 投资思考系列3——行业维度

投资需要思考的一个维度是行业,首先做到对企业所处的行业有非常深入的了解,其次才是对企业本身的深入分析,由面及点,做到知己知彼,才会增加投资成功的概率。

行业思考的第一个层面是周期性因素。一般来讲,弱周期性行业的市场容量逐步增大或者保持相对稳定,投资的确定性较高,所以适合长线投资;强周期性行业周期波动明显,企业的利润波动非常大,反周期投资是不错的思维方式,PB是最好的估值指标,所以适合阶段性投资,长线投资往往得不偿失。弱周期性行业由于确定性高,龙头企业的规模可以做到非常大,是投资的最佳选择。

行业思考的第二个层面是行业竞争的核心因素。抓住行业竞争的关键因素,找到未来的大赢家,比如日常消费品行业竞争的核心因素就是品牌,所以品牌塑造是企业竞争的重中之重,品牌是企业最有价值的资产;医药行业竞争的核心因素是研发投入和研发效率,研发能力强的企业大概率会成为未来的赢家;上游的大部分原材料行业竞争的核心因素是价格，拥有低制造成本的企业必然会发展壮大，成为行业龙头，比如海螺水泥、中国神华、陕西煤业等。一般来说，大部分针对个人用户的产品，其核心竞争因素是品牌和价格，品牌获得溢价，低价格获得销量；大部分针对企业客户的产品，其核心竞争因素是价格和产品质量，质量是入场券，价格是发展壮大的利器，比如福耀玻璃、万华化学等。

行业思考的第三个层面是行业渗透率和企业的市场占有率。一般来讲，渗透率在10%以内属于导入期，能否成为行业发展的主流具有不确定性，比如目前的集成灶，虽然发展迅速，但渗透率低，能否成为行业主流产品仍具有不确定性；渗透率在10%至70%之间属于快速成长期，企业会获得爆发性的增长机会，体现在企业经营端就是营收高速增长，营收增速快于利润增速，属于投资的黄金赛道，比如2008年的iPhone系列，2008年的桃李面包的产品等；当渗透率达到70%～80%时，行业发展进入成熟阶段，增量市场发展缓慢，更多的是存量市场的竞争，这个时候市场占有率就成为关键指标。在相对成熟的市场里，行业龙头已经脱颖而出，利用其超强的竞争力攻城拔寨，市占率逐年提升，利润率逐年提升，体现在经营端就是营收保持稳定或者缓慢增长，但利润保持中速或高速增长态势，利润增速大于营收增速常态化，比如涪陵榨菜、伊利股份、海天味业、双汇发展等。

在行业的中高速成长阶段，行业渗透率是衡量企业发展的关键指标；在行业中低速成长阶段，市占率是衡量企业发展的关键指标。前者受益于行业自身的发展，享受坐轿子的收益；后者受益于企业自身超强的综合竞争力，享受市占率提升获得的收益。前者赛道是关键，后者赛车是关键，但最好的则是黄金赛道+王牌车手，比如2003—2013年的贵州茅台、1996—2015年的伊利股份、2000—2015年的万科，都是马拉松赛道的王牌运动员，获得了超额的利润。

行业思考的第四个层面是行业的竞争格局。行业的竞争格局决定了行业的利润率，在好的行业竞争格局中企业可以大块吃肉，在差的行业竞争格局中只有喝汤的份。最佳的竞争格局属于单寡头垄断格局，行业龙头会获得超常规的发展，比如调味品的海天味业、榨菜行业的涪陵榨菜、汽车玻璃行业的福耀玻璃，单寡头垄断特征明显；次佳的是双寡头垄断格局或者三寡头有限度竞争格局，行业龙头也会获得非常好的发展，比如乳制品的伊利股份与蒙牛乳业，空调行业的格力电器与美的，电商业的阿里与京东，水泥行业的海螺水泥与中国建材，保险行业的中国平安、中国人寿、中国人保等；较差的竞争格局是多头竞争的格局，比如前几年的啤酒行业，五大巨头都在扩张，竞争激烈，行业利润率较低，龙头企业也赚不了多少钱。国内的红酒行业以前处于三寡头竞争的格局，行业利润率较高，龙头张裕发展得非常好，但2010年以后国外红酒大量涌入，行业重新进入多头竞争的格局，龙头老大张裕的日子也不好过。最新的例子则是日用化妆品行业，以前是欧美企业占据高端，上海家化占据中低端，大家发展得都不错，但最近几年日韩化妆品大量涌入，国内中低端产品百雀羚、韩束、珀莱雅等快速崛起，行业竞争白热化，上海家化的日子当然不会好过。最差的竞争格局是类似于自由竞争的格局，行业内企业众多，谁也赢不了谁，比如钢铁行业以及汽车行业，在以前行业发展速度较好的阶段，大家发展得还不错，但目前行业已经进入缓慢发展阶段，这个时候激烈的淘汰赛阶段开始了，行业艰难时刻已经到来。另外，服饰行业也是竞争格局比较差的行业。

行业思考的第五个层面是行业的进入门槛。有些行业天生就是进入门槛低，行业竞争激烈，比如餐饮业，餐馆多如牛毛，想要胜出何其难！比如游戏行业，三五个人就可以做一款游戏，押对赢家太难。有些行业天生就有高门槛限制，行业竞争就温和多了，比如银行业需要经营牌照，血制品行业对经营牌照进行管制，保险业需要巨额的资金投入，所以规模是最大的竞争壁垒。

行业思考的第六个层面是行业内的产品是否具有差异性。大部分产品其实是很难具有差异性的，只有通过打造品牌、通过品牌效应制造一定的差异性，但也仅限于行业龙头，行业内其他企业是很难做到的。但有两个行业例外，需要单独分析，一个是白酒行业，行业内企业众多，但行业利润率非常高，原因在于白酒通过香型、地域、品牌、文化等竞争因素很容易做出产品的差异性，所以就不会存在简单的价格竞争，大家的日子都过得比较滋润；另一个是医药行业，行业内企业也非常多，但由于药品种类非常多，新药层出不穷，大家通过不同的研发侧重点获得不同的药品，研发能力强的企业都会获得很好的发展前景。

从行业层面的不同维度来思考，找到弱周期性行业，找到行业竞争的关键因素，找到具有良好竞争格局的行业，从行业渗透率和市占率两个角度来思考，找到综合竞争力最强的企业，投资便会事半功倍，投资成功也会水到渠成。

3.4 投资思考系列4——企业经营

投资思考的一个重要层面是企业经营层面，必须像企业家一样去分析企业的经营情况，仔细研读企业财报，分析企业的战略、管理、核心竞争力、财务指标等，对企业进行全方位体检，对企业的经营有一个全面的了解和评价。

企业经营思考的第一个层面是企业战略和执行力。一般来讲，企业战略是受约束的，是由企业所掌握的资源决定的，好的战略是清晰可执行的，是高度聚焦的，是不会轻易改变的，一般能够指导企业未来5～10年的发展方向；坏的战略是空泛的口号，缺乏可操作性，而且随意性强，经常改变方向。好的战略可以让员工有清晰的目标，方向一致；坏的战略只是口号，目标模糊，缺乏行动感。衡量战略好坏还有一个层面，就是执行力，对于任何战略而言，如果没有执行力作为支撑，这个战略再好也等于零。执行力是战略成功的前提，好的执行力等于战略成功了一半。分析一家企业的战略必须从战略本身和执行力两个方面来考虑，只有两者相互统一起来才是好战略。比如恒瑞医药的战略就是研制创新药，从研发资金的投入、研发人员的数量、研发效率的保证等几个方面同时发力，执行力层面非常坚决，经过10年耕耘，终成医药界"一哥"。复星医药的战略则是做垂直型综合类医药企业，采用内部研发+外部收购双轮驱动战略，执行力也非常坚决，在药品、医学器械、医疗服务、医药流通四个垂直领域均有非常不错的发展。所以某种程度来说，战略的好坏是由执行力来决定的，没有绝对的好战略，但有绝对的执行力，战略只要清晰、聚焦、可执行就算是合格了，执行力直接决定了战略的成功与否，所以执行力是分析企业战略的一个重要方面。

企业经营思考的第二个层面是产品聚焦和营销定位。从产品角度来讲，产品聚焦度高的公司经营相对简单，容易将产品做深做透，容易形成经营层面的护城河；产品分散的公司经营比较复杂，对管理层的要求比较高，公司很容易平庸化。最简单的例子莫过于公牛插座，一个简单的产品营收可以做到接近百亿元，利润达到13亿元，虽然小米推出了具有颠覆性的插座产品，但公牛集团经历了短暂的惊慌以后，快速对产品进行创新，反而增加了市场占有率，这就是产品聚焦的力量。另一个例子就是多元化经营的复星集团，产品涉及钢铁、矿产、石油、医药、保险、投资等，产品线非常复杂，虽然复星集团对管理的要求非常高，郭广昌的管理团队非常强悍，外加全球合伙人的高效管理机制，也谈不上有多成功，多元化经营是资本市场一直给予估值折价的原因。其实世界范围内将多元化经营做得比较好的也就是美国的GE和中国香港的李嘉诚，所以企业选择多元化经营要慎之又慎，反之产品聚焦则将经营相对简单化，更容易做到专业化经营，精细化管理，容易挖掘出自己的护城河。

在种类繁多、海量产品的市场经济时代，营销效率极其关键，否则会被淹没在产品的海洋里。营销定位则是利用客户的心智，做好品牌背书和企业的资源配置，将产品定位像一根楔子一样钉入客户的心中，能够极大地提高营销效率。比如大家熟知的"怕上火喝王老吉"的品牌定位深入人心，后来的加多宝集团想尽一切办法也没法改变客户的这一认知，王老吉始终是凉茶的老大。其他的例子有"滋补食品，东阿阿胶""经常用脑喝六个核桃""国酒茅台"等，这些企业的产品营销定位高度聚焦，所以营销效率非常高效，企业也都做到了行业老大的位置。

企业经营思考的第三个层面是企业核心竞争力分析。在企业经营分析中需要找到企业相对于竞争对手的优势，这种优势未必能够形成强有力的护城河，但一定要强于主要竞争对手，是具有的相对竞争优势，这就是企业的核心竞争力，比如品牌优势、渠道优势、技术优势、低成本经营优势、平台型聚和效应优势、产品深度聚焦优势、管理机制优势等，从企业经营的各个方面进行全方位的分析，从而发现企业的核心竞争力，这是企业生存的基础。比较平庸的企业很少具有核心竞争力，比如光明乳业，相对于伊利和蒙牛，其核心竞争力体现在哪里？燕京啤酒，相对于青岛啤酒和华润啤酒，其核心竞争力又如何体现？而反之来看，福耀玻璃的低成本经营优势非常突出，永辉超市的生鲜定位独一无二，招商银行的零售银行和服务极其突出，发现有核心竞争力的企业是投资的必选课之一。

企业经营思考的第四个层面是找到企业差异化经营的因子。一般而言，同质化的产品是通过价格来竞争的，最后的赢家是低成本制造商，比如福耀玻璃，通过低成本的制造优势几乎垄断了国内的汽车玻璃市场，市占率达到了65%。同样的例子还有海螺水泥、中国神华、万华化学等企业，低成本的制造优势非常突出。除了成本竞争之外，另一种竞争方式是将产品或者经营差异化，在普遍同质化经营的行业中找到差异化经营的因子是最高明的企业经营之道。通过差异化的产品达到产品溢价，通过差异化的经营跳出价格竞争的圈子，这是另辟蹊径的做法。例如，中国平安通过综合金融的商业模式，在负债端具备低成本优势，优秀的售后服务体系体现出差异化的服务优势，共同形成了强有力的核心竞争力；招商银行通过业内最早的零售银行的定位、最佳的客户服务体验，已经形成了明显的差异化竞争优势；永辉超市基于生鲜的战略+内部合伙人机制构建了强有力的差异化竞争因素和强有力的护城河；汤臣倍健通过"全球营养，优中选优"的品牌定位，在普遍同质化的产品中实现产品品质的差异化；顺丰控股基于时效+服务构建出了差异化的竞争优势，几乎垄断了商业快件，成为快递业的"苹果"，获取行业最高的利润；温氏股份号称养殖业的华为，基于内部合伙人机制的"公司+农户"商业模式独一无二，行业内成本最低，竞争力最强；周黑鸭构建了基于品牌+口味+店铺位置的差异化的商业模式，是行业内唯一具有品牌效应的企业，产品的客户体验很棒，发展壮大是大概率事件。低成本或差异化经营是企业分析的核心要素，凡是经营非常成功的企业大抵是这两种模型，而品牌其实是产品差异化的另一种形式而已。

对企业经营层面的思考比较复杂，对企业财报的研读是基本要求，此外需要阅读大量商业类、行业类书籍，增加自己商业知识方面的积累；经常研究业内成功企业的案例，找到成功企业的共同点；收集失败企业的案例，发现失败企业的失败原因，这样日积月累，投资者对企业经营方面的分析会逐渐提高的！

对企业经营层面思考的一个误区是经常想当然地去思考问题，想去指导企业的经营，这有点夜郎自大了，绝大多数人都没有能力去经营企业，更何况去指导企业经营。所以思考问题要相对宏观一点，从管理的本质去思考问题，优秀企业的特点和平庸企业的特点一目了然，优秀的企业在经营层面更加符合管理的本质，经营更加简单。什么是管理的本质？德鲁克先生已经说得非常清楚了！

3.5 投资思考系列5——产品力

投资者对企业进行投资思考时需要从多个角度来分析，其中的一个重要的思考角度就是产品(或服务)，产品是一切的根本，产品是本质的东西，所以从某种程度而言，产品力直接决定了企业的优劣。

产品力思考的第一个层面是品牌力。品牌本质上是对产品质量的一种背书，品牌力强的产品天然受到客户的青睐，一方面会卖出更多的产品，一方面会有一定的品牌溢价。以乳制品为例，伊利和蒙牛的品牌力显著强于其他品牌，所以大多数人购买乳制品时都会毫不犹豫地选择这两家的产品，而其他品牌力比较弱的企业就比较不幸了，会越做越小，艰难为生。一般来讲，品牌有两个作用，第一个作用是强化品牌的知名度和美誉度，从而达到扩大产品销售或者促使客户重复购买的目的，典型例子就是大众消费品牌，比如双汇火腿肠、海天酱油、涪陵榨菜、伊利牛奶等；第二个作用是提升品牌溢价，对于大部分定位高端的品牌来说，他们打造品牌的目的都是提升品牌溢价，比如茅台酒、五粮液、中华香烟等。品牌力并不能代替产品力，但它为产品力提供了强有力的背书，人们愿意相信它们所代表的产品必然是高质量的，所以品牌力的打造是产品力提升的最佳途径。

产品力思考的第二个层面是产品在客户心中的定位。人类的思维模式是趋向于简单化的，属于短思维模式，天生具有选择恐惧症，客户选择的产品并不一定是质量最好的，而是客户心中认为其质量是最好的，比如光明的莫斯利安是常温酸奶的开创者，质量不会比伊利的安慕希差，但安慕希的品牌打造更好，品牌定位更加清晰，客户心中认为安慕希就是最好的常温酸奶，安慕希发展成为百亿级别的大单品，而莫斯利安日渐衰弱，勉强维持。

产品定位非常重要，好的定位能使产品成为客户潜意识里的首选，事半功倍。格力空调专家的形象深入人心，格力空调就成为大家买空调的首选，但格力空调真的比美的空调更好吗？客户认可格力空调，事实的真相如何并不重要。国酒茅台深入人心，但茅台酒真的好喝吗？客户认可茅台酒，好喝与否并不重要。进口红酒天然占据竞争优势，但进口红酒真的比国产红酒好喝吗？客户认可进口红酒，事实的真相是大部分进口红酒都是散酒灌装，质量非常一般，但这不重要。

产品力思考的第三个层面是产品质量和品质感。产品质量和品质感非常重要，但品牌力和产品定位更加重要，产品质量和品质感是根本，而品牌力和产品定位是放大器。最好的例子是日本的优衣库和无印良品，他们都提供有一定品质感、高性价比的产品，通过客户的口碑传播来放大产品的价值。国内的小米之家以及网易严选提供的也是这种产品，这些产品的共同点就是产品的高质量和一定的品质感，一半的价格，抓住了客户的痛点，企业获得了长足的发展。小米之家的产品能够爆红，很大原因在于小米在保证产品的品质感和设计感的同时，打造爆款产品，大规模采购降低产品的成本，以一半的价格销售市场上同等品质的产品，小米的商业模式抓住了产品的本质，即产品的质量和品质。高质量的产品是一切的根本，所以放下身段专心打造产品才是企业经营的重点。

产品力思考的第四个层面是客户体验。在互联网时代，产品与客户之间的传播距离大幅缩短，信息不对称的情况大大改善，客户体验成为互联网公司的口头禅，缺少客户体验的产品在互联网时代无法生存，极佳的口碑和客户体验成为互联网时代开拓市场的利器。在360杀毒软件出现以前，大家深受病毒的危害，即使付费安装了瑞星、卡巴斯基等杀毒软件，电脑中招也是不可避免的，但360改变了这一现状。360利用互联网思维方式收集病毒信息并适时更新，而且免费试用，客户体验极佳，瞬间击溃了老一代的霸主，成为新一代的网络安全霸主，甚至可以和腾讯掰手腕。腾讯的QQ和MSN之战就不再赘述，这也是好的客户体验战胜差的客户体验的最佳案例。还有一个案例是海底捞，海底捞的最佳客户体验是服务，而且是发自服务员内心的服务，这一点任何餐饮公司都学不了，五星级饭店的服务虽好，但没有海底捞服务员的那份真诚，所以海底捞的客户体验远好于五星级酒店。360公司、腾讯以及海底捞三家公司都有极佳的客户体验，这种客户体验是由管理模式和企业文化做支撑的，并非表象那么简单，所有客户体验极佳的产品或服务都有深厚的管理底蕴，都有一套管理体系，这种公司一般都会有远大的发展前景，一旦发现千万不可错过。

产品力思考的第五个层面是通畅的客户反馈机制。 客户是检验产品好坏的唯一标准，通畅的客户反馈机制意味着客户的建议和不满会源源不断地反馈到产品端，产品必定会逐步改善，即使是初期很烂的产品也会逐步得到完善，最终成为口碑极佳的产品。这一点看似简单而且有利可图，但能够做到的公司却寥寥无几。最重要的原因是公司的管理层级多，官僚作风盛行，客户反馈机制成为摆设。个人认为具备扁平化管理模式和重视客户反馈的企业文化的公司才有可能形成良好的客户反馈机制，否则就是一种摆设。换一种思路来看，客户反馈机制恰恰是创新的最佳来源，产品创新并非空中楼阁，而是为了满足客户的某种需求，所有重视客户反馈机制的公司，一定是客户体验较佳的公司，也是产品创新做得比较好的公司，这家公司最终也会是一家成功的公司。

产品力思考的第六个层面是人的因素。 许多公司都知道产品的重要性，都想把产品做好，但往往事与愿违，除了上面提到的官僚作风以及管理层级复杂，屏蔽了许多的产品创新和客户反馈机制，最重要的原因在于经营管理者本人，经营管理者对产品的认知决定了公司对产品的态度，经营管理者一定要花很多时间关注用户体验和产品体验，具有产品经理倾向的经营管理者才会打造出很棒的产品。马化腾就是腾讯产品的首席体验师，典型的产品经理型经营管理者；周黑鸭的周富裕也是产品经理型的经营管理者，产品的口味必须经过其本人的认可才可以生产。小米的雷军、京东的刘强东、华为的任正非都是典型的产品经理型经营管理者，这些企业的发展都不可限量。经营管理者某种程度上必须对产品有一定的偏执狂，推动公司精益求精地打造产品，提升产品的产品力，之后，企业的发展则是水到渠成的事情。

3.6 投资思考系列6——创新

"创新"这个词最近这几年绝对属于高频词汇，每个企业都在谈创新，但创新并不容易，伪创新很多，真创新难找。这里就从投资思考的角度谈谈本人对创新的理解。

企业创新的目的是什么？个人理解创新是为了给企业创造价值，如果不产生价值那创新就没有意义，创新的价值直接体现在：①产品创新，降低了产品成本或者提高了产品的附加值；②商业模式创新，提供了更好的客户体验或者降低了产品的成本；③组织创新，直接提高了企业的运营效率；④服务创新，直接改善了客户体验。

创新思考的第一个维度是产品创新。产品创新的第一个层面是通过创新来降低产品的价格，比如万华化学的聚氨酯业务，通过产品研发和设备改造，单套聚氨酯设备产品从2万吨提升到40万吨，成为全球单套规模最大、生产成本最低的聚氨酯生产商。桃李面包创造了"短保鲜面包"这一新的品类，通过"中央工厂+批发"模式进行生产和销售，该模式下，公司具有显著的规模经济优势，大规模的生产可降低公司的单位生产成本，直接销售给商超等终端可大幅度降低公司的销售费用，桃李通过创新开创了一个新品类，成为国内"短保鲜面包"之王。产品创新的第二个层面是通过创新创造差异化的产品，从而提高产品的附加值。最好的例子莫过于苹果的iPhone系列，大家对这个例子太过熟悉了，就不单独阐述了，这里重点讲一下汤臣倍健。汤臣倍健通过"全球营养，优中选优"的产品创新以及"23国营养为1个更好的你"的营销定位，塑造了强大的品牌形象，在普遍同质化的保健食品中形成了产品的差异化，提高了产品的附加值。综合而言，产品创新是最直接、最广泛的发展方式。

创新思考的第二个维度是商业模式的创新。商业模式即企业赚钱的模式，行业内大部分企业的商业模式是同质化的，但也有极少部分企业通过创新使得商业模式与众不同，创造出属于自己的蓝海。戴尔应该是商业模式创新的最佳案例，电脑直销模式的开创者，首先产生网上订单，然后组织生产，第一时间将产品提供给客户，做到了流程最优化的商业模式，将同样配置电脑的产品价格做到最低。戴尔模式完全颠覆了传统模式，戴尔也从非主流商家做到了行业老大的位置，创造了巨大的商业价值。美国的西南航空公司和纽柯钢铁公司通过商业模式创新成为低成本产品供应商，一跃成为行业最强。国内商业模式创新做得比较好的是海螺水泥，通过其"T"形战略垄断了长江沿线的石灰石，通过垂直一体化的生产模式做到了行业内最低的生产成本，在行业低谷期占据了行业利润的三分之一强，2018年前三季度利润达到了207亿元的超高水平，可见其竞争力超级强悍。海澜之家通过商业模式创新，重建全新的产业合作关系，打造了一家由产业链各方踊跃参与、盈利与风险共担的"虚拟公司"，采用类平台模式，成为服饰行业的绝对龙头。中国平安通过"一个客户、多种产品、一站式服务"的综合金融模式，大幅降低获客成本，成为行业最强者。

创新思考的第三个维度是组织创新。组织创新是最难的一种创新模式，同时也是最有成效的，一旦成功会提供持久的竞争力，组织的能力是企业最本质的竞争力。永辉超市在2013年开始自主创新和组织架构调整，形成了强有力的内部合伙人机制+赛马制，这才是永辉超市生鲜战略能够成功的组织保证，一般超市的生鲜损耗率在20%～30%，而永辉可以做到4%～5%的超低损耗率，没有内部合伙人机制作为保障是不可能做到的，通过组织创新，永辉一跃成为行业竞争力最强的企业，在行业内普遍关店的大背景下实现了逆势扩张。小米应该是组织创新的典范，组织内部实行内部合伙人机制，通过重构产业链和低营销成本模式提供了极高性价比和一定品质感的产品，而且在经营上实现了类平台经营，成为中国制造业升级的典范。温氏股份号称养殖业的华为，基于内部合伙人机制的"公司+农户"商业模式独一无二，成为行业内成本最低、竞争力最强的企业。

创新思考的第四个维度是服务创新。服务创新的直接目的就是提高客户体验，增加客户黏性。服务创新最好的例子就是海底捞，海底捞在服务方面是独一无二的，它的客户黏性是非常大的。服务构建了海底捞强有力的竞争优势，海底捞服务创新的本质是组织变革，服务员的微笑是发自内心的，五星级酒店的服务虽好，但没有海底捞服务员的那份真诚，所以海底捞你是学不会的。另一个例子则是顺丰快递，顺丰的收费远高于其他快递公司，而且基本上垄断了高利润的商务快件，但客户黏性极大，原因就在于顺丰构建了基于时效的快递供应链，而且采用直营模式，给了客户最佳的服务体验。服务属于软实力，但需要组织层面这个硬后台强有力的支持，否则都是空谈。

最后总结如下，创新大抵可以分为四种模式：①产品层面的创新，这种创新最为普遍，也最容易做到，我们经常说的创新大多属于产品层面的创新；②商业模式创新，这种创新相对比较难，需要有极强的商业洞察力，一旦做到了就占据了行业的制高点，开创了属于自己的蓝海；③组织创新，这种创新是最难的，只有超级企业家才可以做到，组织创新属于逆天改命，会开创一个时代；④服务创新，这种创新必须有组织层面的后盾，基于服务构建全方位的商业模式和组织模式才可以实现服务方面的独树一帜，从而构建基于服务方面的竞争优势。

3.7 投资思考系列7——低成本的商业模式

基于低成本的商业模式非常强大，也是企业护城河的重要形式之一，一旦企业构建了强有力的低成本的商业模式，会形成非常强大的竞争壁垒，这种竞争壁垒是其他企业无法攻破的，保证了企业可以获得高于行业水平的利润率，假以时日，企业会不断发展壮大，最终发展成为行业巨头。

低成本的商业模式大抵可以分为两类，一类基于周围的自然环境而构建出来的，比如特殊的地理位置、独特的资源等；一类基于流程再造，比如效率更高、流程更短等。前者充分利用了天然的禀赋，后者则充分利用了管理优势，重塑了企业的商业模式，或者说前者基于自然因素，后者基于人为因素。

基于自然因素而构建的低成本的商业模式非常强大，比如利用优越的地理位置，或者利用独特的资源禀赋。例如，海螺水泥很早就开始围绕"T"形战略构建其低成本的商业模式，所谓"T"，横代表沿海，竖代表长江。"T"形战略就是指在长江沿岸石灰石资源丰富的地区兴建、扩建熟料生产基地，在沿海无资源但水泥市场发达的地区低成本收购小水泥厂，并改造成水泥粉磨站，就地生产水泥最终产品，本质上大幅降低了产品的运费。以2015年数据为例，行业产能老大中国建材的水泥成本为210元/吨，华北区域龙头金隅股份的水泥成本为231元/吨，海螺水泥成本仅为165元/吨，基本上是行业最低，这种成本优势在竞争中非常强大，在2015年水泥行业竞争最激烈的时候行业盈利水平大幅回落，全国水泥企业整体亏损面达34%，全行业净利润仅为250亿元左右，而海螺水泥净利润达到了75.16亿元，约占全行业利润的31%；而在2018年景气周期内海螺前三季度净利润已经达到了207亿元，竞争优势超级强大，行业内几乎没有竞争对手。更为恐怖的是2018年随着政府环保监管的加强，我国石灰石矿山的格局从过去"规模小、散乱差"向"集中化、规模化、正规化"靠拢，采矿权的收缩与矿山的正规化导致大量中小无证矿山的退出，石灰石矿石的边际成本大幅提高，石灰石具备了一定的自然资源垄断的特性，这进一步加强了海螺的竞争优势。

另一个基于自然因素而构建低成本优势的企业是中国神华和陕西煤业。两者的煤炭开采成本均处在行业最低水平，在2015年全行业大亏损的背景下，神华尚有161亿元的净利润，秒杀全行业，2017年行业周期逆转以后净利润飙升至450亿元，堪称暴利的典范。陕西煤业利用行业危机时期剥离低效资产，企业脱胎换骨，一跃成为比肩神华的低成本煤炭生产商，2017年利润达到了105亿元，成为优质企业的代名词。神华除了低成本的煤炭开采成本之外，还构建了垂直一体化的全产业链商业模式，在有效降低行业周期性影响的同时，系统性地构建了低成本的商业模式，竞争优势不可撼动。

基于自然因素构建的低成本优势属于老天爷赏饭吃，企业必须充分利用这种自然资源优势，全面系统性地构建低成本的商业模式，成为行业内当仁不让的王者。

基于人为因素而构建的低成本的商业模式同样无比强大。以福耀玻璃为例，在国内围绕汽车厂商建设了12个生产基地，在国外围绕欧洲市场和美国市场建设了俄罗斯和美国两大生产基地，生产基地靠近汽车厂商，节约了大量的运输成本；同时生产浮法玻璃和汽车玻璃，采取垂直一体化的生产模式；在流程方面进行精细化管控，将生产效率最大化，从而全方位地构建了低成本的商业模式。2017年，福耀玻璃占据了国内67%的市场份额，占据了全球23%的市场份额，全球排名第二，利润更是占据了全球汽车玻璃行业利润的80%，福耀玻璃是全球名副其实的汽车玻璃唯一寡头。更令人叹服的是，福耀充分利用自己的市场地位和全球汽车厂家进行战略合作，提前介入汽车厂家的研发环节，共同开发各种高档汽车玻璃新品，一方面从源头绑定了汽车厂商，另一方面提高了高档玻璃的产品比例，在保证低成本竞争优势的同时，提高了部分产品的差异化，利润率进一步提高，竞争壁垒进一步加强。

另一个基于人为因素而构建低成本优势的企业是万华化学。万华2万吨MDI起步，截至2018年MDI产能已经达到了210万吨，成为全球第一，核心秘密就是产品研发、流程优化、精细化管理、一体化生产等一揽子低成本的商业模式，万华的MDI成本比业界最优秀的巴斯夫低20%以上，这种低成本优势不断推动万华前进，使得万华成为国内唯一世界级的化工生产企业。2017年以来万华将自己低成本的商业模式进一步拓展到精细化工领域，相当于再造一个全新的万华，反映到财务指标上，2013年万华最好的盈利水平是28.9亿元，而2018年达到了150亿元的水平（并表以后）。低成本优势可以让企业从小做大做强，最终成为行业老大。低成本的确是个大杀器。

基于人为因素构建低成本还有一种特殊的形式就是商业模式重构。盖可保险的电话直销、沃尔玛的大卖场模式就是对原有商业模式的颠覆，重塑行业的盈利模式，而电商取代传统的商品流通模式本质上也是低成本取代高成本的商业模式，所以传统零售企业在电商面前纷纷败北。而最新的商业模式重构的例子则非小米莫属，小米通过合伙人机制优选最佳的供应商，通过爆品战略重构产业链，通过低营销成本(产品流通环节成本低于产品价格的10%)、类平台经营等策略提供了极高性价比和一定品质感的产品。小米IoT产品基本上可以做到同等产品品质下价格最低，或者说同等价格下产品品质最高，而这一点才是小米IoT产品的大杀器，小米模式其实远没有上面说的那么简单，以后有机会会单独做详细分析。优衣库、宜家、迪卡侬、好市多等企业其实都是低成本商业模式的典范。

基于人为因素构建的低成本优势属于自己找饭吃，企业家必须充分理解行业的本质，在精细化管理上做文章，在商业模式上做创新，全面系统地构建低成本的商业模式，在这方面，企业家起决定性的作用。

以上例子中提到的海螺水泥、中国神华、陕西煤业、福耀玻璃、万华化学、小米集团都是优秀企业的典范，市场上典型的白马股，结合这些企业的特点总结一下低成本商业模式的几个特点。

(1) 低成本的商业模式可以基于自然环境构建，也可以基于人为的管理因素构建；前者属于老天爷赏饭吃，企业要充分利用占据的优势自然资源，后者属于自己找饭吃，企业家起主导性作用，企业家必须对行业有本质性的理解。

(2) 必须全方位地构建低成本的商业模式，低成本不是基于某个点的，而是一个系统性的工程，对企业生产的全流程进行管控方可成功。

(3) 精细化管理是构建低成本商业模式的前提条件，否则一切都是空中楼阁。低成本的商业模式本质上是效率制胜，没有精细化就没有效率可言。

(4) 垂直一体化战略是大部分低成本生产商的选择。通过聚焦一个产业，垂直一体化战略可以降低企业成本，将产业链条的利润都吃进来，弊端则是对管理要求严格，没有高效的管理制度做支撑，垂直一体化战略反而会增加企业的成本，降低企业的综合竞争力。

(5) 重构行业的商业模式是一种典型的低成本商业模型，管理者对行业必须有入木三分的理解，对管理要求非常高，只有超级企业家才可以主导，这是一种100%依靠企业家自己的力量发展而成的商业模式，企业家具有不可替代的作用。

(6) 从管理角度来看，传统企业更多体现在精细化的管理水平，而新兴企业更多体现在颠覆旧模式，创造新模式，即重构行业的商业模式。

3.8 投资思考系列8——品牌驱动的商业模式

品牌是商业的语言，品牌本质上是一种信任背书，为客户节省了大量选择商品的时间，所以基于品牌驱动的商业模式非常普遍，但真正做好的却不多，尤其是在一个传媒碎片化的时代，难度更是增加了不少，但对已有的品牌企业则是一种优势，提供了某种壁垒的保护，所以说通过品牌驱动的商业模式可以发现大量优质企业。

品牌驱动商业模式大抵分为两个大类，一类是高端品牌，品牌是重中之重，对渠道的要求并不高，核心目的是通过强大的品牌创造出品牌溢价；一类是大众品牌，品牌知名度非常重要，对渠道的要求非常高，甚至可以说品牌和渠道是同等重要的，核心目的是通过产品的知名度来提高产品的重复购买行为，并不享受明显的品牌溢价。

品牌驱动的第一个大类是高端品牌。高端品牌的特征主要体现在以下几个方面：①有品牌光环，产品一般都是溢价销售，体现在财务数据上就是高毛利率的特点；②都有历史底蕴作为品牌支撑，品牌是靠时间打磨出来的；③有一个伟大的品牌故事；④企业会有意无意地营造一点产品"稀缺"的特性；⑤对渠道的要求较低。

以茅台酒为例，完美地契合了以上五大特征，是高端品牌的典范。国内称得上高端品牌的产品有茅台酒、五粮液、国窖1573、中华香烟等，屈指可数，国际上来讲无非是欧洲的香水、法国的葡萄酒、意大利的皮具、德国的汽车等，基本上都有悠久的历史作为品牌背书。缺乏历史的品牌很难做到高端，就拿美国来说，高端品牌非常稀少，而老欧洲则比比皆是，无非是历史使然！高端品牌对渠道要求并不严格，但对品牌维护要求非常高，企业经营只有一个中心点，就是全力维护高端品牌形象，努力讲好品牌故事，其他的事情都是水到渠成的，一旦品牌被破坏或者品牌被稀释，则大厦将倾。

高端品牌的一个特殊品类就是奢侈品牌。奢侈品牌更高端，品牌内涵更丰富，更有历史感，而且往往都具有一点皇家血统。从现状来看奢侈品牌几乎都出现在欧洲，中国本来是有机会的，但由于一些历史原因出现了断代，皇家血统都被埋葬了，所以非常遗憾。奢侈品牌虽然非常高贵，但并不是一个很好的商业模式，维持稀缺性是奢侈品牌的必然选择，所以很难做大，欧洲的奢侈品牌公司一般都是中小公司，赚钱能力上比高端品牌和大众品牌差了好几个数量级，所以奢侈品牌并不是投资者的好选择。

从以上高端品牌的特点上来看，打造高端品牌是非常难的，需要天时地利人和，非人力所能为，高端品牌有非常高的时间壁垒，但对投资者而言就幸福多了，城堡外的护城河足够深，足够宽，只要投资城堡里现有的高端品牌就可以了，比如贵州茅台、五粮液、泸州老窖等。

品牌驱动的第二大类是大众品牌。大众品牌的特征主要体现在三个方面：①品牌知名度非常重要，客户每天都需要看见"品牌"；②品牌的主要目的不是溢价销售，而是扩大销售数量；③渠道和品牌同等重要，缺一不可。

伊利股份完美地契合了大众品牌的三大特征，伊利每年的销售费用接近200亿元，其中将近一半的销售费用是做品牌宣传时花掉的，目的就是让客户能够天天看见它；伊利的品牌知名度非常高，但产品卖得很便宜，并没有多少"品牌溢价"，销售量非常大，扩大产品的销售量是伊利的首要选择；从渠道层面来看，伊利从线上到线下，从大卖场到小的便利店，从城市到农村，进行了全渠道覆盖，高品牌知名度+深耕渠道构建了强有力的竞争优势。海天味业、青岛啤酒、双汇发展、洋河股份、涪陵榨菜、桃李面包、达利食品、美的集团、格力电器等企业都是大众品牌的典型代表。

深耕渠道是大众消费品牌价值释放的关键因素。大众品牌一般都有很高的品牌知名度，但同时行业内都会有好几家品牌，这个时候渠道优势都会显现出来，谁占有渠道谁就占据了货架，产品销售量会更大，利润会更多，反过来会有更多的品牌营销费用，形成一个正的反馈环。以洋河股份为例，洋河的蓝色经典系列虽然品牌做得很好，但相比行业内的知名品牌还是差了很多，它是行业内第一个做渠道深耕的企业，渠道优势行业第一，所以洋河依靠渠道优势异军突起，同时用赚的利润反馈给品牌，加强品牌营销，洋河成为白酒业内最近10年发展最成功的企业。

大众品牌相对于高端品牌而言，品牌壁垒较低，同一品类会有不同的品牌竞争，品牌竞争激烈，企业每年必须拿出大量的资金做品牌宣传。如果说高端品牌是依靠品牌优势躺着赚钱的话，那大众品牌就是跑着赚钱，比躺着赚钱累多了，但是相比于高端品牌，大众品牌有两个巨大的优势。大众品牌的第一个优势是通过"品牌宣传—扩大产品销售"的正反馈环可以将企业做得很大。国际上的例子是可口可乐、宝洁、雀巢、百威、丰田，国内则是伊利、海天味业、华润啤酒、达利食品等，企业的规模非常大，而高端品牌则受制于"稀缺"的概念，企业规模是受限制的，不能享受大众品牌的无限制的扩大规模。大众品牌的第二个优势是可以通过现有的渠道销售新的产品。品类扩张成本低，见效快，即使品类扩张失败，试错成本也较低，不会对企业产生伤筋动骨的影响，可以重新推出新的产品。比如达利食品利用现有的渠道推出达利园、豆本豆、和其正、乐虎等子品类，扩张非常成功。伊利股份目前也在实行品类扩张的战略，第一个扩张的子品类是饮品，有一点遗憾的是跨界进入矿泉水领域，走得有一点远了，我对这个项目的前景不太乐观，不过没有太大关系，伊利的试错成本相对较低，即使矿泉水项目失败了对伊利影响非常有限。其实伊利在乳制品行业有非常强大的客户认知，所有带"乳"的饮料都应该是伊利的地盘，伊利品类扩张的第一步应该是所有带"乳"的饮料，这样扩张，成功的概率非常高，可惜管理层并没有意识到这点，相信经过必要的试错之后伊利会回到正确的轨道上。

对大多数品类来讲，大众品牌比高端品牌更为赚钱，这一点好像很多人都没有意识到。大众汽车和丰田汽车比奔驰和宝马汽车更赚钱；万科、碧桂园比星河湾和绿城更赚钱；优衣库、Zara比巴宝莉更赚钱。一个例外是茅台比其他白酒品牌更赚钱，因为茅台太牛了，是唯一可以做到量价齐升的企业，高端品牌的定位却可以做到类大众品牌的商业推广，所以说茅台具有唯一性。

品牌驱动的商业模式非常普遍，企业一旦占据了品牌的制高点，就可以享受很好的品牌红利，除非企业所占据的品类进入衰退期，否则在位企业的"王冠"很难易主，反映到投资上则是品牌驱动的企业雪道非常长，是可以长期持有的企业。关注点则是品类是否进入了衰退期，比如方便面食品、火腿肠、可乐、胶卷、传统手机等，一旦品类进入衰退期，品牌也是无能为力的。品牌随着品类而诞生，同时也会随着品类的消亡而逐渐死亡。

品牌驱动的企业应该是投资人重点关注的领域，在这个领域内，大部分产品都贴近生活，容易理解和感知，企业的稳定性高，雪道够长，属于牛股集中营。品牌是商业的语言，同时也是投资的语言。

3.9 投资思考系列9——差异化经营的商业模式

波特在其著名的竞争三部曲中曾经提到，企业竞争要么是基于低成本的优势参与竞争，要么是基于产品差异化参与竞争。低成本的商业模式在以前已经阐述过了，本篇重点讨论一下基于产品差异化的商业模式。差异化意味着企业可以从残酷的价格竞争中挣脱出来而独立定价,从而获得超额利润,这是企业经营者梦寐以求的事情。但现实很残酷,能够真正做到产品差异化的企业非常稀少,企业经营者只有真正理解了行业的本质,有很强的创新精神,才有可能实现产品的差异化。

差异化经营的商业模式大抵可以分为三类,第一类是产品的差异化,第二类是服务的差异化,第三类是商业模式本身的差异化。需要强调的是支撑差异化的关键在于企业管理,企业管理必须和差异化的商业模式互相匹配。

差异化经营的第一大类是产品的差异化。产品差异化的真正内涵是竞争对手没法轻易进行产品的复制,从而做到产品的独树一帜。比如永辉超市通过生鲜超市的定位,形成了非常明显的产品差异化,成为行业内利润最好的企业,其核心在于永辉的生鲜损耗率控制在4%～5%,而其他竞争对手只能控制在20%～30%,支撑永辉低损耗率的是强有力的内部合伙人机制,这一点其他企业很难轻易模仿,所以永辉的产品差异化战略是真实有效的。汤臣倍健的产品通过"全球营养,优中选优"的品牌定位以及"23国营养为1个更好的你"的营销定位,一方面为品牌背书,一方面占据了客户心智,形成了产品差异化的竞争策略,营销效率非常高。本质上来说,膳食补充剂产品本身是同质化的,只有品牌之间的差别,产品本身没有差别,汤臣倍健的高明之处在于将品牌之争转换成了产品之争,将产品的差异化展示给了客户。谭木匠的产品也属于差异化的,将简单的木梳赋予了艺术内涵和文化内涵,所以产品卖得很贵,但经营得非常好,成为木梳行业的隐形冠军。

产品差异化最普遍的方式是建立品牌,通过品牌定位实现产品的差异化,这个在品牌驱动的商业模式里面已经重点阐述,这里就不详细说明了。

差异化经营的第二大类是服务的差异化。服务的差异化比产品的差异化难得多,服务属于软性的指标,很难去量化,一旦形成服务的差异化,竞争对手只能望洋兴叹了!以海底捞为例,其实火锅经营的门槛非常低,菜品和调料基本上都是标准化的,中国经营火锅的成千上万,但真正做好的只有海底捞,海底捞的服务是很吸引人,很温馨的,回头客非常多,翻桌率可以做到5次,那么其他家为什么不去学呢?因为海底捞的这种服务你学不会!并不是仅仅去挖几个人,或者制定服务标准那么简单,海底捞从企业文化、企业管理机制等层面全面构建了基于服务差异化的商业模式,竞争对手确实没法学习。顺丰控股是另一家基于服务差异化的例子,顺丰基于时效和服务构建出了差异化的商业模式,几乎垄断了商业快件，获取了行业最高的利润，成为快递业的"苹果"，而"三通一达"只能通过残酷的价格竞争去争夺市场。顺丰的高效服务是建立在重资产的垂直产业链基础上的，所以竞争对手难以模仿，顺丰拥有无与伦比的速度优势和服务优势。

差异化经营的第三大类是商业模式的差异化。最好的例子是中国平安和招商银行。中国平安通过"一个客户、多种产品、一站式服务"的综合金融模式，大幅降低获客成本，在成本端具备低成本的优势；在服务端提高客户服务水平，增强客户体验，增加客户黏性，通过成本端的低成本和服务端的高服务构建出了差异化的商业模式。招商银行通过零售银行的定位，在成本端获取了大量零售业务带来的低成本资金，在服务端提高服务质量，增加客户体验，提高了客户黏性，带来了大量的低风险的中间业务，形成一个正的反馈环。平安和招行本质上都通过服务提高客户的黏性，通过相对低成本的资金获取竞争优势。

差异化本质上是和创新联系在一起的，大家都可以做到的事情很难产生差异化，而只有创新的火花才会产生差异化。一旦企业找到了差异化的因子，必须从企业管理、企业文化、产品定位、营销定位等方面构建出差异化的支撑体系，将竞争对手推进价格竞争的海洋里，而自己去独享基于差异化的商业模式所产生的超额利润。

企业构建全方位基于差异化的商业模型非常难，但对投资人而言就幸福多了，投资人只需要甄别出那些具有差异化竞争优势的企业，在合理价位买入那些企业的股票，享受企业获取的超额利润！

3.10　投资思考系列10——研发驱动的商业模式

有这样一类企业，其核心竞争力是研发能力，其价值创造也主要依赖研发，即商业模式的原始驱动力是研发。一般来讲，有两个大行业都属于研发驱动的商业模式，一个是科技行业，另一个是医药行业，这两个行业长期成长的驱动力都是对研发的持续投入。

研发驱动商业模式的第一个大行业是科技行业。以华为为例，华为依托中国的工程师红利，利用强研发模式，从一个电信行业的边缘角色成长为5G行业的标准制定者，成为中国科技企业的一张名片，华为模式可以概括为：进入一个有发展前景的子行业，短时间利用相当于竞争对手5~10倍的强研发模式，在技术上取得领先或者颠覆原来的技术路径，成为新的技术领导者，从而成为行业第一。

亚马逊从一家网上书店发展成为电商巨无霸，最关键的推动力就是亚马逊的强研发模式，亚马逊将赚的每一分钱都投入新的研发领域，在财务上表现为持续亏损或者保持微利，但其核心竞争力却在逐步发展壮大，从无到有创造了一系列新产品，推动亚马逊成为一家科技公司。研发能力就是科技企业的命根子，一旦企业的研发能力开始衰退，科技企业就开始走下坡路了，企业也会随之衰落。

研发驱动商业模式的第二个大行业是医药行业。医药行业的绝大部分价值都取决于创新药，国外每一款重磅新药的推出都要耗时10年左右，研发投入都在10亿～15亿美元，创新药研发属于绝对的高科技，一旦研发失败则数十亿美元打了水漂，创新药某种程度而言就是一种风险投资，创新药看起来很美，但现实很骨感。以恒瑞医药为例，2008年左右就开始转型做创新药研究，而其他企业还在大量做仿制药，经过10年之久的持续的高研发投资，恒瑞医药逐步转型为以创新药驱动为主的医药企业，每年都有重磅的创新药上市，在带量采购的大背景下，恒瑞医药显得弥足珍贵，成为名副其实的医药界"一哥"。"首仿之王"中国生物制药在研发投入上也毫不吝啬，虽然创新药起步晚于恒瑞医药，但创新药在其研发体系里也占据了半壁江山。带量采购政策改变了仿制药的投资逻辑，行业唯一的蓝海——创新药，成为兵家必争之地。一致性评价是为今天找口粮，属于防御性质的研发，而创新药则是明天的口粮，属于进攻性质的研发，而未来只能是创新药的天下，所以研发的重要性在医药行业提升了一个量级，企业竞争的核心就是企业的研发能力的竞争。

研发驱动商业模式对于传统行业来说就是产品创新。产品创新的第一个层面是通过创新来降低产品的价格。比如万华化学的聚氨酯业务，通过产品研发和设备改造，单套聚氨酯设备能够生产的产品从2万吨提升到40万吨，成为全球单套规模最大、生产成本最低的聚氨酯生产商。桃李面包创造了"短保鲜面包"这一新的品类，通过"中央工厂+批发"模式进行生产和销售，该模式下，公司具有显著的规模经济优势，大规模的生产可降低公司的单位生产成本，直接销售给商超等终端可大幅度降低公司的销售费用，桃李通过创新开创了一个新品类，成为全国化的"短保鲜面包"之王。**产品创新的第二个层面是通过创新创造差异化的产品，从而提高产品的附加值。**最好的例子莫过于苹果的iPhone系列，大家对这个例子太过熟悉了，就不单独阐述了，这里重点讲一下汤臣倍健。汤臣倍健通过"全球营养，优中选优"的产品创新以及"23国营养为1个更好的你"的这销定位占据了客户的心智，在普遍同质化的保健食品中形成了产品的差异化，提高了产品的附加值。综合而言，产品创新就是企业研发能力的一种特殊形式，这在传统行业中特别普遍，也是发现金矿的一把钥匙。

对于研发驱动商业模式的企业来说，研发就是新资本的投入，类似于制造业投资盖新厂房。区别在于盖新厂房可以看见，确定性高，但研发投资有可能会打水漂儿，研发投资的确定性不高，有一点风险投资的影子。为了降低这种风险，作为投资人应该去关注企业的研发效率，通过找到研发效率高的企业来降低投资风险，提高确定性。

研发驱动商业模式的核心是研发效率，研发效率决定企业成败。影响企业研发效率的因素有很多，如何去判断一家企业研发是否有效率？有几点简单的思考分享一下。

首先，看企业的研发历史。如果一家企业在历史上有非常好的研发成果，那大概率这家企业研发效率是不错的，以中国生物制药为例，以前投入了大量的研发资金做"首仿药"，效率非常高，成为中国仿制药的"首仿之王"，最近几年公司开始加大了创新药的资金投入，按照逻辑推理，公司的研发效率非常高，未来的创新药企业必然有该公司的一席之地。相反，海正药业每年都投入巨额的研发资金，但几乎没有什么像样的成果，研发资金都打了水漂儿，这种历史上研发效率低下的企业不可能会脱胎换骨，未来的研发能力也不会乐观，投资研发纯属于浪费资金。

其次，看企业的管理机制。研发效率的高低终究是人的因素，一个好的管理机制可以激发人的潜力和热情，成功是水到渠成的事情。以复星医药为例，在研发上采取合伙人机制，研发团队占有一部分股权，进行了有效的利益捆绑，公司提供一个好的研发平台，找一个好的研发团队，给予强有力的资源支持，研发效率能不高吗？复星汉霖和复星凯特能够在短时间内成为医药独角兽企业就是优秀的管理机制造就的，没有理由不看好复星的研发能力。

再次，看企业的研发投入强度。华为属于典型的强研发投入模式，同一时期研发资金投入是竞争对手的5～10倍，集中优势兵力打歼灭战，在短时间内就可以占据技术的制高点，这是一种高效率的研发模式，短期来看资金投入大，但长期来看则是占领了技术高点，用资金买时间，反而是一种高效率的研发投入模式。

又次，看企业的研发是否聚焦。研发和经营企业的道理是一样的，聚焦可以避免干扰，虽然企业总的研发投入不如竞争对手，但通过聚焦策略，在某些点上采取强投入模式，资金投入是竞争对手的数倍，反而容易成功。国际一流药企诺和诺德聚焦于糖尿病领域,成为该领域内的技术大拿,获取了超额利润。2018年上市的一些生物医药公司,比如百济、信达、药明、君实等都是在某些领域采取强研发投入模式,有些企业的估值都在百亿美金左右,聚焦研发模式是小企业战胜大企业的竞争利器。

最后,看企业是否是行业老大。在一个研发驱动的行业里,老大的研发能力和研发效率一定是比较高的,做老大是有原因的。一个企业如果依靠不断的研发投入成长为行业老大,这家企业一定是在管理水平和研发效率等方面非常突出,企业的这种竞争优势是具有延续性的。以海康威视为例,它在视频监控领域逐渐成长为行业老大,大华股份虽然研发投入也不低,管理机制比较灵活,但海康威视的竞争优势不但没有降低,反而在进一步加强,在国内是绝对第一,在国际上也成长为第一。

医药企业的研发能力决定了企业的发展前景;高科技企业的研发能力和创新能力决定了企业的生死;传统企业的产品创新能力可以开拓蓝海市场。一个企业必须从骨子里有研发驱动的基因,企业的一把手必须高度重视产品研发,必须有大量的资源投入,才可能成为一个研发驱动型的企业。研发驱动型企业不多,原因是短期的资源投入基本上是无效的,只有长期坚持投入才有可能成功,所以一旦发现这种企业,应该像珍藏珠宝一样珍藏起来,因为那是一座取之不尽的金矿。

研发驱动的企业相对容易识别,一般行业内竞争力最强的企业也是研发能力最强的企业。投资大师德鲁克有一句名言:企业只有研发和销售两个环节可以创造价值,其他环节都是成本。投资人的使命就是通过研发效率找到研发能力最强的企业,通过营销效率找到产品定位和营销定位最好的企业。

3.11　投资思考系列11——平台型商业模式

平台型模式属于超级强大的一种商业模式,在商业的世界里属于金字塔的顶端,特别稀少,在平台形成以前竞争特别激烈,参天大树底下寸草不生是这种商业模式的真实写照,行业内老大吃肉,老二喝汤,老二以下举步维艰,基本无投资价值可言。由于这种商业模式的竞争超级激烈,一般只有超级企业家领导的企业才可以脱颖而出,独占平台优势,这种平台优势一旦胜出则会构建出巨大的竞争优势,独享行业内大部分利润。

平台型企业的特点明显，具体可以归结为以下几点：①具有网络聚合效应，流量端越来越大，成本端越来越低，平台的价值越来越大，一旦客户开始衰减，则平台的价值会大幅缩水；②一般都是超级企业家作为企业的领导者，大部分相对平庸的企业家都已被淘汰出局；③在平台构建阶段，竞争超级激烈，谁也不能够保证可以胜出，一旦胜出则会进入风平浪静的阶段，独享行业的超额利润；④老大吃肉、老二喝汤是真实的写照，老二以下没有什么投资价值；⑤由于品类天然具有分化的特点，平台型企业经过一段时间的稳定经营以后，会逐渐分化为各类垂直类的小平台或专业化经营的企业，这就是分化的力量。

平台型企业的第一大类是科技行业。科技企业天生具有聚合效应，最终都会从科技垄断演变为平台垄断，最早的平台型企业是微软，依靠Windows系统逐步垄断了电脑的操作系统，最终控制了整个电脑软件行业；晚一点出现的平台型企业是谷歌，垄断了搜索引擎，控制了互联网的入口；国内最早的平台型企业是腾讯，利用QQ和后来出现的微信垄断了社交平台，前者是互联网的社交入口，后者是移动互联网的社交入口，后来微信进化为连接一切的超级入口；电商崛起之后，亚马逊和阿里巴巴分别成为电商大平台，几乎垄断了电商行业；移动互联网来临以后，滴滴打车发展成为移动出行的大平台，美团点评发展成为本地生活的大平台，携程发展成为旅游出行的大平台。以上这些企业都是科技企业，一开始利用技术优势取得竞争优势，逐步发展进化成为平台型企业，平台天然具有黏性，随着平台的发展壮大，客户的黏性越来越大，最终都具备了平台垄断的特质。

平台型企业的第二大类是金融行业。金融行业具有规模效应，规模越大，抵御风险的能力越强，客户的信任度也越高，对客户的黏性也越大，最终企业都会发展成为平台型企业。银行业具有典型的规模效应，随着规模的扩大，网点的增多，客户黏性越来越大，最终发展到"大而不能倒"的地步，绑架了政府；保险业也具有规模效应，中国平安利用综合金融的优势，已经发展成为一家典型的平台型企业，通过"一个客户、多种产品、一站式服务"的综合金融模式，一方面降低了获客成本，一方面提高了客户黏性，平台效应非常明显。

平台型企业的第三大类是生活产品类平台。这些企业依托清晰的产品定位，良好的客户体验，美誉度极高的品牌，性价比高的产品，逐步发展成为生活产品类平台。宜家家居发展成为家具类产品平台；无印良品发展成为家居类产品平台；小米发展成为IoT产品平台。这类产品平台型企业具有鲜明的特点：①产品代工模式，依托海量的产品订单降低原材料的采购成本，供应链上采用直供模式，降低了产品的制造成本；②口碑营销模式，营销花费极少，主要依托口碑效应进行传播，降低了产品的营销成本；③直营模式，大大降低了层层加价的产品流通成本；④低毛利率模式，提供性价比高、具备一定产品品质的产品。所以，相比传统模式而言，平台型企业能把同品质的产品做到价格最低，能把同价格的产品做到品质最高，所以竞争优势明显。

平台型企业最大的特点是基于客户黏性而产生的垄断特征。 平台具有聚合效应，平台越大对客户的吸引力越大，平台价值也越高，最终对客户形成强大的黏性，平台的话语权会越来越大，最终成为垄断型企业，赚取行业的大部分利润，而垄断才是企业经营的最高境界。

平台型企业一般是和超级企业家联系在一起的，平台型企业的初创期，竞争是非常激烈的，由于商业模式趋同，竞争比拼的是管理效率、产品创新、企业家的格局、战略和执行力等，没有丝毫的取巧成分。在竞争的过程中，90%的企业都会失败，最终只有1到2家企业胜出，属于残酷的淘汰赛，只有超级企业家才可能是最终的赢家。以美团为例，美团经历过百团大战、商业模式创新、新产品孵化等好几个阶段，最初的团购网站最终都被团灭了。而今日的美团和当初的美团已经是天壤之别，除了初心没有改变，其他都改变了，在美团不断突围不断进化的过程中，掌舵者王兴无疑是关键因素，具备超级企业家素质的王兴其实才是竞争胜利与否的胜负手。所以分析平台型企业的关键是分析企业的领导者，把企业领导者研究明白了，这家企业的未来发展前景也就清晰多了。

平台型企业的三个阶段。第一阶段：平台初创，激烈竞争阶段，万人争过独木桥，只有超级企业家领导的企业+关键资源能力才可以最终胜出。第二个阶段：平台胜出，独享行业大部分利润，竞争优势超级强大，几乎是处于独孤求败的状态。第三个阶段：平台颠覆，一种方式是通过品类分化，专一型垂直类平台大量崛起，将原有平台逐步分化，原平台的价值开始逐步萎缩；另一种方式是通过颠覆性创新，新的商业模式崛起，取代原有的模式，原有平台被颠覆。

本章本质上是对企业分析的完整阐述，如果说投资策略是建筑本身，那么企业分析就是建筑的根基，完美的投资策略如果没有企业分析来配合，一定是空中楼阁。从本质上来说，企业分析才是构建一个投资者竞争护城河的关键因素，企业分析没有捷径可走，投资者必须脚踏实地，大量阅读企业财报，大量阅读管理类书籍，大量阅读成功企业的案例，最终达到量变到质变。

第4章
影响企业价值与估值的因素

4.1 影响企业价值与估值的因素1——成长性、周期性和不确定性

纵观A股3000多家企业，有些企业的市场估值在40～50倍PE，有些企业的市场估值仅在5～10倍PE，市场对企业的估值差别巨大，即便在同一个行业内，不同企业之间估值可以相差1～2倍，影响市场估值的因素到底是什么？本章试着从几个方面探讨一下市场估值的问题。

企业的成长性应该是影响市场估值最重要的因素。用一句经典的话来概括就是："成长可以溢价，价值只能折价。"按照巴菲特的估值理论来说，企业的价值等于未来自由现金流的折现值，或者通俗一点讲，就是未来净利润总和的折现值(在企业整个生命周期内，净利润=自由现金流)，而影响未来利润的主要因素就是成长性，所以成长给予溢价是非常合理的。成长可以创造价值，同时也可以毁灭价值，创造价值的典范是贵州茅台、伊利股份、格力电器等大牛股，利润无一不是增长了数十倍；毁灭价值的典范是创业板中的一些企业，虽然也是高成长，但都是通过收购战略、对赌协议获得的增长，一旦对赌协议结束，被收购的企业原形毕露，价值毁灭，比如东方园林、人福医药等企业。所以结论是有质量的成长才可以创造价值。

企业的周期性是影响市场估值的第二个主要因素。弱周期性的企业具备良好的可预期性，利润具备可累积性，天然具备高估值的基因；强周期性的企业利润波动巨大，可预测性非常差，天然具备低估值的因子。企业的价值主要取决于未来的现金流，可预测性显得尤为关键，否则估值就是空中楼阁。周期性企业未来发展的可预测性非常差，受到宏观经济、供应与需求的关系、行业政策等多因素的影响，企

业的主动权有限,被动因素对企业的影响显著大于主动因素,市场给与周期性企业低估值是合理的选择。消费行业、医疗行业的高估值具备坚强的基础,同时钢铁行业、煤炭行业、石油行业、地产行业的相对低估值也是市场合理选择的结果。

确定性是影响企业市场估值的第三个主要因素。企业未来发展的确定性对企业估值的影响巨大,资本天然抗拒不确定性,周期性企业的低估值就是资本对周期性企业未来发展不确定性的一种补偿。以银行业为例,市场给予银行股5～10倍PE、1倍PB左右的估值,许多人都认为银行企业低估了,但如果市场给予一个行业持续10年的低估值,一定是有原因的。以上一轮的经济周期为例,2010年以来,人们一直担心银行业的坏账风险,但银行企业持续好几年都实现了中速增长,坏账风险并没有被证实,当人们认为市场出错的时候,银行业的坏账率开始攀升,以经营最优秀的招商银行为例,2012年不良贷款率为0.61%,到2016年不良贷款率已经达到了1.87%,增加了2倍多,所以市场最终还是有效的。站在2019年的时点来看银行企业,有两点不确定性在压制银行业的估值:①2013年的经济小周期将银行业的坏账水平提高了2倍多,而2018年以来的经济周期更加明显,GDP显著下了一个台阶,中美贸易冲突加剧,小企业大量倒闭,未来银行业的不良贷款率一定会超过上一轮周期的高点;②以2018年财务数据来看,银行业的净利润总额已经超过了A股总利润的50%以上,在中小企业一片哀号声中,这个亮眼的数字格外扎眼,显然银行业的这个利润水平相当不合理,不合理的东西是不具备持久性的,迟早会得到纠正。

虽然市场估值不总是有效,但在超过90%的时间段里市场估值一定是有效的。消费行业、医疗行业的高估值是有效的,银行业、煤炭业的低估值同样是有效的,大家都低估了市场的有效性。成长性、周期性和不确定性三点因素可以相对完美地解释市场估值的逻辑和有效性。从企业未来自由现金流折现的角度来看企业估值,以上三点因素也是影响未来现金流的重要因素,对企业的估值影响巨大。虽然市场估值大部分时间是有效的,但在10%左右的时间里是无效的,这段无效的时间才是投资者大有可为的时候。

4.2　影响企业价值与估值的因素2——行业缺陷

上一节重点讲了企业的成长性、周期性和不确定性对企业价值和估值的影响,更加侧重于估值层面的考虑,这节重点探讨对企业价值影响的因素,重点从企业角度来看待企业价值的问题。

行业天生是有优劣之分的，有些行业天生丽质，企业都活得很滋润，有些行业天生艰苦，企业辛辛苦苦地劳作，但最终只能解决温饱问题，可以说行业是影响企业价值的主要因素之一，行业的缺陷对企业价值的影响较大。

行业缺陷的第一点体现在周期性因素上。强周期性企业的利润波动幅度大，企业价值是不确定的，所以估值上是折价的，弱周期性企业的利润是保持稳步增长态势的，企业的价值是逐步增加的，估值上也是溢价的。所以说周期性因素是影响企业价值的重要因素。

行业缺陷的第二点体现在行业的竞争格局上。寡头垄断的行业竞争格局对企业的发展非常有利，企业的价值会得到有效的提升，比如单寡头竞争格局的海天味业、双寡头竞争格局的伊利股份和蒙牛乳业，这类企业的投资价值巨大。相反，当行业处于自由竞争格局时，企业的价值会被大大压制。以红酒行业为例，2012年以前，该行业处于张裕、长城、王朝三家企业的良好竞争态势中，张裕的投资价值巨大，成为那时候的大牛股之一；但2012年之后，国外红酒大量涌入，红酒市场进入自由竞争的态势，张裕的利润衰退了50%，长城的生存举步维艰，王朝已接近退市！企业并没有做错什么事情，但市场的竞争态势变了，企业的价值瞬间就被毁灭了。另一个例子是上海家化，2014年以前日化行业竞争态势良好，国际大牌占据高端市场，上海家化占据中端市场，各取所需，大家都活得比较滋润，佰草集依靠天然植物的独特定位占据一定的市场份额，但2014年之后行业风云突变，日韩化妆品企业大量入侵，在天然植物化妆品领域内，公司同时受到国内和日韩企业的激烈竞争，在高端和低端市场同时受到压制，企业的衰退在所难免。市场上很多人将上海家化的衰退怪罪到中国平安的头上，认为上海家化的换帅行为导致了公司业绩的衰退。这显然把问题简单化了，即便上海家化当时不换帅，上海家化的发展和目前的处境也不会有太大差别，因为行业因素对企业的负面影响广泛，很难依靠企业自身的力量解决。行业的竞争格局直接决定了行业内企业的投资价值，所以投资者一定要对行业的竞争格局具有敏感性，提前感受到变化，从变化中寻找投资机会。

行业缺陷第三点体现在产品差异性上。具备产品差异性的行业可以跳出价格竞争，典型例子就是白酒行业，价格从几十元到上千元，各取所需，产品的差异性彰显无遗。在不具备产品差异性的行业，价格是竞争的唯一因子，只有低成本制造商才能成为最大的赢家，其他企业都在贫困线以下生活，比如汽车玻璃和水泥行业就属于典型的产品无差异性行业,低成本制造商福耀玻璃和海螺水泥经营得顺风顺水,而行业内其他企业处于水深火热之中。对于产品无差异性的行业,寻找行业内最低成本的制造企业作为投资标的是唯一要做的事情,选择其他企业基本上属于毁灭价值。

行业缺陷的第四点体现在行业总规模的萎缩上。如果发展成熟的行业其规模保持缓慢增长或者基本保持稳定,行业龙头依靠品牌优势和规模优势可以进一步提高市场占有率,也会获得不错的发展,企业价值也会逐步增加的。但是如果发展成熟的行业其规模开始萎缩,一般对行业内的企业杀伤力是巨大的,即便是行业龙头也会受到很大的影响,比如前几年的方便面行业开始萎缩,康师傅和统一食品都受到了很大的负面影响;2018年开始的汽车行业的衰退,对上汽集团、广汽集团、长城汽车、吉利汽车等行业巨头影响巨大,巨头的衰退也是不可避免的。好的一面则是行业龙头会调整策略,很快适应新的市场情况,从而保持相对稳定或者获得进一步发展,但龙头以外的企业面对的是生死问题,一部分企业会死亡,从而使该行业达到新的平衡。

行业缺陷的第一点体现在周期性因素上,行业缺陷的第二点体现在行业的竞争格局上,行业缺陷的第三点体现在产品差异性上,行业缺陷的第四点体现在行业总规模的萎缩上。以上四点是从行业层面影响企业价值的主要因素,也是从行业层面分析企业投资价值的入手点。投资者需要对行业的变化具有敏感性,变化可以创造价值,也可以毁灭价值。

4.3 影响企业价值与估值的因素3——商业模式缺陷

段永平曾经讲过,自己在巴菲特饭局上问过巴菲特,投资企业最关注的是什么?巴菲特回答是商业模式,段永平瞬间就明白了,本人很长一段时间之前就看见过这段评论,但一直没什么感觉,看来悟性还是不够,直到最近有一点开悟,大概明白是什么意思了。商业模式简单来讲就是企业赚钱的方式,商业模式有许多种,也有专门讲商业模式方面的书籍,本文重点想探讨一下关于商业模式缺陷的问题。查理·芒格曾引用过一句谚语:"如果一个人告诉我会死在哪里,那我一辈子也不去那个地方。"这就是告诉我们要反过来看问题。如果我知道商业模式的缺陷有哪几种,打死我也不会投资那些商业模式有缺陷的企业。商业模式的缺陷会显著影响企业价值,企业往往赚不到钱或者赚到的是"假钱",这类企业最终成为投资者的"坟墓"。

商业模式的第一个缺陷是经营现金流和利润不匹配。有些企业利润虽然保持高速增长的态势，但经营现金流只有利润的一半或者直接为负值，这些企业投资价值几乎等于零，比如前几年大行其道的与地方政府3P项目有关的大量企业，大量环保施工类企业，典型例子莫过于东方园林，巅峰期市值接近1000亿元，但从经营现金流来看，其实企业赚到的都是"假钱"，其商业模式有巨大的缺陷，最终结局是被北京海淀区国资委接管，何巧女黯然出局。东方园林在一个有巨大商业模式缺陷的道路上一路狂奔，属于成长毁灭价值的典范。最新的例子是东阿阿胶，财务指标显示，从2013年开始经营现金流已经和净利润出现了背离，最近5年经营现金流只有净利润的一半，说明几年以前产品提价策略已经出现问题，产品动销出现严重问题，这个"雷"终于在2019年爆破了，杀伤力巨大。

商业模式的第二个缺陷是设计得过于复杂。一般来讲，好的商业模式都是偏简单的，简单的商业模式有助于企业在某一个方面取得突破以后，通过时间的累积效应，形成强大的竞争力，比如品牌消费企业、低成本制造企业、研发驱动的企业、平台聚合型企业，这些企业的商业模式都非常简单，但具有强大的累积效应，最终企业变得超级强大。商业模式比较复杂的企业一般变现路径比较长，很难在某一个点上形成累积效应，而且管理非常复杂，最终是事倍功半。典型的例子属于复星国际，复星国际的商业模式非常复杂，涉及医药、钢铁、保险、投资、房地产、消费品、娱乐度假、高科技等多领域，复星国际一方面不断地投资一些企业，另一方面又不断地卖出一些企业，把管理层搞得非常疲惫，最关键的是旗下的企业协同效应非常差，大部分都是独立作战。本人曾经开玩笑说过，好的商业模式都具有乘法效应，一旦过了某个商业临界点，具有自我加速效应，企业会发展得非常快，反观复星，属于加法效应，只能一个点一个点地慢慢经营，缺乏加速效应，企业经营得非常辛苦，加法效应在乘法效应面前相形见绌，虽然也在发展壮大，但不可同日而语。最新的例子属于小米集团，小米的商业模式是通过低毛利率的硬件产品积累客户，然后通过高毛利率的互联网业务赚取合理的利润，看似有一定的道理，但变现路径太长，逻辑上有硬伤：①硬件的低毛利率一方面导致客户比较低端，对价格比较敏感，另一方面小米品牌被客户定义为低端产品，严重影响小米的品牌形象；②互联网业务的主要变现路径是游戏和广告，这非常影响客户的使用体验，而且小米的互联网平台属性严重不足，游戏和广告与主流平台有数量级的差别，变现能力差；③低端客户本身就对价格比较敏感，对互联网变现业务有负面影响，所以小米在港股被低估是有原因的，其商业模式上有硬伤。

商业模式的第三个缺陷是容易产生高库存。这一点表现突出的行业是电子行业和服饰业，两者都容易产生高库存，而且库存产品容易快速贬值，造成巨大的损失。典型例子是2010年前后的体育服饰行业，整个行业陷入高库存危机，大量中小企业倒闭，龙头企业经过艰难转型才走出困境，李宁用了5年左右才基本解决库存危机，何其难矣！最新的例子是海澜之家，作为服饰业的绝对老大，海澜之家的商业模式设计得相对更加巧妙一些，有一半的存货属于可以退货的产品，即便这样，高达90多亿元的存货也让人倒吸一口凉气。

商业模式的第四个缺陷是高有息负债。有些企业天生属于高负债，比如银行业和保险业，那属于另一个话题，不在本节的讨论范畴。一般来讲高负债的企业背负高昂的财务成本，一旦企业经营不善或者行业处于下行期，企业会举步维艰，甚至倒闭。高负债企业就相当于背着枷锁与别人跑马拉松，胜败早已注定。以人福医药为例，由于持续的收购战略，导致企业背负高额的负债，本来属于一家轻资产的医药企业，让管理层变成了一家类重资产运营的企业，每年8亿元的财务成本压得企业喘不过气来，这就是收购毁灭价值的典型例子。

商业模式的第五个缺陷是无法构建商业护城河。商业护城河是企业超额利润的来源，缺乏商业护城河的保护，企业的利润迟早会走向平庸化，最终变成商品类企业，陷入价格竞争的泥潭。一般来讲，品牌效应、专利、政府许可、低成本、客户转换成本、平台聚合效应等几个方面都容易产生商业护城河，拥有以上特质的企业大多属于消费垄断类企业，投资价值凸显。而商品类企业由于陷入价格竞争的泥潭，投资价值非常小，比如有色金属行业、煤炭行业、石油行业类大部分企业都缺乏投资价值。

总之，商业模式在分析企业投资价值方面非常重要，对商业模式有缺陷的企业尽量敬而远之，好的商业模式可以大块吃肉，快意人生，差的商业模式只能小口喝汤，很艰难地活着。

4.4　影响企业价值与估值的因素4——管理缺陷

企业管理与企业价值息息相关，好的管理不但可以释放企业价值，而且可以进一步创造企业价值，差的管理从短期来看会抑制企业价值的释放，从长期来看会毁灭企业的价值，管理与企业价值的关系密切，下面从几个方面谈谈管理缺陷对企业价值的影响。

管理缺陷的第一个方面是管理机制缺陷。管理层级多，官僚作风盛行应该是管理机制缺陷的典型特征；第二个特征是缺乏利益导向，考核与绩效制度不完善；第三个特征是公司利益与个人利益不统一。典型例子就是老一代国企，以上三个特征都非常明显，所以老国企市场竞争力很差，在大部分竞争性领域一败涂地，而在激烈的竞争中胜出的企业属于新一代的国企，其有效规避了老一代国企管理机制弊端，设计了以利益导向为主的管理机制，规避了官僚作风，这类国企的典型代表有格力电器、万华化学、海螺水泥等。

管理缺陷的第二个方面是CEO格局不够，缺乏分享精神。CEO的人格魅力在企业发展中显得非常重要，人格魅力中一个很重要的特质就是财富分享，自己吃肉的同时至少让兄弟们有汤喝。以飞科电器为例，老板李丐腾独占90%股份，公司高管和董事没有一个人有公司股份，属于"一个人的公司"，李老板严重缺乏分享精神。飞科电器的竞争力衰退是有原因的，一是新品研发进度迟缓，研发效率低下，二是剃须刀的竞争力在衰减，产品迭代能力差，三是新品推广不力，以上三点归纳起来就是企业管理效率不高，这与老板的格局有很大的关系。反观永辉超市、爱尔眼科、美的集团这些所谓传统企业，老板的格局非常大，他们领导的企业也成为优秀企业的典型代表。

管理缺陷的第三个方面是战略目标不清晰，执行力不足。第一个问题是战略目标不清晰，以人福医药为例，战略口号是做"医药细分领域的领导者"，结果却收购了一堆乱七八糟的企业，同时分散资源进入医药流通领域和医院，将公司变成一个大杂烩，战略目标不清晰导致公司胡乱收购，最终把自己变成了一个手里抱着金娃娃(宜昌人福)到处讨饭吃(大量银行有息负债)的乞丐。第二个问题是执行力不足，这是大量企业普遍存在的一个问题，其实战略好坏之分并没有那么明显，只要战略足够清晰就好，但执行力是个大问题，好战略会被弱的执行力破坏，同时强的执行力可以弥补战略上的不足。以老白干酒为例，在白酒行业发展一般，存在的最大问题就是执行力不足，公司有两个很好的抓手，一个抓手是雄安大基建，基建与白酒属于正相关，老白干酒作为地主，占有绝对的优势地位，另一个抓手是"喝老白干不上头"的经典产品营销定位。公司只要充分利用好地主之谊，集中优势资源将新定位像一把楔子一样钉入客户心中，这样成功就是水到渠成的事情。老白干酒在战略执行层面存在明显的问题，对企业价值的抑制非常明显，企业的市场价值难以兑现，让许多投资者黯然退场。

管理缺陷的第四个方面是营销效率低下。在商品社会里，品牌众多，商品琳琅满目，选择成为困扰客户的一个大问题，营销效率低下的企业即便产品力很强，也很难获得好的发展前景。以光明旗下的莫斯利安为例，作为常温酸奶的开创品牌，莫斯利安有巨大的光环效应，但在安慕希和纯甄强大营销攻势下，莫斯利安市场地位土崩瓦解，成为一个非主流品牌，莫斯利安之败，除了伊利和蒙牛在营销上的强势投入之外，主要原因在于光明在营销上的低效率，作为一个新品类的开创者，如果营销策略得当，莫斯利安有很大概率成为新品类的第一，但由于光明营销效率的低下以及自身重视程度的不足，错过了一个千载难逢的打翻身仗的机会。定位理论是解决企业营销效率问题的关键，定位理论简单来说，就是通过一个清晰的品牌定位和营销定位，与客户内心的潜在认知产生强烈共鸣，通过强资源投入，将产品像一把楔子一样钉入客户心中，从而使客户产生购买行为。最经典的几个定位包括"国酒茅台""年份原浆古井贡酒""怕上火喝王老吉""用脑就喝六个核桃"，这些产品无一不发展成为百亿级别的大单品。定位本质上就是与客户的沟通语言，可以大幅度提高企业的经营效率和营销效率。

好的管理创造价值，坏的管理毁灭价值，抑制企业价值的释放。许多企业的品质看起来不错，但由于管理存在瓶颈，价值迟迟不能释放，最终这类企业成为投资者的"坟墓"。对企业的管理缺陷有清晰的认知，并时刻观察企业管理改善的动向，是投资者的必修课。

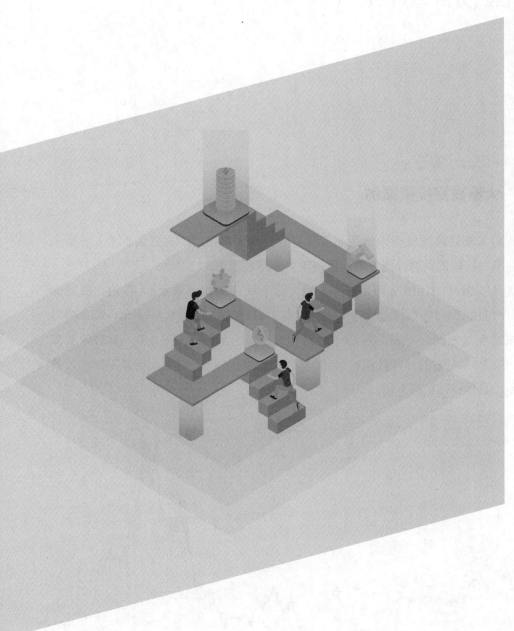

第2部分 投资案例篇

第5章

价值股(分红型)投资

5.1 大秦铁路投资案例

我对大秦铁路的投资印象是非常深刻的。对大秦铁路的投资属于本人投资三段式中第二阶段的典型投资方式,值得复盘和深度思考。

大秦铁路在2010年从10元左右开始一路下跌,2011年跌至8元以内,我开始买入,一直到2013年始终处于净买入的过程,最终的持股成本为6.6元,成为当时第一重仓股,在2015年前后在13~15元卖出,持仓周期大概在5年,复合收益率15%,加上5%左右的分红收益,5年的复合收益率在18%~20%,还算不错的投资收益率,具体操作如图5-1所示。

图5-1 大秦铁路股价走势图

买入大秦铁路的逻辑：①8～10倍PE估值，5%～6%的分红收益率，10%的利润增长率，我将其定义为典型的价值股；②公用事业性股票，业绩保持稳步增长，分红率长期保持在50%；③5%～6%的分红收益属于保底收益，安全垫比较大。

卖出大秦铁路的逻辑：①15倍PE，3%左右的分红收益已经不符合分红股的定义；②大盘突破4000点以后逐步降低仓位的需要。

从以上大秦铁路的投资逻辑以及投资收益率来看，这是一笔成功的投资，但从事后复盘来看，这笔投资远没有表面看来那么鲜亮，有很多值得探讨的地方。

第一点，投资逻辑大体正确，但对业绩保持稳步增长的判断出现失误，公司利润2014年同比减少11%，2015年同比减少43%，导致股价从15元下跌至6元左右，虽然有大盘由牛转熊的因素，但主要原因还是业绩的大幅衰退，如果不是运气好，在13～15元卖出，这将是一笔很糟糕的投资。虽然2015年的业绩衰退有特殊因素，但经过两年的复苏，2018年的利润仅达到2014年的水平，4年时间里利润保持零增长，也达不到投资逻辑分析中10%的利润增长率，所以整体的投资逻辑是有缺陷的。

第二点，分红股的基本投资逻辑是业绩可以不增长，但一定不能衰退，否则分红逻辑就不成立了，这一点显然不符合。

第三点，站在2015年的时点来看，大秦铁路15倍PE，3.2%的分红收益率，在牛市氛围里只能说是合理估值，绝对不是高估，持有也是合理的选择，卖出是运气使然。

第四点，这笔投资过程中我其实备受煎熬，在2011—2014年的绝大部分时间里，股价都在成本线附近徘徊，收益率是非常低的，毕竟5%的分红收益只是保底收益，谁也不会满意5%的分红收益，如果没有2015年的大牛市，这将是一笔非常平庸的投资。

第五点，对价值股的判断不准确。记得当时和朋友讨论过，10元/股的大秦铁路才是合理估值，10元以下都属于低估状态，但问题是大秦铁路90%的时间股价都在10元以内，显然本人的判断是错误的。过于看重静态估值，这是最大的错误。如果按照当时的投资思路和估值逻辑来操作2015—2019年的投资，估计会被市场打得丢盔卸甲。

第六点，这笔投资有赖于2014—2015年的大牛市以及牛市中的卖出操作，运气是这笔投资成功的重要因素，若不考虑运气因素，这将是一笔糟糕的投资。

通过对大秦铁路的投资，本人有过一段时间的深度思考，对价值股的投资产生了质疑，从而完成了自我投资进化过程，几点反思如下所述。

(1) 投资者的收益的来源有以下三种：①企业分红收益，属于保底收益；②企业成长收益，属于长期收益；③市场估值提升的收益，属于市场收益。投资的本质是获得企业发展壮大的收益，所以基于成长的投资模式才是主流模式；分红收益可以帮助我们度过漫长的熊市，所以基于分红的投资属于防守型，可以帮助我们活下来，属于补充性投资。

(2) 5%的分红收益率是投资底线，利润能够保持5%～10%的增长是最佳选择，但利润不增长也没关系，但一定不能衰退(微幅衰退是可以接受的)，否则分红投资的逻辑就不成立了。如果加上业绩不能衰退的筛选指标，符合分红股的标的其实并不多，虽然银行股貌似符合分红型投资标的，但银行与房地产的深度捆绑，以及地方债务、宏观经济减速导致的坏账风险，以5～10年的周期来看，银行股的不确定性还是非常大的，并不完全符合分红股的投资标准，精选个股，适度配置还是可以的，但仓位一定要控制好。

(3) 从静态估值的角度来看，价值股是投资者的合理选择，但从动态估值的角度来看，成长股才是最佳选择，毕竟未来自由现金流的折现最大值才是最好的选择。投资是面向未来的，而不是当下，但未来是有不确定性的，成长可以创造价值，也可以毁灭价值，只有具备护城河保护的成长才可以创造价值，这进一步要求投资者要有商业洞察力，因为商业知识才是投资者的护城河。

(4) 价值股适合阶段性持有，不适合长期持股。价值股属于防守型投资，是为了在熊市中得到分红收益，一旦市场估值提升，估值达到合理状态或者稍微高估的状态，一定是卖出的，这样可以提高阶段性的收益率。价值股永远不会出现高估值状态，即便是在大牛市中价值股的估值也不会大幅高估，对于这一点，我们要有非常清晰的认知。

(5) 5%的分红收益、估值处于历史低估值区域是价值股投资的两个前提。投资者收益一方面来自5%的分红收益，另一方面来自估值从历史低估值区域提升到历史估值的中值以上水平，两部分收益叠加有望达到10%以上的收益率，单纯的分红收益并不是我们投资的目的，分红收益只是提供了某种程度的保护而已。

大秦铁路的投资对本人的帮助很大，因为这笔持续5年的投资让我对价值投资产生了深深的质疑，开始独立思考，从而完成了从投资第二阶段向第三阶段的进化，成为一个合格的价值投资者。

5.2 对双汇发展的重新认识——兼谈2015年年报

本质上来讲，伊利股份和双汇发展属于一个类型的股票，以前对伊利做过重点分析，这里重点分析一下双汇发展。说实话，我对双汇还是经历了一个重新认识的过程，下面简单地将自己的认识汇总如下。

1. 综合分析篇

(1) 行业地位。2015年营收447亿元，基本上处在一股独大的状态，以前的行业老二雨润食品彻底衰落，大的全国性品牌就剩下金锣了，但两者不在一个数量级上。在行业内，地方性品牌众多，尤其是低温肉制品方面，地方性品牌依靠在本区域内的冷链优势，其竞争力并不差于双汇，这对行业内产品的价格压制还是比较明显的，所以说，虽然双汇一股独大，但行业内竞争还是很激烈的。综合而言，双汇处在超然的行业地位中，在竞争中处在优势地位。

(2) 行业发展。在高温肉制品方面，一方面由于品类分化，可替代品增加，自然分流了一部分客户需求，另一方面人口红利已经基本停滞，消费升级趋势比较明显，低端消费品普遍陷入衰退状态，比如方便面、日常消费饮料、啤酒等产品均陷入行业性衰退状态。高温肉制品行业已经基本到顶，保持缓慢增长状态已经是最好的结果了。

而低温肉制品受益于产品品类分化以及消费升级，有较好的发展空间。低温肉制品的品质和品牌是竞争的关键性因素，双汇处在较为有利的位置，看好后市的发展前景。

在屠宰行业方面，集中度逐年提高是大概率事件，这有利于大企业的资源整合，双汇处在不错位置，未来的行业利润率会得到有效的提升。

(3) 管理方面。双汇早已实现管理层MBO(管理级收购)，目前本质上属于民营企业，精细化管理是在这个行业内生存的前提条件，以万隆为首的管理层足够优秀，已经将所有的竞争对手甩开一条街，70多岁的万隆举债好几百亿元收购美国最大的肉制品企业，其魄力令人敬佩，企业家精神彰显无疑，即便万隆退休了，现有的管理层已经经历了足够的磨炼和市场考验，不足为虑。

(4) 竞争优势。在竞争优势方面，我对双汇有一个重新认识的过程，这在以前是有所疏忽的，简单总结如下：①品牌优势、规模优势下的低成本优势、全国化网络优势，这是以前对双汇的认识，这一点没有改变，公司在这方面的优势仍在进一步加强。②从美国进口猪肉有巨大成本优势,美国猪肉价格仅是国内猪肉的一半,这得是多大的竞争优势呀!即使后市国内猪肉价格回落,但美国饲料长期低于国内决定了美国猪肉价格长期低于国内,这个价格优势长期存在,对于竞争对手简直是一个噩梦,万隆的战略眼光独到而犀利,到此刻才锋芒毕露,姜还是老的辣。③美式低温肉制品的推广。现成的渠道、品牌效应、进口食品的光环,有什么理由不成功呢?这才是双汇重新成长的关键性因素,应该给予足够的重视。

2. 2015年财报分析篇

1) 财务指标分析

(1) 双汇基本财务数据如表5-1所示。

表5-1 基本财务指标

项目	2015年	2014年	本年比上年增减
营业收入/亿元	446.97	456.96	-2.19%
净利润/亿元	42.56	40.40	5.34%
经营活动现金流/亿元	57.66	47.12	22.37%
每股收益/元/股	1.29	1.22	5.34%
加权平均ROE	27.24%	28.6%	-1.36%
股息/元/股	1.25	0.95	31.58%

(2) ROE的4年均值为28.6%,保持相对稳定,2015年分红率为97%,负债率22.7%,典型的低负债高分红型企业,2015年营收微幅衰退,利润保持低速增长的态势。

(3) 营收分类如表5-2所示。

表5-2 营收分类与毛利率

项目	营收/亿元	毛利率	营收同比增减	毛利率同比增减
高温肉制品	142.53	31.67%	-9.92%	5.68%
低温肉制品	83.86	30.85%	-10.51%	5.26%
屠宰行业	244.44	7.31%	4.85%	-2.25%
其他	17.76	21.53%	4.85%	-3.95%

(4) 高温肉和低温肉营收有小幅减少,但毛利率提升明显,屠宰生猪1239万头,同比2014年下降17.46%;鲜冻肉及肉制品外销量275.54万吨(其中鲜冻肉117.2万吨、肉制品158.34万吨),同比2014年下降5.90%。

2) 结论

(1) 行业内一股独大,产品升级换代明显,向全产业链拓展,具备低成本优势、品牌优势和渠道优势,竞争优势强。

(2) 高温肉制品基本见顶,低温肉制品发展空间大,屠宰业尚有好的发展空间,整体来看,行业发展空间其实并不大了,通过产品的升级换代,预计利润增长保持在5%~10%的水准。

(3) 海外进口低价格猪肉+美式低温肉制品的大力推广,公司产品具有升级换代以及原料的低成本优势,这两点是对双汇重新认识的关键,也是双汇重新开始成长的关键因素,进入发展的新周期,或许会有意外之喜。

(4) 作为典型的分红股来看待,典型的现金奶牛,低价格买入才具备投资意义,即15倍PE以内买入,这样一方面享受6%以上的分红收益,另一方面享受公司新一轮发展周期的红利,何乐而不为?

5.3 双汇发展投资案例

对双汇发展的投资也是挺有意思的一件事情,双汇一直是我股票池里长期跟踪的股票,曾阶段性轻仓持有,一直没有重仓的机会,直到2017年眼睛才和脑袋连在了一起。

我在2017年上半年买入双汇发展,持股成本为20元,重仓股之一,2018年初在29~30元卖出,持仓周期不到1年,收益率50%,非常不错,具体操作如图5-2所示。

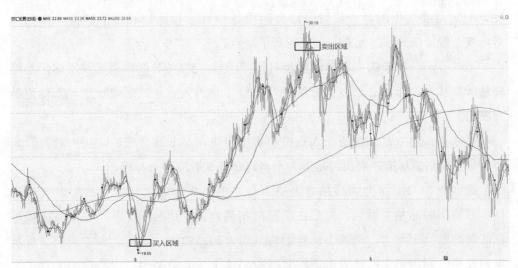

图5-2 双汇发展股价走势图

2017年对双汇发展的思考如下:①肉制品消费龙头企业,高温肉缓慢增长,市场容量基本到顶；低温肉微幅增长，还没有放量的迹象，在经营上表现为营收缓慢增长的态势，利润增幅连续4年保持在5%以内；②行业竞争态势良好，双汇作为唯一的全国性品牌，在品牌和营销宣传上不需要过多投入，这一点和伊利截然不同，双汇公司可以保持很好的利润水平；③双汇发展属于典型的高分红型股票，由于母公司还债的需要，公司一般会将90%的利润作为分红资金，属于典型的分红型投资标的；④作为消费型龙头，5%的分红收益以及15倍PE的价格是很不错的投资机会。

基于以上4点认识，一直对双汇保持密切关注状态，但并没有重仓的打算，直到有一天在看双汇的相关资料，突然想明白一个道理，双汇收购美国的史密斯菲尔德以后，通过进口美国的猪肉，可以降低原材料成本，即双汇发展可成为一家垂直一体化运营的消费品公司，同时具备品牌优势和低成本优势，相比行业内其他公司具备非常大的竞争优势。想明白这一点，在双汇发展20元左右加为重仓股。

卖出双汇发展的逻辑：①23倍PE，3.6%的分红收益已经不符合分红股的定义；②2017年前三季度营收和利润均为负增长，心里有一点点不踏实。

从以上双汇发展的投资逻辑以及投资收益率来看，这是一笔成功的投资，从事后复盘来看，也是不错的，复盘思考如下。

第一点，分红股收益来源=分红收益+估值提升收益，当估值提升到一定程度，一定是要卖出的，分红股只适合阶段性持有，长期持有得不偿失。事后来看，双汇股价跌到了21元左右，又回到了原点。

第二点，分红股的买入条件要相对严苛一点，5%的分红收益是硬指标，不能轻易降低标准。市场之所以给分红股低估值，是因为企业缺乏成长性，低估值是合理的。

第三点，对双汇的投资买入点位和卖出点位都是非常合理的，买入时符合典型的分红股估值标准，卖出时是因为不再符合分红股的持有标准。

第四点，双汇作为肉制品老大是不合格的，作为老大一定要负起老大的责任，即将肉制品品类做大，双汇在高温肉制品容量见顶的情况下，并没有积极地在低温肉制品上发力，带领小伙伴们将低温肉制品做大，这是老大的失职。反观伊利股份，利用老大的位置迅速将常温酸奶这个新品类做大，安慕希成为百亿大单品，而最终行业龙头才是最大的受益者。

第五点，行业发展的另一个方向是屠宰业集中度的提升，双汇同样没有发力，仅保持15%的增长率，严重不合格，所以双汇的管理层只能算是合格，并不算是优秀的管理层。

第六点，双汇虽然是唯一的肉类加工的全国性品牌，但相对地方性品牌而言，并没有产生品牌溢价，即双汇的品牌营销做得并不好，只是品牌知名度强一点，而品牌的美誉度一般，这与双汇长期的低营销投入是有关联的，但受益于单寡头的行业格局，双汇活得还不错。

第七点，双汇的产品力一般，创新能力一般，是一家相对"平庸"的消费品公司，中规中矩的发展是大概率事件，难有意外之喜。

总之，将双汇发展作为稳妥的分红股来对待还是不错的，未来在低温肉制品和屠宰业两个方面一旦形成突破，会有效增加其成长性，或许还有一点小小的期待吧！

5.4　价值股投资思考

价值股的特点是低成长性、低估值以及高分红，所以价值股就是分红股，分红收益是主要的收益来源。

本人对分红股的投资模式总结如下：①行业渗透率以及企业市占率分析，主要分析企业的发展空间还有多大。②分红率大于5%，这是分红股投资的基本条件。③5%～10%的成长性。企业最好有一定的低成长性，这样还会有一定的成长性收益，如果成长性等于零勉强也可以接受，但利润负增长是不可接受的，分红投资的逻辑基础将不复存在。④ROE大于15%。一般的分红股都可以满足这个指标，毕竟大部分利润都分掉了，净资产收益率就容易提高了。⑤15倍PE以内的价格。因行业而异，消费类可以保持在15倍PE，公用事业类最好保持在10倍PE以内，金融股则在5倍PE以内，这是长期观察的结果，经验而已。⑥典型的企业，例如双汇发展、福耀玻璃、中国神华、陕西煤业。

投资者收益的来源有以下三种：①企业分红收益：保底收益；②企业成长收益：长期收益；③市场估值提升的收益：市场收益。投资的本质是获得企业发展壮大的收益，所以基于成长的投资模式才是主流模式；分红收益可以帮助我们度过漫长的熊市，帮助我们活下来，所以基于分红的投资属于防守型，同时属于补充性投资。分红型投资属于补充性投资，这一点要非常明确，投资分红股的核心目的是提供现金流，应付市场极端情况。

价值股投资看起来简单易懂，很容易理解，但具体操作起来是有一定难度的，价值股投资过程中需要重点关注以下几点事项。

1. 避免掉入价值陷阱

便宜并不是买入价值股的理由，有些股票很便宜，但分红率很低，这些股票就不符合价值股的投资标准，毕竟分红收益是价值股的重要收益来源之一；有些股票看起来很便宜，但主业有陷入衰退的危险，随着时间的推移，股价逐步下跌，但估值反而越来越贵，这是最容易掉到坑里的价值陷阱；周期股在周期高峰估值非常便宜，也是一种价值陷阱。总之，价值股投资最重要的一点就是要避免掉到价值陷阱这个大坑里。

2. 价值股只适合阶段性持有，不适合长期持股

价值股属于防守型投资，是为了在熊市中也会有分红收益，一旦市场估值提升，估值达到合理状态或者稍微高估的状态，一定是要卖出的，这样可以提高阶段性的收益率，价值股永远不会出现高估值状态，即便是在大牛市中价值股的估值也是低于市场平均水平的，对这一点投资者要有非常清晰的认知，价值股并不是时间的朋友。

3. 5%以上的分红收益、估值处于历史低估值区域是价值股投资的两个前提

投资者收益一方面来自5%的分红收益，另一方面来自估值从历史低估值区域提升到历史估值的中值以上水平，两部分收益叠加有望达到10%以上的收益率。单纯的分红收益并不是我们投资的目的，兼具历史低估值区域才是买入价值股的好时机。5%的分红收益并不是我们追求的目的，它只是提供了一种保护，具有潜在的估值提升机会是投资价值股的另一个目的，两者叠加有望提供合理的投资回报率，单纯某一项都不足以提供足够的回报率。

4. 价值股投资过程中，投资者有时候是非常煎熬的，对这一点需要有足够的认识

股价常年不涨是常态，过山车行情也是常态，所以投资者心态平和，降低预期收益率，保持合理的仓位，这些都是必须做到的。价值股的核心目的是提供

现金流，帮助投资者应对股市的极端情况，提高投资回报率反而不是主要目的，所以价值投资属于一种防御性投资，并不是一种理想的投资模式。作为兵器库的武器偶尔拿来用一用还是可以的，但如果作为主要武器去市场上拼杀则会得不偿失。提高投资收益率得依靠成长性投资标的，那才是投资者的"富矿"，需要深度挖掘。

5. 价值股投资并不是价值投资的主流模式，对于这一点，市场上有很大的错误认知

回顾巴菲特的投资历史，其投资的绝大部分股票都是成长股——企业都获得了巨大的发展，企业巨大的成长性才是巴菲特长期收益率的保证，幸运的是巴菲特都是以价值股的估值买入了成长股(15倍PE的可口可乐，15倍PE的喜事糖果，地板价的盖可保险和华盛顿邮报)，这是巴菲特最牛的地方。其实A股也提供了这样的机会，2013年底中央八项规定叠加塑化剂风波，导致白酒股大幅下跌，此时就是以价值股的估值买入成长股(贵州茅台、五粮液)的最佳机会。

第6章

周期股投资

6.1 海油工程投资案例

我对海油工程的投资比大秦铁路早了1年时间,仓位和大秦铁路不分伯仲,是仅次于大秦铁路的第二重仓股,持有周期比大秦铁路更久,感悟也要更深一点。

海油工程在2009年从14元左右开始一路下跌,2010年跌至10元以内,我开始买入,一直到2011年始终处于买入过程,最终的持股成本为6.83元,成为当时第一重仓股(大秦铁路是后来加的重仓股),2015年前后在13~15元卖出,持仓周期大概在5年左右,复合收益率15%~16%,是可以接受的一个投资收益率水平,具体操作如图6-1所示。

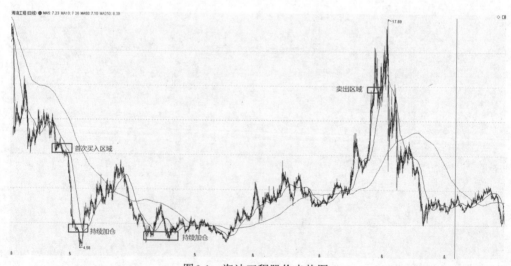

图6-1 海油工程股价走势图

买入海油工程的逻辑：①上一轮牛市的大牛股，价格大幅杀跌，有不错的介入机会，后市有望走牛，这是当时非常明确的想法；②典型的周期股，原油价格在底部区域，200多亿元的总市值并不贵，相比周期高点600多亿元的市值下跌了一大半，基本见底了；③3倍PB以内的价格(当时认为海油工程在3倍PB以内就是低估的)；④业绩连续2年大幅衰退，原油价格在底部区域随时会反弹，海油工程属于典型的周期股，符合反周期投资的投资策略。

卖出海油工程的逻辑：①周期反转叠加牛市行情价格大幅上涨，卖出是合理的选择；②大盘突破4000点以后逐步降低仓位的需要；③更看好福耀玻璃的发展前景，将30%的仓位换成福耀玻璃。

从以上海油工程的投资逻辑以及投资收益率来看，这算是一笔及格的投资，但事后复盘，我发现这笔投资存在不少问题，具体分析如下。

第一点，对于周期股的反周期投资大逻辑是对的。周期股的唯一投资机会就是反周期投资，如果周期节奏踏错了，满盘皆输，反周期投资，阶段性持股是周期股投资的不二法门。

第二点，买入价格明显偏高。回头来看3倍PB的估值明显偏高，当时的估值体系完全不成熟，放在当下的市场估计会惨败，好在通过学习不断进化，总算没有被市场消灭。1倍PB以内才是周期股的最佳买入点，周期股投资最忌讳的是买入时机过早或者价格偏高，这会严重侵蚀投资回报率，导致投资失败。海油工程2018年的股价在1倍PB以内，我最初的判断错得离谱。

第三点，上一轮牛市的大牛股一定不是下一轮牛市的大牛股，甚至是相反的。海油工程周期反转叠加大牛市行情市值并没有创新高，只能算是很一般的走势，2014年的利润比上一轮(2009年)的利润高点整整多了4倍多，然而，在股价上并没有表现出来。市场对周期股越来越谨慎，周期股投资越来越难。

第四点，周期反转具有不确定性。本人2010—2011年投资海油工程，2012年，海油工程业绩开始反转，一直持续到2014年，其利润由2010年的0.84亿元增加到2014年的42.67亿元，反转还是非常给力的，我算是很幸运地踏对了节奏。但从2015年开始，出现行业衰退，2019年一季度衰退至亏损状态，何时能够反转不好预测。所以投资周期股并不容易，反周期投资说起来容易，做起来很难。

第五点，海油工程的投资过程是非常煎熬的，比大秦铁路的投资更难受。2010—2014年的大部分时间海油工程的股价都在6~8元徘徊，甚至一度跌至4.93元，我的内心是很痛苦的，一度对投资失去了信心。周期股的周期反转具有不确定性，即便周期反转了股价也未必会上涨，也就是说即便你判断对了，也会是一笔失败的投资，所以对于周期股投资要慎之又慎，这也是为什么2018年海油工程股价跌破净资产，我也无动于衷的根本原因。

第六点，海油工程从原点起航又跌回了原点。如果这笔投资一直没有卖出，持股9年的收益率是负值，这是很恐怖的一件事情，长期投资最损失不起的是时间，所以海油工程并不适合长期投资。

复盘海油工程，我对周期股有了进一步的认识：投资周期股，只有在赔率和概率都比较高的时候才可以介入，宁可错过、不能买错是投资周期股的正确心态。

6.2 万华化学投资案例

6.2.1 送别"老伙伴"

自从2008年买入万华化学以来，持有期达9年之久[①]，不时会有加减仓的动作，但始终不离不弃，有始有终，的确算是"老伙伴"了，今天正式与"老伙伴"分手了，不免有一丝悲伤，但悲伤过后复盘的工作还是要做的，开始复盘吧！

2008年大盘开始调整，我在33元左右买入500股万华化学，这算是与万华化学的第一次亲密接触。一路买下来，万华化学曾经是第一重仓股，最终的持仓成本大概在18元左右，但最低调整到7.7元左右。我彻底掉到了一个大坑里，这个坑确实够深，摔得足够疼。

2011年万华业绩反转，股价也开始发力，上涨势头不错，我在27元附近卖出了三分之一仓位股票，算是第一次小离别吧！具体操作如图6-2所示。

2012年，万华开始大幅调整，我在12元附近又加了三分之一仓位，算是第二次亲密接触。

2015年大牛市开始了，万华化学开始上涨，但这一次业绩的反转并不算大，更多是牛市的推动力，万华化学的涨幅其实并不大，很幸运地以29元卖出了三分之一仓位股票，算是第二次小离别！具体操作如图6-3所示。

2016年熔断开局，股市开始大调整，万华的业绩出现大衰退，基本面的坏消息满天飞，好在本人对万华足够了解，虽然决策比较艰难，但在12～13元又加了二分

---

① 本文写作于2017年2月16日。本书中多篇文章引用作者以前在雪球网上发表的专栏文章，此类文章在其后有"编者按"，以作说明。

之一仓位，算是第三次亲密接触。当时坏消息满天飞，财务指标恶化，万华化学跌得够狠，由于当时化工业务不确定性太大，我是咬着牙加仓的，当时就相信两点：①优秀的管理层，应该相信管理层的决策和判断；②万华一体化的低成本优势在行业内是没有竞争对手的，低成本优势是一把利剑，越在困难期越是强大。

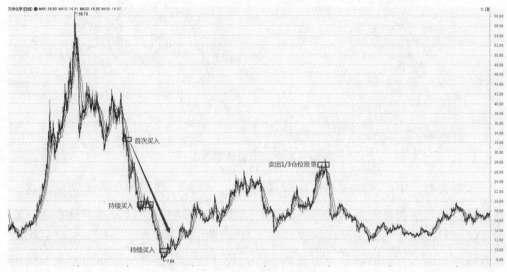

图6-2 万华化学股价走势图1

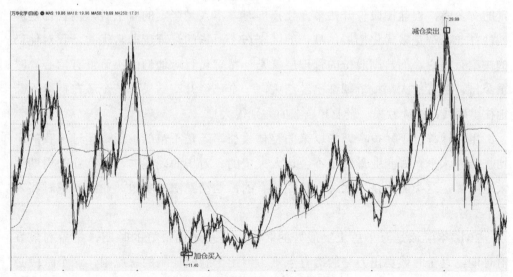

图6-3 万华化学股价走势图2

2017年很快到来，万华历史上最好的时候到来了，今天把最后1000股万华化学卖出了，加上前期的不断卖出，整体的卖出价格在25元左右，这一次算是彻底分开了，具体操作如图6-4所示。

图6-4 万华化学股价走势图3

客观来讲,第一次买入万华化学是错误的,当时,我对万华的周期性没有丝毫认识,只是受到了但斌《时间的玫瑰》这本书的影响,还以为万华是永远开放的玫瑰呢!结果玫瑰凋谢,掉到了一个大坑里。但时间改变了一切,虽然万华的周期性比较明显,但的确是优秀的企业,每次业绩衰退以后的反转利润都会创新高,即业绩是螺旋式上升的。万华开始多元化拓展,大幅增加投资时,本人是坚定的看多者;但盐湖股份开始多元化拓展时,本人是坚定的看空者。两者都是周期性行业,都是多元化拓展,唯一的区别在于万华的管理层非常优秀,我对他们的决策有信心,而盐湖股份的管理层就是一帮官员我对他们的决策没有信心。时至今日,两者的大幅投资期都已经结束,一个已经开花结果,一个还在持续不断地往里砸钱,持续亏损,企业和企业的差别很大!

粗略计算一下,投资万华以来的整体收益率还是不错的,应该超过了我的平均收益率水平,好企业最终是不会让人失望的。万华的确优秀,但行业的周期性太过明显,这类股票是不太适合长期持有的,业绩暴涨时卖出,业绩衰退时买入是不二法则。

2017年应该是万华历史上最好的时期,是基本面最好的时期,是盈利最好的时期,这个时候卖出万华的确有点难。但出于仓位控制的总原则,这个阶段必须要强制持有一部分现金,这样内心才会安稳下来,才不会惧怕调整,从而保证主仓位的稳定性。手里的好股票都不舍得卖,万华化学恰好在这个时候大涨了,只能忍痛割爱了,万华化学已经完成了自己的使命。福耀玻璃被我出清了,还在持续上涨;万华化学被我出清了,估计后市持续上涨的概率还是很大的,但无怨无悔，战术从属于战略，这一条原则是必须要遵守的！最后说明一点，卖出并不是不看好万华的未来发展，而是仓位管理的需要，仓位管理的重要性远大于标的选择。

三次亲密接触，两次小离别，今天彻底与"老伙伴"分手了。好在万华的周期性非常明显，未来还会有机会与"老伙伴"牵手，等着牵手的那一刻到来吧！

编者按：

前段文字写于2017年2月16日，复盘来看，万华化学利润由2016年的37亿元增加至2017年的111亿元，远超预期，股价在25元的基础上又翻了一倍多，可谓"损失惨重"。其实不然，当时清仓万华化学的最大理由是要降低整体的仓位，100%的仓位太重了，必须要适当降低仓位，这是战略层面的决策，万华化学只是碰到了"枪口"上，如果重新选择一次，我还是会卖出万华化学的。

6.2.2　2018年的复盘

经过持续的学习和提高，2018年，我对万华化学有了新的认知，下面分享一下。

1. 定性分析

(1) **环保加持**。公司目前已经形成了产业链高度整合、生产高度一体化，但行业周期又不尽相同的聚氨酯、石化、精细化学品三大产业集群，这些产业都是在加强环保以前完成的。在环保加强的背景下，化工产业有了很强的行业进入壁垒，产品价格的低点会有不小的提升，化工变成了一个非常好的投资行业，万华是化工产业当仁不让的老大。

(2) **产业链垂直一体化产生的低成本优势非常明显**。公司产品本身有很强的技术壁垒，增加了一层保护伞，其MDI产能全球成本最低，具备超强的竞争力。2018年，万华MDI市占率超过20%，已经跃升为全球第一。低成本是个大杀器，福耀玻璃、海螺水泥、中国神华就是最好的例子，这些企业无一不成为行业龙头企业。

(3) **优秀的管理层+良好的公司管理机制**。管理层以及核心员工持股有效规避了国企的低效率，万华化学具备一定的狼性文化，重奖研发人员的制度确保了技术上的领先，把万华比喻为化工界的"华为"一点都不夸张，万华对技术研发的重视超乎想象。

(4) **具备成为世界级化工企业的潜质,且是国内唯一具备这一潜质的企业**。聚氨酯、石化、精细化工三大产业集群布局完成,具备技术优势、低成本制造优势、管理优势,假以时日,万华成长为世界级的化工企业是大概率事件,有比肩杜邦、陶氏化学的可能,市值有很大的成长空间。

(5) **万华化学不是周期股,而是成长性周期股**。以前对万华化学周期股的定位是有偏差的,万华化学的确有周期性,但成长性是非常明显的,上一个周期高点是2013年,利润为29亿元,本轮的周期高点是2017年,利润增长至155亿元(吸收合并以后),带有巨大的成长性,考虑到石化和精细化工的持续投产,成长性的持续性也是有保障的,所以万华化学属于成长性周期股,这是对万华化学的最新定位。

2. 定量指标

(1) 2018年,万华原营收606.2亿元,增长14.11%,利润106.1亿元,减少4.71%,合3.88元/股,减少5.13%。吸收合并后营收728.37亿元,增长12.33%,利润155.66亿元,减少1.36%,合4.95元/股,增长21%。新增股本3.06亿股,最新股本为31.4亿股,负债率由49.2%提高到58.58%,股息2元/股。参考万华以前的历史,在周期底部万华利润的极端值大概在70亿~80亿元,大概率在100亿元以上,所以千亿市值以内都是低估的,是合适的战略建仓机会。

(2) ROE指标的极端值是13.91%,10年均值在25%以上,完全是一个优秀的消费垄断性企业才有的财务数据,不像是一个强周期企业,因为周期性企业在周期低点时ROE指标非常难看,甚至是负值,但万华的产品价格的确具有周期性,只能说万华太优秀,大大弱化了周期性属性,即便是在周期低点也比大多数企业要好得多,具体ROE指标详见表6-1。

表6-1 净资产收益率指标

项目	2018年	2017年	2016年	2015年	2014年	2013年	2012年	2011年	2010年	2009年
ROE	31.41%	40.82%	24.82%	13.91%	22.84%	29.88%	28.28%	25.51%	24.90%	21.11%
均值	26.35%									

(3) 股东大会管理层介绍,未来聚氨酯系列、石化系列、精细化工在净利润上要三分天下,这个画面太美好,但未来其他产品和聚氨酯系列平分秋色,利润占据一半份额的可能性还是非常大的,即利润达到200亿~300亿还是可以预期的。

(4) 万华历史极端估值对应的市净率是2.24~2.4倍,对应的估价在29~31.3元,这个价位应该是战略级的建仓机会。

总之,前期对万华化学产生了一定的误判,可以说在万华化学定增之前(扩产聚氨酯，拓展石化、精细化工产业)，万华化学的周期性大于成长性，定位为周期股也不为过，但三大产业布局完成，环保进一步加强之后，万华化学的成长性凸显，成长性大于周期性，成为成长性周期股。

6.3 周期股投资思考

周期股的特点是业绩波动非常明显，股价随着业绩的变化而剧烈波动，反周期投资是周期股的不二之选，高市盈率反而是投资周期股的好机会。

本人对周期股的投资模式总结如下：①高市盈率期间可重点关注一下，低市盈率期间尽量避免；②1.5倍PB是买入周期股的最高估值，1倍PB以内才是不错的投资机会，可以错过，但不要买错；③投资龙头是不二之选，在周期底部许多企业会破产的，只有行业龙头才会平稳度过艰难时刻；④不是每个周期性行业都可以投资的，只选择自己比较了解的行业投资，缩小范围，提高概率。

周期性投资可以理解为困境反转型投资的一种特殊形式，投资者收益的来源是业绩提升导致的股价提升，业绩提升是重中之重。期股投资看起来不难，也容易理解，但具体操作起来难度很大，投资失败的概率非常大。周期股投资重点需要关注以下几点事项。

(1) **反周期投资是关键**。周期一旦踏错，投资失败的概率很大。识别周期是投资的第一要务，对行业的理解很关键，行业处于低谷期是投资介入的前提，但并不是介入最佳时机，最佳时机出现在行业内大部分企业处于亏损状态的时候，那时候一部分企业会出清，行业才会出现反转的机会。

(2) **限定行业**，并不是每一个周期性行业都值得投资。许多行业的周期长达十几年，投资者根本没法把握，比如有色金属行业、贵金属行业，一个完整的周期长达十几年，根本无从下手。钢铁行业也是一个艰苦的行业，好日子有限，坏日子无限，行业退出门槛高，周期反转迟迟不能兑现。相反，有些周期性行业相对容易判断，比如证券行业、煤炭行业、水泥行业，低谷期清晰可见，行业反转也比较快，限定行业，投资自己熟悉的行业，提高投资成功的概率。

(3) **PB是最佳估值指标**。1.5倍PB应该是介入周期性行业的最高估值了，1倍PB以内隐藏着巨大的投资机会，股价跌破净资产意味着企业融资困难，行业出清的机会很快就会出现，此时，优选个股，会发现不错的投资机会。

(4) **龙头企业是最佳投资标的**。在周期底部，经营不善的企业是会破产的，最先倒闭的是中小企业以及经营效率低下的企业，龙头企业倒闭的风险几乎为零，所以投资龙头就有了某种隐形保护因素，虽然行业好转以后，龙头企业的反弹不是最大的，但不会有出清的风险。投资过程中首先要规避风险，其次才考虑盈利的问题。从稍微长一点的周期来看，投资龙头企业也是收益最高的一种方式，最近几年周期反转的海螺水泥、三一重工、潍柴动力等，无一不是市场上的明星企业。

(5) **周期股并不是主流的投资标的**。周期翻转具有不确定性，介入得太早会损失时间成本，介入得太晚蕴含着巨大的风险，以上这些特点都增加了投资的不确定性，所以周期股投资并不是一种很好的投资方式。投资者保持淡定平和的心态，反而会发现一些不错的补充型投资机会。

(6) **投资者投资周期性行业是比较煎熬的**。第一，周期性行业的底部很难判断，买入之后被套是常态；第二，周期反转的时间不确定，有时候市场长时间在周期底部徘徊，对投资者是一种煎熬；第三，周期高点不好确定，卖早了或者卖晚了都是常事，会有很强的挫败感，而且属于靠天吃饭，企业主观经营方面能做的事情不多，属于被动状态，本人并不喜欢这种感觉，所以目前已经不轻易投资周期性股票了，除非出现绝佳的投资机会。

周期股看起来很美，但是一朵带刺的玫瑰，投资者要想顺利地拿到玫瑰，长期对行业进行周期研究必不可少，长期对企业进行跟踪研究必不可少，对企业的极端估值进行统计必不可少，对行业未来的发展判断必不可少，总之，功课做多了自然就找到感觉了。如果投资者对一个企业长期跟踪研究5年，基本上都会找到一点感觉；如果跟踪10年，对企业的经营特性和市场特性就会非常了解，剩下的只是等待时机弯腰去捡钱了。

第7章

困境反转型投资

7.1 李宁：想说爱你不容易

从2010年在23元左右买500股李宁，我对这只股票的投资感慨颇多，李宁随着我一路走来，对我投资理念的修正起到了很大的作用。2014年年报出来后，李宁的基本面的翻转完全可以确定了，我就对李宁做了一个阶段性的总结。

对于体育服饰行业而言，市场的容量是在逐渐扩大的，短期内还看不到顶点，随着全民健身的兴起，二、三线城市品牌服饰渗透率的逐年增加，我对行业的发展前景还是高度看好的。对体育服饰行业来说，行业的竞争壁垒还是非常高的，品牌和渠道几乎代表了一切，缺少品牌支撑的企业根本无法生存，行业龙头耐克的超级明星代言+超级赛事赞助的模式为行业树立了强大的进入壁垒，其他企业可以照搬成熟的商业模式了，但并没有颠覆性的创新，大家比的就是手里的体育资源以及营销的效率。

对于30元以上的李宁，我是不会感兴趣的，所以我一直在等投资机会的出现。终于李宁开始换标，并主打"90后李宁"，但换标行动导致库存大增，市场开始用脚投票，股价跌到了20~25元附近。对我来说，机会来了，所以从23元开始我持续买入，信心满满。坦率来讲，我当时对李宁换标是持肯定态度的，因为新的Logo比以前的好看多了，以前的Logo太秀气，缺少劲道，而且品牌年轻化也是好事。后来通过学习定位理论，我才幡然醒悟，每一种产品在客户心目中都有一个固定的位置，即心理定位，企业不能轻易去改变，李宁换标一方面得罪了以前的老顾客，同时新顾客也不买账，丝毫没有打动"90后"，因为两者沟通语言不一致；另一方面，签约代言明星为奥尼尔、戴维斯等老一代球员，资源与目标严重错配，这一点使换标在理论上成功的可能性都丧失了。换标失败其实从一开始就已经注定了，这是我在李宁的投资上犯的第一个判断错误。

随着李宁股价的下跌，20元→15元→12元→10元→8元→5元，我一路都在买进，具体买入操作如图7-1所示。

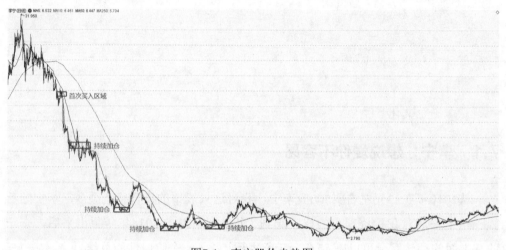

图7-1　李宁股价走势图

我对李宁还是很有信心的，毕竟行业不错，而且李宁当时也算是国产第一品牌。但事后来看，我为这份"信心"付出了巨大代价，后来我对困境反转型投资模式进行了修正，该模式其实是在赌行业或者企业的基本面反转，但对于陷入困境的企业来讲，厨房里不会只有一只蟑螂，坏消息会不断出现的，所以需要满足几个条件才可以投资：①企业至少可以保证生存下来，基本面不能有根本性的变化；②跌到地板价，需要有足够的低价来补偿买入风险；③可预见的催化剂事件出现。没有清楚认识困境反转型投资模式，是我在李宁上犯的第二个判断错误，但通过这个错误我还是学到了很多，对困境反转型投资模式慎重了很多，避免了很多陷阱。

金珍君入主李宁以后是我投资李宁的第三阶段，本来我对李宁的管理层早就不抱希望了，基本上就是一帮高薪低能儿。换帅后，我增加了对李宁的信心，随后的两次配股我都积极参与，最后我的仓位已经很重了。金珍君做了以下几件事：①高价签约CBA。这一点我是高度赞同的，因为CBA的平台太重要了，从现在CBA的火爆程度来看，这笔签约非常值。②用1亿美元签约韦德10年。这一点我是存在保留意见的，战略上无可非议，要提升品牌含金量，找大牌是必需的，而且每年的价格也算公道，毕竟韦德是超级巨星，关键是签约时间太长了，如果签约5年那就是一笔很棒的投资，10年的话就是昏招了，后5年的费用基本上就打水漂儿了。③重塑零售渠道，加强直营店模式。这一点非常好，毕竟能够提高零售渠道的反应能力，加强客户体验是零售的本质。④开除大批中高层领导人员，重组管理层。对于这一点市场是不认同的，市场认为企业缺乏稳定性，所以股价下跌，但我是完全赞同的，以前李宁的管理层人员能力平庸，全换了也不为过。但从事后来看，李宁背靠CBA这么好的一个平台，营销策略丝毫没有长进，营销效率并没有显著提高，结果就是连续亏损3年，总亏损额达到35亿元，将以前赚的钱基本赔光了。这一点我一直很困惑，既然金珍君非常有能力和魄力，大部分管理人员也是他任命的，那问题出在哪里？经过深度思考，我认为问题一定出在文化上，李宁的企业文化有点像国企文化，管理比较温和，管理层级比较多，执行力存在严重问题，这靠金珍君一个人是不可能解决的，一个企业的文化是根深蒂固的，只有创始人有魄力和魅力，才能推动企业文化的重铸，所以低估了李宁管理人员的无能程度以及企业文化的惯性是我在李宁投资上犯的第三个判断错误。在以后的投资中，我把对管理层的评估作为一个重要的指标来看待，这也是从这次投资上学到的。

  对于李宁前任CEO张志勇，一开始我是持中性态度的，但在后期通过自己知识的积累，才有了一个全新的评价，客观来讲，如果当初具备后来的知识体系，我是不会投资李宁的。首先，张志勇是财务人员出身，一般来讲，只有研发和营销能够为企业创造价值，财务人员当CEO一般会毁灭企业价值，因为财务人员的成本概念深入骨髓，会妨碍企业的创新投入和营销创新，在节约成本、高性价比的理念下，张志勇先是放弃了CBA平台，后来签约国家游泳队、体操队等，还签约了NBA的边缘球星，但资源却分散化了，而且远离主流运动领域，所以从那时候开始，李宁的衰落就已经注定了。其实最好的例子是通用汽车，传奇人物斯隆花了很大力气对通用的产品线进行区隔，每个品牌定位清晰，市占率一度达到70%，但斯隆退休以后财务人员开始掌权，以成本节约为名，将各个品牌的零件通用化，结果品牌区隔很快消失，价值逐步毁灭。张志勇犯的第二个错误是换标行动，一方面太草率，另一方面资源错位严重，根本就没有与"90后"搭配的资源，属于弱智行为。

  在李宁身上犯了三个错误，我都作为投资原则记下来了。2014年李宁年报指标还是很不错的：①下半年营收增长达23%，四季度店铺营收高速增长，基本面真实向好了；②"双十一"营收7700万元，为运动品牌第二名，国内品牌第一，说明年轻人开始接受李宁了，李宁品牌开始年轻化了，其实只要投入有效的资源，品牌重塑是可以做到的，李宁当初没有做到的事现在水到渠成了；③开始增加新店铺，2015年是李宁重新增长的元年；④李宁本人兼任CEO，这是很好的事情，希望李宁能够重塑企业文化，成为一家高效的公司；⑤唯一不确定的是营销效率的低下，背靠CBA大平台和韦德这棵大树，但营销效率实在是太差劲了，浪费了这么好的资源，太可惜了，希望以后能有所改善吧；⑥从现在开始，可以放心拿5年了。

反观安踏，虽然营收和利润均创新高，但利空因素远多于李宁：①CBA平台让位于李宁，缺少主流平台，不得不花大价钱拿下NBA平台，花费基本与李宁相当，但NBA平台的曝光度远低于CBA平台，而且匹克的小动作不断，很多人还以为是匹克赞助的NBA呢；②在走以前李宁的老路，赞助资源分散化、边缘化，主流运动资源非常有限；③安踏会走李宁的老路吗？5年以后见分晓。

李宁背靠CBA这棵大树，运动资源聚焦于五大主流运动领域，战略上远高于国内其他品牌，营销效率靠谁来提升呢？希望公司能够找到大师级的营销人才加盟，补足这个唯一的短板，那样的话，李宁前途不可限量，500亿元市值清晰可见！

编者按：

本篇文章写于2014年财报之后。

7.2 李宁2019年中期财报分析及未来展望

1. 李宁2019年中期财报财务指标

李宁2019年中期财报基本财务数据如表7-1所示。

表7-1 李宁基本财务指标

项目	2019年(6月30日)	2018年(6月30日)	本年比上年增减
营业收入/亿元	62.55	47.14	32.7%
净利润/亿元	7.95	2.69	196%
经营活动现金流/亿元	13.66	6.60	107%
每股收益/元/股	0.321	0.111	189%
ROE(扣非后)	9.3%	5.1%	4.2%
毛利率	49.7%	48.7%	1%
净利率	12.7%(扣非后9%)	7%	5.7%(扣非后3.3%)

2. 中期财报评价以及未来展望

(1) 现金循环周期为32天，比上半年大幅减少13天，平均存货周转天数为74

天，上半年减少11天，存货13.24亿元，仅增加0.84亿元，应收账款7.56亿元，比上半年减少1.73亿元，现金以及现金等价物47.25亿元，经营指标全面改善，全面转向健康的状态。

(2) 整体零售额实现20%~30%增长，同店销售销售额实现10%~20%增长，整体平台销售额实现10%~20%增长，其中零售和批发销售额实现10%~20%增长，电子商务实现30%~40%增长。动销状态非常好，全面超预期，李宁的品牌力和产品力在全面提升。

(3) 销售开支20.24亿元，增长16.6%，营收比重降低了4.5%。规模效应开始发挥作用，营收规模上来以后，李宁以前存在的问题都迎刃而解。研发开支占比2.1%，提升了0.8个百分点，李宁终于有钱做正确的事情了。

(4) 营收62.55亿元，增长32.7%，利润7.95亿元，增长196%，合0.321元/股，扣除一次性损益后利润5.61亿元，增长109%，经营现金流13.66亿元，增长107%。毛利率49.7%，增加一个百分点。经营现金流全面改善，毛利率提升1个百分点说明产品力在进一步提升。营收增长32.7%是绝对超预期的，这是在店铺数量增长有限的基础上做到的，品牌力和产品力提升非常明显，在营收规模效应下利润扣非后增长了109%，进入良性循环的增长轨道。

(5) 特许经销商店铺占比48.6%，提高4.2%，直营店铺占比28.1%，减少5.1%。直营店对管理的要求太高了，李宁目前的管理水平不足以支撑直营店的运营，所以逐步减少直营店，加大特许经销商店铺是正确的选择，未来直营店占比保持在20%左右即可，还可以进一步优化。电商增长30%~40%，继续保持了高速增长的态势，电商营收占比提升21.7%，未来有望提至25%~30%。电商是李宁的优势渠道，这一块还可以继续发力。

(6) 通过有效地将中国元素与自有"体育基因"相融合，李宁品牌的认同度显著提升，各渠道收入均取得较高的增长，其中：①随着特许经销商对李宁品牌的信心增强，同时考虑集团整体渠道架构的优化，集团将部分原自营店铺转给经销商经营，并同意经销商开设大店、时尚店，使特许经销商收入实现40%增长；②受部分店铺转给经销商的影响，直接经营销售收入增幅略有放缓，但依然取得了超过10%的增长率；③电子商务渠道近年来发展迅速，收入占比持续上升，增速强劲，实现30%高速增长。以上这段话基本清晰地表达了李宁品牌的内涵以及发展现状。

(7) 李宁旗下产品可以分为四大品类。①李宁品牌：这是李宁的基本盘，目前保持良性发展的态势，品牌力和产品力都在进一步提升；②中国李宁：这是李宁最近两年推出的新品类，定位潮牌，定位相对高端，利润率相对较高，这一块是李宁的增量市场，在推崇国货的大背景下，这一品类有望获得比较不错的发展，并将进一步提高李宁的品牌力；③李宁YOUNG：2018年开始发力儿童市场，2019年8月YOUNG店铺数量达872家。这个市场安踏早已经走通，而李宁的品牌力是强于安踏的，所以"小李宁"发展前景还是非常好的，未来店铺达到2000~3000家是有可能的。李宁YOUNG的扩造一方面提供增量市场，另一方面培育年轻消费群体，未来可以转化为李宁的潜在用户；④NBA明星款：以"韦德之道"系列产品为代表，属于李宁的高端系列，这一块市场有非常大的想象空间。以前基本上是李宁主品牌单独发力，未来是四大品类同时发力，李宁追上甚至超越安踏的主品牌也是可以想象一下的。

(8) 体育服饰品牌发展的核心是品牌力和产品力：①品牌力方面，第一，李宁占据了国内最优势的CBA平台叠加大学生联赛和高中联赛，这是李宁的基本盘。第二，李宁赞助乒乓球、跳水、羽毛球等金牌大户，品牌背书效应明显。第三，赞助NBA明星，目前韦德退役，仅剩下麦科勒姆，还"星味"不足，从李宁高价抢签字母哥和新科状元锡安来看，李宁签约NBA巨星的决心还是非常大的，未来很有可能签下巨星级别的人物。通过以上三个方面的品牌打造，李宁品牌力还会进一步提升。②产品力方面，第一，通过自建工厂和代工厂，进一步提高质量，质量提高应该是最容易做到的事情；第二，通过研发来提升产品设计造型，李宁从2018年开始已经加大研发投入，随着营收规模的扩大，研发的投入会非常可观，设计方面的进步还是非常明显的，未来继续提升的空间很大，还是可以相对看好的。综合来看，李宁产品力也会进一步提高。

李宁在品牌力和产品力两个层面都在进步，最主要的观察指标就是产品动销。目前产品动销良好，店铺重新进入扩张阶段，四大品类开始逐步发力，李宁的未来绝对值得期待。

(9) 对李宁未来发展的中性预测：①估值：简单估计下，以半年利润5.61亿元计算，2019年全年利润可能为13.56亿元(上半年有2.34亿元的一次性收益，考虑到下半年的加速成长，这个利润还算合理)，合15.16亿港元，30倍PE为19.8元/股，所以目前的市场价格算是合理价格。考虑到未来几年李宁会保持20%~30%的高速增长态势，30倍PE是大概率可以保持的。②参考安踏的市值，5年以后李宁市值达到1000亿元是可以预期的，千亿市值的概率还是很大的，毕竟李宁的品牌内涵和品牌强度是超过安踏品牌的，李宁可以作为国产品牌的代表。③随着李宁未来发展趋势的明朗化，作为2010年就买入的老股东，继续持有是最佳选择，李宁很快会成为本人投资以来第一个10年股。10年股不易呀！希望未来可以多持有一些10年股吧！

编者按：
本篇文章写于2019年中期财报之后。

7.3 复盘李宁

从2010年首次买入李宁算起，持股接近9年时间了，可以说李宁是我持股周期最长的一只股票了，也是最纠结的一只股票。我先后在2014年财报、2018年财报、2019年中期财报出来之后写过三篇文章，心路历程在文章里彰显无疑。下面想对李宁进行全面复盘，总结一下得与失。

首先，复盘当时的买入逻辑：①体育服饰行业陷入行业性的库存危机，行业陷入困境中；②对行业未来的发展前景高度看好，随着全民健身的兴起，二、三线城市体育品牌服饰渗透率会逐年增加，市场的总容量还会进一步扩大，这一点确信无疑；③龙头企业一定是行业洗牌以后的最大赢家，投资龙头是最佳选择，李宁的品牌强度和品牌美誉度都是高于安踏的，李宁是未来的赢家。

现在分析当时的买入逻辑，大体上都是对的，但结果错得离谱，最先跑出来的是安踏而不是李宁，原因何在？本人总结了以下几点问题：①严重疏忽了李宁管理上存在的问题，李宁具有国企作风的管理方式，管理效率不高，产品营销效率不到安踏的一半，可以说管理效率的高低决定了安踏与李宁的未来，安踏的胜出是管理效率的胜利。②换标雪上加霜。换标以后老标的产品更加难以出售，从活库存变成了死库存，这也是李宁的库存损失比其他几家都要多的深层原因。③产品营销效率低下。行业危机以前，与安踏相比，李宁用了2倍的营销费用率实现了1/2的营收增长率，营销效率仅有安踏的1/4，最开始想当然地以为李宁过高的营销费用率是资源超配，着眼于未来，志向高远！现在看来，那是一厢情愿的想法，相当可笑！

其次，复盘9年持有期间对李宁的几次判断：①李宁本人的人品和道德水准是值得肯定的，李宁的品牌知名度还是不错的，这两点可以确保李宁不会倒闭，也不会出现财务造假，这才会有后期地板价补仓的操作，大幅降低了持仓价格。

②2014年是李宁基本面反转之年,这个判断基本上是对的。但基本面反转并非一帆风顺,直到2016年利润才有实质性的增长,资本市场直到2017年才有较好的表现,这期间股价创新低(2015年7月8日,2.79港元),资本市场的表现一团糟。③李宁担任CEO,管理改善明显。这一点还是值得肯定的,管理效率的提升是李宁反转的有效保证。④签约CBA平台的巨大作用。这一点判断是对的,CBA平台是李宁最重要的一笔签约,为李宁品牌的复苏提供了重大帮助,没有这笔签约,估计李宁已经倒闭了,就没有后来的故事了。

回顾对李宁的投资,这个过程的确非常煎熬,长达7年时间里股价在低位徘徊,估计很多人都会放弃,好在李宁的基本面在一点一点地变好,这一点一直在起心理支撑作用,最终将一笔非常糟糕的投资转变为9年复合收益率为20%的投资,用屁股赢得了这场胜利,完整操作过程如图7-2所示。

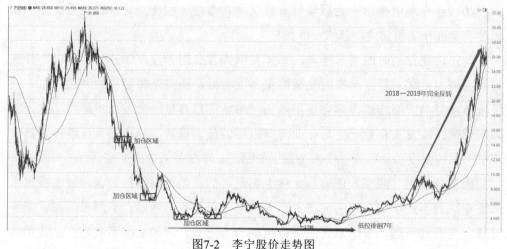

图7-2 李宁股价走势图

最后,站在2019年,从行业层面、管理层面、企业层面对李宁进行复盘。

1. 行业分析:回答行业发展空间和行业竞争格局的问题

从行业渗透率角度来看,李宁的行业渗透率已经很高了,三、四线城市的体育服饰品牌化是一个动力,全民健身的热潮是另一个动力,行业的总规模还可以保持稳定的增长态势,行业发展前景还是乐观的;从市场占有率角度来看,纽约时装周之后李宁的潮牌深入人心,"中国李宁"的新品类和"小李宁"发展潜力较大,李宁专卖店进入新一轮的扩张期,此外随着小品牌逐步退出市场,大品牌的空间进一步加大,综合来看,李宁的市占率有望进一步增加;从行业的竞争格局来看，高端定位有三个品牌(耐克、阿迪达斯、FILA)，中高端定位有两个品牌(李宁、安踏)，基本上是三大国际品牌+两大国内品牌的格局，而且产品价格区隔较为明显，行业处于良性的竞争态势，品牌强度决定产品的价格高度。综合来看，体育服饰行业属于一个好行业，品牌是行业的最大门槛，行业竞争态势良好。

2. 商业模式分析：回答商业模式的优劣问题

体育服饰行业的主流商业模式是超级明星代言+超级赛事赞助打造品牌强度，品牌+渠道是企业经营的核心因素。李宁依靠篮球平台(CBA+大学联赛+高中联赛)和金牌赛事(乒乓球+羽毛球+跳水+体操)打造品牌，深度聚焦核心品牌，基于品牌的竞争护城河还是比较明显的；渠道方面，专卖店+电商的双渠道效果还是不错的。整体来看，李宁的商业模式还是非常清晰的，商业模式相对简单，有利于企业日复一日地打造品牌护城河。

3. 管理分析：回答管理效率和营销效率高低的问题

李宁经过金珍君的折腾(改变了国企作风，辞退了大量吃闲饭的高层管理者，简化了管理层级)，李宁复出兼任CEO，一方面轻装上阵，进一步简化管理架构，加强绩效考核；另一方面加强企业文化建设，管理效率有了很大的提升。具体表现在：①产品设计新颖，越来越"潮"，符合年轻人的审美观。②营销效率大幅提升，纽约时装周后顺势推出了"中国李宁"的产品新品类和潮牌专卖店，营销的敏感性很高，在营销费率逐年降低的同时营收增长在加速。③品牌直营店的经营。直营店是非常考验企业管理水平的，李宁能够管理好大量直营店说明管理水平是相当不错的，当然后期还要以品牌加盟店为主，直营店对管理要求太高，应该适度降低直营店的比重。综合来看，李宁的管理效率提升还是非常明显的，虽然达不到安踏的管理水准，但至少已经达到了较为优秀的水平。反观安踏，虽然精细化管理是长板，但多品牌经营属于自我增加管理难度，主品牌泛化(缺乏主流体育赛事营销，品牌缺乏鲜明的个性，赞助国家队本质上是泛化品牌个性)，留给安踏管理层的问题并不少。

4. 产品分析：回答是否具有产品力和创新能力的问题

李宁产品创新能力还是很强的，"90后李宁"是一句空话，品牌的设计语言和营销语言才是与"90后"的有效沟通方式，不经意间李宁的产品开始"潮"起来，获得了年轻人的芳心，纽约时装周的爆发只是一个契合点，背后是产品设计能力的提升。营销方面顺势推出"中国李宁"新品类则是最大的亮点，进一步增加了李宁品牌的内涵，虽然安踏的总营收是超过李宁的，但李宁品牌在客户心目中的知名度和美誉度还是高于安踏的，说李宁是中国第一运动品牌毫不为过，李宁在国内有很大机会和安踏掰掰手腕，李宁超越安踏主品牌的概率是存在的。

通过对李宁的行业、商业模式、产品以及管理等方面的全面分析，我们可以看出，李宁的未来还是乐观的，李宁未来发展的主动权牢牢控制在自己手里，只要公司在管理效率和营销效率方面持续优化，有良好的组织保证，李宁市值达到1000亿元的概率还是非常大的，李宁值得期待！

7.4 困境反转型投资思考

前面的《投资策略谈6——困境反转型投资策略》专篇讲解了困境反转投资模式，文章里总结了困境反转的三种情况：①行业出现危机状态导致企业利润大幅衰退甚至出现亏损。②周期性行业处于低谷状态。③偶发性事件或者企业经营自身问题导致企业业绩大幅衰退。简单来说就是行业性危机或者公司自身出现危机，专篇里有详细的介绍，这里就不重点阐述了。

下面重点想说明一下困境反转型投资模式存在的一些问题。

第一点，反转具有不确定性。以本人投资过的上海家化为例，先后两次中度仓位持有，收益率还不错，但都是套利模式起了作用(大股东收购股票)，运气是主要原因，时至今日，上海家化的基本面并没有完全反转，营收增长还是低于行业增长率的，基本面的根本问题没有解决(在天然、植物领域同时受到国内和日韩企业的激烈竞争，公司以前和欧美国际大牌展开竞争，但现在公司需要同时和欧美国际大牌、日韩天然植物品牌、国内中低端天然植物品牌展开竞争)，这个局如何破？上海家化基本面能否彻底反转具有不确定性。再以本人2018年投资的周黑鸭为例，2018年业绩大幅衰退30%，能否反转过来具有不确定性，唯一能做的就是研究财报，收集各种资料，利用行业逻辑和常识进行逻辑推理，个人估计发生反转的概率很大，但不反转的概率也是存在的，在盖子没有揭开以前没法100%确定。这就是说反转的不确定性始终是存在的，事后来看可能很清晰，但事中其实是一团迷雾。解决方案就是加强对行业和企业的理解，尽量降低不确定性，实在看不明白的就靠边站，并不是每一次困境都是机会，只抓住属于自己的机会就可以了。

第二点，反转时间具有不确定性。李宁用了5年的时间基本面才有所反转，用了7年时间才真正开始表现在股份上，投资者内心的煎熬无以言表。当然茅台和五粮液反转时间不到2年，的确不错。由于行业不同，企业不同，即便基本面能够反转，时间也有很大的不确定性，这增加了投资的难度。依个人经验来看，一般基本面的反转周期在3年左右，投资周期至少在3年以上，这对资金提出了要求，没有3年以上的长线资金支持，勿碰困境反转型投资。

第三点，心理层面做好充分的准备。股价长期在持仓成本线以下、反转时间的不确定性、能否反转的不确定性，以上三种情况对心理是一个巨大的考验。长线持股的时间成本高昂，一旦判断错误，时间、资金、心态三者皆受损，代价巨大，非一般人可以承受得起。另外，投资标的经常与大盘不同步，在牛市里受到基本面的压制涨幅有限，而大盘和其他股票经常会大涨，这对心理上的打击是巨大的，投资者经常会对自己的判断产生质疑，所以心理层面修炼过关是投资困境反转型股票的前提条件，心理承受力才是修炼的最大难点。

困境反转型投资虽然很难，但长期的收益率还是不错的，按照本人的经验，还是用以前的笨办法，想办法降低投资难度，同时提升投资成功概率。前文已经提出了5种降低投资难度的办法：①降低困境反转型股票投资难度的第一点是投资龙头企业；②降低困境反转型股票投资难度的第二点是从终局看问题；③降低困境反转型股票投资难度的第三点是等待催化剂事件的出现；④降低困境反转型股票投资难度的第四点是从管理角度看问题；⑤降低困境反转型股票投资难度的第五点是足够低的价格补偿。对于这5点前文已做了详细的介绍，读者可以回顾一下。

困境反转型投资案例里面大量企业陷入困境而不反转的例子比比皆是，这种投资模型很难，对人性和资金成本的考验是非常苛刻的，并没有想象得那么简单。总之，困境反转型投资策略是一种高收益的投资策略，同时也会有一种被煎熬的投资过程，在没有反转以前，投资者内心是非常煎熬的。困境反转型投资策略是一种赔率更高，但概率一般的策略，所以核心问题是在保证赔率的前提下提高概率，降低投资难度本质上就是提高反转的概率。

第8章

金融股投资

8.1 招商银行投资案例

对招商银行的投资历时8年，招商银行是我A股投资生涯里持仓时间很长的一只股票，印象非常深刻。在这个过程中，我对行业龙头企业的认知有了进一步的提高，值得深入复盘和思考。

我大概是从2010年开始买入招商银行股票的，记得第一笔买入价格是3倍市净率(具体价格有一点模糊)，很高的估值价格。从2010年第一笔买入开始，一直到2014年，连续5年都在买入，当招行每次跌至净资产附近我就加一些仓位，由于股价一直低迷了5年，所以连续5年都在加仓，不知不觉成为第三大仓位，持股成本降至11.7元/股。2015年在18～21元减持了一半仓位的股票，2017年在25～30元减持了剩下仓位的股票，从2010年开始买入到最终2017年卖出算起，持股周期长达8年，这一笔投资的具体收益率没详细计算过，如果加上持股期间的分红收益，整体的收益率应该可以达到15%，收益率还是不错的，算是一笔成功的投资，具体操作如图8-1所示。

买入招商银行的逻辑：①最好的零售银行、最好的服务、最好的信用卡业务，综合竞争力最强的银行；②存款以活期个人存款为主，存款成本行业最低；③3倍PB是银行股的合理估值。

卖出招商银行的逻辑：①银行股股价长期在0.9～1.0倍PB徘徊，1.5倍PB以上算是较高的估值了；②2015年卖出招行还有换股的想法，利用卖出的资金加仓了五粮液、中国平安和200股茅台，所以严格意义上来讲算是换股操作；③2017年30元的招行对应的是1.8～1.9倍PB，相对其他银行的估值明显是偏高了，所以清仓卖出。

图8-1 招商银行股价走势图

从以上招商银行的投资逻辑和投资收益率来看这是一笔成功的投资,值得深度复盘。

第一点,个人一直认为招行是综合竞争力最强的银行,这是最重要的逻辑支点。每次在股价等于每股净资产附近敢于加仓的信心来源于此,其他的判断只是锦上添花,其实基本的逻辑支点是投资股票的重要原因,当然得出逻辑支点的结论并不容易,需要阅读大量的财报和公司资料,需要深入思考,推导出本质内容。

第二点,3倍PB属于银行股的合理估值,这一点显然错得离谱。在当时(2010年)的市场情况下,这种估值其实并不离谱,招行收购中国香港的永隆银行就是以3倍PB的价格,当时市场普遍的观点就是银行股应该估值3倍PB,所以,当时本人不可能完全无视市场的估值水平。虽然买入价位相对较高,但仓位控制合理,通过仓位管理成功地将成本降至每股净资产以下,当然主要的因素还是招行经营状况良好,每股净资产逐年增加。

第三点,招行连续5年股价在净资产附近徘徊。投资行业龙头未必一定会赢,市场对银行业坏账的担心一直在压制银行的股价,有一段时间招行被民生银行带到了沟里,那一段时间(2013—2014年)市场上的明星企业是民生银行,民生银行基于产业链互保的小微企业贷款被市场认可,受到市场追捧,招行也不能免俗,大力发展小微企业贷款,结果宏观经济减速以后,小微企业贷款成为重灾区,幸亏招行及时调整战略方向,没有受到大的损失,而民生银行则陷入高坏账率的泥潭,市场估值仅为0.65倍PB。在经营企业中,常识是必须遵守的,从历史上来看,小微企业贷款坏账率都是很高的,如果宏观经济不景气,最大的受伤者一定是小微企业,这是常识,违反常识必然会受到惩罚,民生银行只是吞下了自己种的恶果而已。

第四点，两次减仓各有原因。 2015年在1.5倍PB减仓的主要原因是换仓，发现了更好的投资标的，在估值上属于合理估值。2017年在1.8～1.9倍PB减仓主要原因是认为股价有一点高估，因为招行作为行业龙头，ROE最高，成长性最好，应该享受一定的估值溢价，当时市场给银行股的估值在0.9～1倍PB，招行可以享受50%的溢价率，即1.5倍PB左右，这也是我对招行的合理估值。虽然一度被市场打脸，但在1.5倍PB以下市场还是提供了两次不错的买入机会，目前我还是坚持这个观点不变。

第五点，投行业龙头。 龙头企业并不是最大的那一家，而是综合竞争力最强的那一家，招行就是银行业当仁不让的龙头企业，招行的经营发展和市场表现远好于其他银行。在银行股持续低迷的时间里，投资其他银行的收益率非常低，甚至是负收益，而投资招行应该会有不错的收益率，这就是投资龙头企业的优势，龙头企业一定是享受估值溢价的，而且发展速度更快，被市场认可的概率更大。

第六点，投资全国性银行，避免投资地方商业银行。 如果单纯从财务指标来分析，地方性商业银行发展速度更快，坏账率也不高，应该是投资的首选，但我们不应该忘记常识，常识告诉我们：①银行具有很强的规模经营优势，小银行抗风险能力很低，最容易出问题的一定是小银行；②地方性商业银行缺乏完全的独立性，在地方政府大规模举债、3P项目大行其道的背景下，商业银行很难不受到地方政府的影响，政策性贷款在所难免；③低坏账率与常识不符，要么隐藏坏账，要么美化报表。基于以上三点常识推断，即便地方性商业银行保持快速增长态势也不应该投资，记住，成长有可能毁灭价值。时至今日，地方银行雷声不断，依靠常识做出的判断是对的。

第七点，负债端的低成本优势是大杀器。 在负债端，招行通过十几年在零售端的深耕细作，建立了客户品牌、信任程度，收获了客户的忠诚度，获得了低存款成本，招行和建行是业内存款成本最低的两家银行，负债端的低成本，为资产端的贷款经营提供了更加从容的余地，资产端的质量更高，坏账率更低。此外，招行不消耗资本的零售业务收入占比行业最高。简单总结来说，招行的资产质量最高，零售业务占比最高。

第八点，市场认为招行隐藏利润。 招行的不良认证最严格，不良拨备率最高，总拨备率最高，坏账率最低，的确有隐藏利润的嫌疑，关于这个问题雪球网上有专门的文章来讨论，有兴趣的朋友可以自己查阅一下。本人想强调的一点是，招行在隐藏利润的前提下，利润增速保持两位数增长，利润增速行业最高，这才是市场给予招行高溢价的真正原因。市场对成长性一直是溢价的，成长很容易导致估值提升。

第九点，对自己的判断要有信心，但避免过度自信。招行股价5年才走出低迷状态，其他银行股从2010年开始下跌算起，股价低迷了大概9年时间，股价大多数时候都在每股净资产附近徘徊，有好几次都是跌破净资产的，完全是靠每股净资产的逐年提升来维持股价的缓慢增长，好在分红收益还不错，投资者的收益率可以保持5%～6%的水平。投资者如果长期重仓银行股显然不会获得太好的收益(招商银行除外)，没有人可以损失得起9年的时间。本人认为更好的策略是通过仓位管理来平衡仓位，单一行业持仓最多限定在30%以内比较好。2019年，本人白酒股持仓一度达到40%，的确压力很大，非常担心行业出现政策性利空，之后，利用白酒股大涨将持仓降至30%左右，心态好太多了，可以以平常心对待问题。

招商银行的投资让本人认识到了投资行业龙头的威力，同时也认识到了投资单一行业的风险，进一步完善了自己的投资策略，不败而后胜才是投资者的追求。投资策略在逻辑上一定不能有漏洞，市场最善于抓住投资者的漏洞进行痛击，对于这一点投资者需要有明确的认识。

8.2 中信证券投资案例

对中信证券的投资属于阶段性持有，回想起来蛮有意思。

第一次买入中信证券是2008年，在2倍PB左右买入(16～17元)，2009年以4倍PB卖出(35元左右)，持股周期1年，收益率100%，中等仓位，具体操作如图8-2所示。

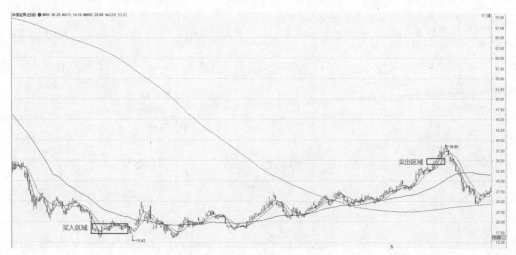

图8-2 中信证券股价走势图1

第二次买入中信证券是2013年，在1.5倍PB买入(11.85元)，2015年以4倍PB卖出(33～35元)，持股周期接近2年，收益率180%，中等仓位，具体操作如图8-3所示。

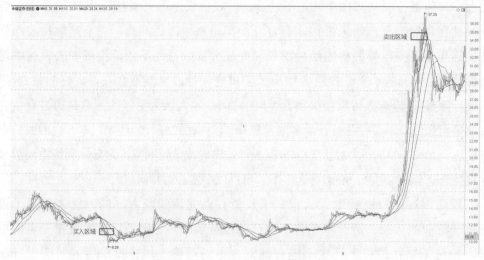

图8-3　中信证券股价走势图2

第三次买入中信证券是2018年，在1.2～1.3倍PB买入(15.5元)，持股3个月后在1.5倍PB卖出(17～18元)，持股周期3个月，收益率10%，年化收益率40%，中等仓位，卖出的主要原因是换仓泸州老窖和老白干酒(账户里最后一点资金买入了中信证券，手里缺乏现金)，具体操作如图8-4所示。

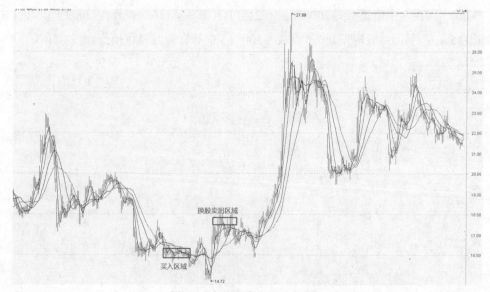

图8-4　中信证券股价走势图3

买入中信证券的逻辑：①公司各项业务市场占有率第一，综合竞争力最强，券商行业的绝对老大；②典型的周期股，反周期操作；③PB是最佳估值指标。

卖出中信证券的逻辑：①4倍PB是一个相对高估的价格；②达到预期翻一倍的收益率后卖出。

从以上中信证券的投资逻辑来看，相对比较简单，即典型的周期股操作方法，收益率也不错，复盘的几点思考如下。

第一点，典型的周期股。 券商的周期性非常强，熊市大跌、牛市大涨是铁律。券商股是相对容易把握的周期股，基于估值体系下的买入和卖出准确率相当高。

第二点，预测牛市不靠谱。 第二次买入中信证券的背景是十八届三中全会后，预测牛市来临，所以买入弹性更大的券商股。实际情况是买入以后股价一度跌破10元，亏损15%，股价整整1年都在成本线以下，这是本人第一次基于市场预测买入的股票——结果对了，虽然过程很波折。所以说预测市场是不靠谱的，最好的方法是应对市场，而不是预测市场。

第三点，PB是最佳估值指标。 1.2～1.3倍PB是中信证券极端估值区域，历史上中信证券股价有过3次跌至1.2～1.3倍PB(分别是2014年、2015年、2018年)，每次都是市场处于最恐慌的状态，但事后来看，这三次都是极佳的买入点位。

第四点，投资龙头企业是最佳选择。 中信证券是行业当仁不让的龙头企业，虽然估值上没有太大变化，但底部在不断抬升，即每股净资产在稳步增加，驱动股价逐步提升。我没有跟踪过其他券商股，估计每次牛市的反弹力度和整体的投资回报率应该达不到中信证券的水平。

第五点，仓位决定了收益。 虽然几次投资中信证券的收益率都不错，但仓位偏低，所以对总的收益率贡献并不大。看好一只股票并不重要，重要的是重仓买入看好的股票，这才是王道。本人对周期性股票相对比较谨慎，可以适度介入但重仓的很少，对周期股多少有一点偏见，或许这种偏见是错的，但需要时间来修正。

第六点，不败而后胜。 极端估值区域是非常重要的买入参考点，在极端估值下买入基本上可以避免深度套牢，可能会有10%～20%的亏损，但至少有翻倍的潜力，属于赔率和概率俱佳的时刻。最重要的一点是，一旦深度套牢会严重影响持股心态，心态不稳是持股的大忌，保持不败(不亏损或者稍微亏损)是投资最先考虑因素，而后才考虑胜利(大幅盈利)，不败而后胜是一种相对保守的策略，首先追求的是不亏损，其次才考虑盈利问题。

通过长期跟踪标的，我对中信证券的最新分析如下。

(1) 行业分析：①规模优势和先发优势非常关键，证券行业很难产生差异化的竞争优势，所以基于总规模优势的低成本优势就显得尤为重要；②证券行业属于多寡头垄断态势，品牌和市场地位有利于获取业务。券商属于牛市和熊市的放大器。

(2) 企业分析：①行业龙头老大，多项业务市占率第一，品牌最强，网点最多，综合竞争力行业第一；②同质化业务很难产生差异化，业绩波动性大，缺乏自身的价值创造，主要取决于市场状况，周期性极其明显；③股权融资主承销规模市占率第一，债券主承销规模市占率第一，资产管理规模市占率第一，融资融券业务市占率第一，各项核心业务均排名第一，绝对是投行领域的龙头大哥；④客观来讲，投行业务是同质化的，很难产生差异化的竞争优势，那么先发优势、资金优势和市场地位优势就显得非常重要，从这一点来讲，中信证券的竞争力是最强的，投资选龙头准没错。

(3) 估值分析：1.2~1.3倍PB是中信的极端低估区间，牛市估值可达3倍PB。所以1.3倍PB以内属于最佳买入点，概率和赔率均有利于投资者。

8.3　投资中国平安的逻辑

首先得承认本人对寿险业并不是很懂，相信也没几个人可以真正搞明白寿险业，但这并不影响本人投资保险业，投资中国平安的逻辑如下。

第一点，保险业是个大行业，而且在中国还是个朝阳行业，所以对于这个行业一定是要投资的，但保险业很复杂，不能乱投，本人的投资逻辑是投资综合竞争力最强的那家公司，可以做到事半功倍。

第二点，中国平安就是本人找到的那家公司，其综合竞争力行业第一，具体如下。

(1) 综合金融模式协同效应非常明显，2015年年报显示有接近30%的业务是通过协同效应产生的，真正达到了1+1＞2的效果。这会产生两个方面的结果：其一，大幅降低成本，平安真正转型为低成本的保险供应商，这是一个巨大的优势；其二，增加了客户黏性，平台效应明显。

(2) 互联网金融平台大幅增加了客户黏性，作用大于之前的协同效应。互联网+金融，整合陆金所、平安医生、平安房产、平安汽车四大生态圈，占据了金融+互联网+大健康+大资产的入口，成为金融/生活服务商，一旦融会贯通，会成为一个提供金融服务的超级大平台，这个平台的价值是不可限量的，具有非常大的客户黏性，而这一平台的价值目前还没有体现在股价中，属于潜在的红利。

(3) 全行业第一的保险代理人团队就是寿险业务最大的门槛，而它的最大竞争对手是"老态龙钟"的中国人寿，在狼性文化、股权激励机制下，平安蚕食人寿的市场是大概率事件。

(4) 在财险市场，中国平安的竞争力更强，其保险费率连续多年控制在100%以内，连续多年提供免费的浮存金，这可是巴菲特梦寐以求的呀！在车险市场平安已经是老大了，在低成本+优质服务的竞争优势下，平安逐年增加财险市场份额是大概率事件。

(5) 超级企业家+超级战略定位+狼性文化+坚决的执行力+国内唯一的综合金融平台构建了巨大的竞争优势，行业内任何一家竞争对手都不具备平安目前的优势。

(6) 由于低成本效益决定了平安在负债端具有巨大的成本优势，在资产配置方面就有很大的灵活性，大量资产配置在国债市场其实是一种理性的选择。而国内大量的中小型保险公司在负债端成本高昂，只能在资产端激进配置，大量买入股票，其风险敞口太大，虽然短期来看这类投资属于高速增长，但结果一定是一地鸡毛，对于这种有归零风险的投资还是交给刀口舔血之辈吧！

(7) 财务验证指标均非常出色，内含价值高速增长，是成长股的表现，而市场从来都没有把它当过成长股来看待，但万一要是有一天市场改变了呢！

第三点，中国平安业务层面的确不错，但在资本市场，它却属于典型的周期股，牛市上天，熊市入地，所以买入的安全边际是要遵循的，本人的经验是每次跌破其内含价值就买入，积累筹码，等待牛市的兑现。内含价值就是本人的买入点，化繁为简，就是本人对平安的价值判断。

第四点，说了这么多好处，那平安的劣势在哪里？

(1) 牛熊市股价波动幅度巨大，买错了损失巨大，所以买入点的选择是关键。

(2) 2016年，一、二线城市房价大幅飙升，平安强势介入房地产市场，在各地高价拿地，这样做确实有风险，我们对其投资逻辑不甚了解，如果仅是保险资金的资产配置要求，那无可非议；如果是跟风进入，那就不好说了。好在房地产市场风险传递到金融领域还有一段距离，有的是时间回避，这一点不用过于担心。

编者按：

这篇文章写于2016年12月10日，大体上把投资中国平安的逻辑说清楚了。笔者看好保险业的发展前景，并找到了行业内综合竞争力最强的那家企业，在合适的价格买入，投资逻辑还是非常清晰的，后面的文章会对中国平安进行全方位的分析和梳理。

8.4 中国平安2018年报简析

中国平安年报内容很多，也很繁杂，需要抽丝剥茧，抓住关键数据，简单分析如下。

1. 2018年财报数据及简评

(1) 营收9768.32亿元，增长9.6%，利润1074.04亿元，增长20.6%，合6.02元/股，增长20.6%，股息1.1元/股。按照修订前会计准则计算净利润为1242.45亿元，增长39.5%。这个主要是和同行业对比，行业内有些企业在2018年还没有实施最新的会计准则，中国平安投资收益率详见表8-1。

表8-1 投资收益率

项目	2018年	2017年	2016年	2015年	2014年	2013年	6年均值
总投资收益率	3.7%	6%	5.3%	7.8%	5.1%	5.1%	5.5%
净投资收益率	5.2%	5.8%	6%	5.8%	5.3%	5.1%	5.5%

总投资收益率6年均值为5.5%，净投资收益率6年均值为5.5%，2018年的熊市里平安的投资收益率下降很多，但也满足了内含价值假设条件(终极投资收益率为5%)。保险投资资金2.79万亿元，增长14.1%，其中股票投资资金2318亿元，占比8.3%，下降2.8%，股票投资资金还有提升空间。

(2) 总资产7.14万亿元，净资产5565.08亿元，合30.44元/股，负债率90.4%。ROE为20.9%，增加0.2%。内含价值10 024.56亿元，合54.84元/股，增长21.5%，意味着在内含价值附近买入，仅仅依靠内含价值的逐年增长就可以获得20%左右的投资收益率。

(3) 寿险规模保费收入5705.23亿元，增长19.9%，代理人数141.74万人，增加

2.3%，代理人收入6274亿元，增加0.7%，市占率17.02%，增加2.82%；产险保费收入2474.44亿元，增长14.6%，高于市场3个百分点，产险综合成本率为96%，下降0.2%，市占率21%，增加0.5%；车险市占率23.2%，增加0.5%，ROE为16.7%；银行业务营收1167.16亿元，增长10.3%，利润248.18亿元，增长7%，不良贷款率1.75%，上升0.05%，逾期90天不良贷款余额和占比实现双降，零售业务收入占比51.2%，提升10.9个百分点，利润占比67.9%，提升3.4个百分点。

(4) 个人客户1.84亿人，增加11%，新增客户4078万人，其中35.6%来自互联网用户，客均营运利润531元，增加18.1%，客均合同2.53个，增加9.1%。互联网用户5.38亿人，增长23.4%，有6364万人持有多家子公司的合同，占比34.6%，提升6.1%，年活跃用户2.52亿人。

(5) 利润指标详见表8-2。

表8-2 利润构成指标

项目	寿险	财险	银行	资产管理	金融科技	信托	证券	合并抵销
利润/亿元	579.14	122.15	143.94	82.64	140.06	30.08	15.99	39.96
利润占比	52%	11%	12.9%	7.4%	12.6%	2.7%	1.4%	100%
总利润/亿元	1074.04							

(6) 内含价值的内部假设条件：风险贴现率11%，终极投资收益率5%。这个假设还是比较保守的，内含价值的定义就相当于其他企业的清算价值。

2. 综合评价

(1) 内含价值10 024.56亿元，合54.84元/股，增长21.5%，这是本人最看重的指标，个人对内含价值增长率的假设是15%，结果每年平安都超标，这一部分就算是隐含的安全边际吧，在内含价值附近买入，年收益率至少可以达到15%，牛市里估值可以达到2倍内含价值，即妥妥地超过100元。2018年市场提供了两次在内含价值附近买入的机会，您抓住了吗？

(2) 寿险市占率17.02%，提升2.82%(数据口径可能与2018年不一致)，财险市占率21%，增加0.5%，车险市占率23.2%，增加0.5%。平安在寿险和财险的市场份额每年都在增加，而且保单的质量还比主要竞争对手更优秀，中国人寿的市占率为20.42%，下降得很厉害，平安马上实现迎头赶超，平安成为双第一是可以预期的事情，这从另一个方面验证了平安的竞争优势。

(3) 平安银行向零售业务转型坚决，但整体而言中规中矩，只要保证稳步发展就行，平安银行的发展标杆就是招商银行，但很难达到招行的高度，慢慢学，每年有一点进步就可以了，平安银行能够保证在行业平均水平以上就不错了，没必要抱太大的期望。

(4) 个人客户1.84亿人，增加11%，新增客户4078万人，其中35.6%来自互联网用户，客均合同2.53个，增加9.1%。互联网用户5.38亿人，增长23.4%，有6364万人持有多家子公司的合同，占比34.6%，提升6.1%，年活跃用户2.52亿人。这是平安独一无二的竞争优势，交叉营销可以大幅降低获客成本，在成本端具备超强的竞争优势，叠加平安在售后服务方面的优势，竞争优势碾压同行。

(5) 未来十年，平安将持续深化"金融+科技"，探索"金融+生态"，将创新科技聚焦于大金融资产、大医疗健康两大产业，深度应用于传统金融与"金融服务、医疗健康、汽车服务、房产服务、智慧城市"五大生态圈，打造发展新引擎。通过"一个客户、多种产品、一站式服务"的综合金融经营模式，依托本土化优势，践行国际化标准的公司治理。科技本质上就是为了提高客户体验的同时降低运营成本，所以对平安来说，就是通过综合金融模式降低负债端的成本，通过科技降低运营成本，同时通过科技打通不同产品之间的壁垒，提高客户体验。

(6) 一句话总结平安的竞争优势：成本端具备低成本优势；管理端具备管理机制优势；售后端具备服务优势；运营端具备科技优势。

(7) 中国平安和伊利股份一样，都属于本人的基本盘，估值高了低配一点，估值低了高配一点，1倍内含价值附近属于高配置，2倍内含价值属于低配置，但始终是不离不弃！

8.5 中国平安案例分析

第一次买入中国平安是2016年下半年，买入成本为30.86元/股(内含价值33.62元)，重仓股之一，2017年底在75～80元卖出一半仓位股票(内含价值40.43元)；第二次买入中国平安是2018年，在55～58元增加了60%的仓位(内含价值54.84元)。两次买入中国平安都是在每股内含价值附近，卖出则是在2倍内含价值附近，笔者对中国平安的认知还是非常清晰的，具体操作如图8-5所示。

图8-5 中国平安股价走势图

下面利用本人常用的企业分析模板对中国平安进行全方位的分析和梳理。

1. 行业层面：回答行业发展空间和行业竞争格局方面的问题

(1) 行业的周期性因素：抛开2008年非正常因素外，平安的利润增长是相对稳定的，所以保险行业属于弱周期性行业，和银行业具有相似性。

(2) 行业发展空间(行业渗透率和企业的市场占有率)：中国保险业渗透率相对较低，提升空间较大，2018年平安寿险市占率17.02%，上升2.82%，行业第二，产险市占率21%，上升0.5%，行业第二，其中车险市占率23.2%，行业第二，市占率在逐年提升，未来有望提升为市占率第一。

(3) 行业的竞争格局：寡头垄断格局，中国人寿+中国人保+中国平安处于绝对优势地位。

(4) 行业的进入门槛：经营牌照+资金+规模，行业的进入门槛非常高。

(5) 行业竞争的核心因素：负债端的低成本优势；总规模优势以及投资能力是行业竞争的核心。

(6) 综合结论：①行业的天花板非常高，中国平安在行业渗透率以及市场占有率两个方面均有提升空间；②行业竞争格局属于寡头垄断格局，竞争态势良好；③行业进入门槛非常高，后来者几乎没有机会挑战一线龙头。

2. 管理层面：回答管理效率和营销效率方面的问题

管理层面主要从企业家精神和企业管理两方面来分析。

(1) 企业家精神：第一个层面是个人魅力、商业冒险精神和创新，第二个层面是塑造企业文化和企业愿景，第三个层面是打造出优秀的企业管理机制，三个方面层层递进，将个人的特质赋予企业，并通过优秀的管理机制赋能企业。

(2) 企业管理：企业管理的第一个方面是打造扁平化的管理机制；企业管理的第二个方面是打造有战斗力和人文精神的组织；企业管理的第三个方面则是打造21世纪的新型组织，超过以往的雇佣关系，成为新型的企业组织——合伙人机制。

中国平安管理层面分析：①马明哲具备优秀的企业家精神，具备超级企业家的素质；②平安属于事业部制的管理架构，符合扁平化的管理架构，避免了官僚制；③平安狼性文化十足，股权激励+高薪机制，管理效率高效，管理效率和营销效率行业第一。

3. 经营层面：是否具有清晰可见的竞争壁垒

经营层面的分析又分为4个层面。
(1) 企业经营分析的第一个层面是企业战略和执行力。
(2) 企业经营分析的第二个层面是产品聚焦和营销定位。
(3) 企业经营分析的第三个层面是企业核心竞争力分析。
(4) 企业经营分析的第四个层面是找到企业差异化经营的因子。

中国平安经营层面分析：①平安的综合金融战略非常清晰，十几年如一日地聚焦于核心战略目标不动摇，执行力超级强悍，执行力行业第一。②平安还具备狼性文化以及优秀的管理机制，相对于行业内最重要的竞争对手中国人寿和中国人保，竞争力凸显，假以时日，成为寿险和财险行业市占率双第一也是大概率事件。③通过"一个客户、多种产品、一站式服务"的综合金融模式，大幅降低获客成本，在成本端具备低成本的竞争优势；提高客户服务水平，增强客户体验，增加客户黏性，具备了服务差异化的竞争因子，即中国平安的核心竞争力是负债端低成本+高质量服务的差异化，这种核心竞争力属于平安独有的，其他竞争对手难以模仿，具备独特性。④未来十年，平安将持续深化"金融+科技"，将创新科技聚焦于大金融资产、大医疗健康两大产业。国内明确提出"金融+科技"战略的只有中国平安和招商银行两家企业，这两家在战略方面远超同行，都具备低成本+服务差异化的竞争优势。

4. 产品层面：是否具有产品力

产品层面主要从以下几个方面来分析。

(1) 产品的客户体验。

(2) 品牌力。

(3) 产品力在客户心中的反映。

(4) 客户反馈机制通畅。

(5) 产品品质非常重要,CEO是否花费更多时间聚焦用户体验和产品体验。

(6) 产品是否具有差异性。

中国平安产品层面分析:①平安的售后服务非常好,产品的客户体验很不错,品牌强度和品牌知名度都非常高;②中国人寿、中国人保、中国平安三家的品牌知名度在同一个水平线上,但平安在服务上明显优于其他两家企业,产品力在客户心目中比较强,这也是平安在寿险市场和财险市场的市占率逐年提升的根本原因;③保险产品很难做出差异性,但服务可以,通过服务打造产品的客户黏性。综合而言,平安的产品力相当不错。

5. 创新层面

创新层面主要从以下几个方面来分析。

(1) 产品创新。

(2) 商业模式创新。

(3) 组织创新。

(4) 服务创新。

中国平安创新层面分析:①产品创新:互联网金融(陆金所)、平安医生、平安房产、平安汽车将金融、医疗、房产、汽车四大主流赛道都占齐了,在产品创新这个层面平安走在了行业最前列;②商业模式创新:"一个客户、多种产品、一站式服务"的综合金融模式本质上是一种商业模式创新,获客成本低,在成本端具备天然的优势。

6. 财务指标

(1) 2013—2018年5年营收复合增长率22%,利润复合增长率30%,典型的成长性企业;

(2) ROE指标6年均值为16.6%(摊薄以后),从2013年的15.41%提升到了2018年的19.3%,盈利能力在逐年提高;

(3) 净资产5年复合增长率23%,内含价值5年复合增长率21%,具体财务指标详见表8-3。

表8-3 财务指标(2013—2018年)

项目	2018年	2017年	2016年	2015年	2014年	2013年	复合增长率
营收/亿元	9768.32	8908.82	7124.53	6199.90	4628.82	3626.31	22%
利润/亿元	1074.04	890.88	623.94	542.03	392.79	281.54	30%
内含价值/亿元	10 024.56	8251.73	6377.03	5528.53	3643.76	3295.23	21%
ROE	19.30%	18.82%	16.27%	16.22%	13.56%	15.41%	16.6%(均值)

结论：财务指标相当优秀，具备成长性企业所有的财务特征。

7. 投资的逻辑支点

(1) 综合金融模式下成本端低成本优势。

(2) 综合竞争力最强的保险企业。

8. 估值层面

(1) 历史估值：平安历史极端估值区域是0.9~1倍内含价值，牛市中会达到2倍内含价值的估值水平。

(2) 对平安的估值：①每股内含价值锚定了企业的价值，以每股内含价值的价格买入，一方面可以获得年均21%的成长收益率(内含价值增长率为21%，保守一点可以按照15%来考虑)，另一方面可以获得估值提升的收益率(从1倍内含价值提升到2倍内含价值)，总的投资收益率可以轻松超过20%。②每股内含价值2018年为54.84元/股，预计到2019年底为65元左右。从估值上来讲，内含价值基本上就是平安估值的底部区域(只有在特别极端的情况下可以击穿，达到0.9倍左右)，而牛市的估值是可以达到2倍内含价值的。平安内涵价值的年均增长率是超过15%的，我们可以轻松获得15%的收益率。③以5年周期来看，有望在寿险和财险市场均成为第一，市值有望突破2万亿元。④内含价值实质上是为了评估保险公司归属于股东的内在真实价值，也可以理解为公司清算时的经济价值。内含价值=调整后净资产+扣除持有要求资本的成本后的有效业务价值。

8.6 金融股投资思考

金融是个大行业，在美股百年历史上，金融、能源、科技、消费四大行业在巅峰期的行业市值均超过了美股总市值30%的水平，属于超级大行业。在A股市场上，金融股也属于第一权重股，从利润指标看，金融股利润占A股总利润30%左右，绝对是投资者不能忽视的一个大行业。

金融行业可以简单划分为三个子行业：银行、保险、券商，银行是绝对老大，保险是老二的角色，券商只能算是一个小弟。

银行属于百业之母，与宏观经济紧密相关，银行一般都会有国家的隐性担保，破产清算的概率很低。银行经营的最大风险就是放松贷款条件，给不合格的企业或者个人发放贷款，导致坏账率飙升。由于银行的杠杆率在90%左右，不良贷款率大幅增加一方面会吞噬企业的经营利润，另一方面会严重威胁到银行的生存。本人结合银行业的特点总结了以下几点投资银行股的经验：①负债端的低成本是个巨大的优势，银行可以从容地找到优质客户发放贷款，不会去追求高的贷款利息，不良贷款率会得到有效的控制，形成正反馈效应。银行一旦在负债端有高昂的成本，可选择的余地就不会多，必然会发放高息贷款，资产质量无法得到保证，不良贷款率无法得到有效控制，形成负反馈效应。A股市场里招商银行和建设银行在负债端具备很大的成本优势，投资者可以关注一下。②资产规模是个巨大的优势。银行经营具有规模经济优势，规模不足的小银行风险很大，地方性商业银行大都是资产规模不足的，贷款大量沉淀在本地区，贷款的区域集中度很高。此外，地方政府会发出一些指令性的政策性贷款，所以投资地方性商业银行的不确定性很大，投资者应该重点关注的是全国性银行，资产规模足够大，贷款相对分散化，又有一定的国家隐形担保，是投资者的首选。③零售业务具备差异化经营的特点。零售业务不消耗资本，可以大量赚取非息收入，在经营上具备了差异化的特点，还可以进一步降低银行的经营风险，以招行为例，非息收入占比接近40%，具备了巨大的经营优势。④个人消费贷款、信用卡贷款、住房按揭贷款属于银行的优质资产，这三项占比大的企业具备经营上的优势，招行三大贷款占总贷款的比例应该是所有商业银行中最高的，不良贷款率低是合乎逻辑的，建行的住房按揭贷款占比是最高的，最近几年在大力发展个人消费贷款，建行的经营思路也是非常清晰的。

保险业的规模并不小，资产总规模已达18万亿元，绝对属于一个大行业，现阶段中国的保险业具备一定的消费行业属性，许多特征和消费行业很相似，这一点很多人都没有意识到，算是本人的独到见解吧。保险业经营具备以下特点：①负债端的低成本具备巨大的经营优势，企业可以从容地将资产配置到国债、高质量的企业债、高息股票、商业不动产等资产；若负债端成本高昂，企业则被迫大量配置股票等弹性比较大的资产，经营风险较大。中国平安的综合金融模式具备强大的协同效应，获客成本显著低于同行，所以资产大量配置国债属于合理的选择，而中国人寿在负债端没有优势，资产大量配置在股市，股市波动导致业绩大幅波动。②资产配置能力是保险业经营的另一大优势。这方面的楷模非巴菲特莫属了，国内的保险企业还没有在资产配置能力和投资能力上特别突出的，平安在这方面只能算中规中矩，这方面的宝藏还有待投资者挖掘。③行业规模优势明显，保险业经营的本质是利用规模优势分散个体风险，规模优势尤为重要，中国人寿、中国人保、中国平安的竞争力显著强于其他保险企业。④银行业是坐商，保险业是行商，需要两条腿找饭吃，所以激励机制尤为重要，这方面具备民营企业属性的中国平安优势明显，这也是平安在寿险和财险两个市场市占率逐年提升的内在因素。精细化管理、管理架构扁平化、绩效考核机制、快速决策机制等这些提升管理效率的措施在保险业经营上特别重要，最终的胜出者一定是管理效率最高的那一家企业。

证券行业属于金融业中的小老弟，资产总规模只有6万亿元左右，证券业的特点如下：①证券业周期非常明显。显著受到牛熊市的影响，有一点靠天吃饭的意思，反周期操作是投资券商股的不二之选。②券商业具备龙头效应。龙头企业品牌美誉度高，容易受到监管层的青睐，在企业债发行、公司首次上市、股票增发等业务方面具备很大的优势。网点多的龙头企业人群覆盖率高，获客成本相对较低，在经纪业务方面具有经营优势。③融资融券业务本质上就是银行贷款业务，而且还没有坏账风险，算是券商的优质经营资产，具备资产规模优势的券商在这方面具备竞争优势。④自营业务本质上是可以做大的业务。自营业务依靠的是投资能力，从逻辑上来讲，券商有很大的信息优势和企业深度研究优势，投资能力应该是显著超过市场平均水平的，但从实际来看，并没有看到券商有很强的投资能力，看来信息优势并不必然转化为投资优势。⑤PB是券商股最好的估值方式。由于券商股周期性明显，利润波动幅度大，最佳估值方式就是PB，由于券商经营本质上都是同质化的，龙头企业反而会有一定的规模优势，投资龙头企业应该是优先选择，个人认为1.5倍PB以内算是不错的买入点位，3倍PB是可以卖出的点位。券商特别适合阶段性持有，长线持有得不偿失，等待是投资券商股的精髓。

金融是A股的第一大行业，虽然经常被吐槽，经常被诟病，但作为投资者一定不能忽视。投资龙头企业是投资金融行业的最佳选择，找到龙头企业是投资者需要做的功课。

第9章

白酒股投资

9.1 谈股票投资之茅台、五粮液

2013年底,我利用白酒塑化剂事件买入贵州茅台和五粮液的股票,截至2015年10月持有期为1年10个月。贵州茅台的平均买入价格为142元,总收益率为86%,很不错的收益;五粮液的平均买入价格为21.3元,总收益率为27%,差强人意。幸运中的不幸,两者持仓之比为3∶7,即五粮液的仓位显著高于茅台,这显著降低了投资收益。好在本人及时认错,利用股票大幅调整期间加仓了茅台,2015年两者持仓比例为1∶1,算是慰藉了本人受伤的心灵。下面,我谈谈对这两只股票的投资感受。

首先,对于陷入危机中的行业,最稳妥的投资就是选择行业老大。 老大抵御风险的能力显著强于其他企业,即使全行业陷入亏损,老大也会活得不错,就像2015年的中国神华。茅台作为绝对的龙头老大,抗风险能力太强了,虽然受到限制三公消费的打击最大,但品牌深入人心,随着产品的大幅度降价,民间消费很快替代了三公消费,而且实现了正增长,品牌的价值突显无疑。

其次,对于陷入危机中的行业,管理层的作用太大了。 在顺周期中,一片歌舞升平,管理层的作用并不是太明显,但在逆周期中,管理层作用凸显。以此次白酒危机为例,贵州茅台的管理层应对合理,几乎没有失误;五粮液的管理层应对缺乏章法,一方面推出低度酒战略,另一方面发力国际化,还推出了五粮特曲、五粮头曲等新品种,看似积极进取,实则没有理解行业竞争的本质,进退失据,焉能不败?泸州老窖的管理层则犯了低级错误,在茅台和五粮液大幅降价期间,还大力涨价,整个被边缘化了,基本上被踢出了第一梯队,位列白酒企业衰退第一名;洋河股份的管理层是最出色的,前几年通过聚焦战略和清晰的市场定位,发力蓝色经典系列,加上对渠道的深耕细作,是这一轮行业调整的大赢家,目前坐三望二,在中端酒领域,基本上是一股独大了,未来潜力无限。

最后,对于陷入危机中的行业,对"便宜"应该有更深入的理解,避免掉入"价值陷阱"。一般来讲,行业老大的调整幅度会低于其他企业的,投资中容易被其他企业的低估值所迷惑,容易陷入所谓的"价值陷阱",这一点要随时警惕。记住一点,对于陷入危机中的行业,要么不投,要投只投资行业老大,在确定行业翻转的趋势基本确立以后,可进一步投资行业内其他企业,这些企业倒闭的风险已经排除,而向上的弹性空间更大,收益也更高。

再强调一点,对管理层的分析很重要。通过对五粮液、京东、李宁的投资和观察可以得知,管理层在企业发展中起到决定性的作用,五粮液管理层的平庸导致行业地位显著下降,被洋河超越的概率不小;京东占据了好的行业、好的商业模式、很牛的创始人,在电商大战中快速崛起,剑指行业老大;李宁所处的体育行业属于典型的朝阳产业,李宁占有的资源(CBA)以及所处的行业地位都不错,但极其平庸的管理层导致企业价值迟迟不能释放。通过对一些企业的长期跟踪观察,我也有一些体会,当年的伊利股份与蒙牛乳业属于典型的双寡头,后来由于中粮平庸的管理导致伊利一股独大,蒙牛已经被远远地甩在了身后;长城、张裕以及王朝当年也属于三寡头的竞争态势,行业逆周期以后,张裕快速崛起,当年的三国杀已经变为一股独大了。

通过以上的案例分析,得出以下观点:①在顺周期,管理层的作用不是太明显,但在逆周期,管理层起到决定性作用,需要高度重视;②在竞争性领域内,价值释放的关键就在于管理层,平庸的管理层会明显压制企业的价值,比如中国食品和蒙牛乳业;③行业分析、企业竞争优势分析、商业模式分析都有章可循,通过深入分析年报就可以得出结论,但对管理层的分析偏向于感性,除了长期跟踪企业的发展,分析企业的战略选择和执行力,几乎没有太好的办法。本人目前主要从战略的合理性以及执行力两个方面来判断管理层的能力。

最后补充一点,五粮液的股改方案好像快出来了,据说是经销商入股加管理层入股,很不错的方案。五粮液要品牌有品牌,要资源有资源,就是缺少管理层的动力,这下齐活了,管理改善以后,价值释放指日可待,对五粮液本人要高看一眼了!拭目以待吧!

编者按：

这篇文章写于2015年10月25日，白酒的行业性危机还没有过去，很多企业还陷在泥潭里，但茅台已经率先走出来了，从股价底部已经反弹了1倍多，龙头的力量绝对强悍。这篇文章重点强调了管理的重要性，大的逻辑是对的，在后来的持股中，表现不理想的股票多少都有管理的负面因素，所以管理的重要性怎么强调都不为过，投资就是不断学习、不断提高的过程。投资，我们都在路上……

9.2 白酒四强简评

2016年五一假期待在家里将贵州茅台、五粮液、洋河股份以及泸州老窖的2015年报以及2016年的一季报作了分析汇总，有一些想法和感悟，简单汇总如下。

1. 贵州茅台

(1) 2015年底预收账款增加67.86亿元至82.62亿元，还原以后营收增长24.9%，利润增长20%～25%，分红率首次提高到50%，这是可喜的变化。2016年一季报营收继续增长16%，预收账款85.45亿元，继续增加2.83亿元，超过了历史最高值，隐藏利润的用心明显，或许与即将推出的股权激励有一定关系。

(2) 2015年是新一轮增长周期的开始，预估利润增速将保持在10%～15%，具有可持续性，非常好的投资标的。

(3) 优秀到极致的公司，除了长线持有，没什么可说的，在205元(3%分红收益)以内买入就是零风险，至于现有价格嘛！持有就是了，能否买入不确定！

2. 五粮液

(1) 2015年年报比茅台差太多，预收账款仅为19.94亿元，增加11.36亿元，营收仅为茅台的66%，利润仅为茅台的39.8%，分红倒是少见地和茅台一样提高至50%，不错的表现。

(2) 2016年一季报营收增长31.03%，利润增长31.91%，营收是茅台的88.4%，利润是茅台的59.4%，预收账款68.26亿元，增加48.32亿元，大幅超过市场预期，个人认为与五粮液宣布提价后，销售商提前备货有一定的关系，但不管怎样，"五娘"算是牛气了一把！

(3) 白酒第二大品牌，地位稳固，但已经与茅台拉开距离，地位不可同日而语，一季报大幅超预期，与茅台的差距缩小，拉大了与老三的距离，老二位置暂时稳固。

(4) 五粮液的战略尚可，"1+5"战略清晰，最后那个N就算了，没有太大意义。战略定位得当，执行层面谨慎乐观，管理短板还是比较明显的，位列白酒前三强之末尾，需要关注管理层面的变化，对价值提升意义重大。

3. 洋河股份

(1) 2015年年报和2016年一季报营收和利润增长都比较理想，2015年底营收是五粮液的74.1%，利润是五粮液的87%，2016年一季度营收是五粮液的77.5%，利润是五粮液的84.6%，如果加上五粮液的巨额预收账款，洋河与五粮液的差距在进一步加大，五粮液老二位置相对稳固。

(2) 企业MBO(管理层收购)早已完成，管理层持股市值超过30亿元，类似于伊利股份的股权结构，公司治理结构合理，管理团队强大，洋河股份拥有白酒行业最好的管理层。

(3) 渠道掌控力超级强大，深耕渠道，行业第一，江苏省内营收保持微幅增长，江苏省外保持快速增长，是未来成长的关键因素。

(4) 产品系列化，定位清晰，口感绵柔，符合现代人的口味要求，可以说是口感最好的白酒，对酒的品质有信心。

(5) 品牌力弱于五粮液，位居行业老三，卡位中端市场，有潜力成为行业老二，预估未来成长性保持在10%～15%。

(6) 在行业内具备管理优势、产品系列化定位优势、渠道精细化管理优势、口味绵柔优势、江苏省外市场增长潜力优势、中端酒最具发展潜力优势(市占率第一、市场容量最大、大众消费市场)。

4. 泸州老窖

(1) 营收与前三甲相比不在一个量级上，不当老三好多年！2015年报显示投资收益2.98亿元，预收账款15.98亿元，同比减少7.14亿元，换算以后营收仅增长15.56%，利润增长也没那么夸张，2016年一季报中规中矩，预收账款减少7亿元，实际经营情况远没有报表显示的那么光亮，不确定性犹在。

(2) 基本面改善明显，五大单品战略定位清晰，聚焦核心战略，基本面有实质性改善，高档酒快速恢复，中档酒快速放量，低端酒继续收缩，与战略目标一致。典型的困境反转型股票。

(3) 封存2000个条码，投资74亿元扩产10万吨级基酒酿造，这是对最新聚焦五大单品战略的最有力支持，老窖的轻资产模式无法做到口味的一致性，当然就无法聚焦大单品战略，属于不得已而为之，算是补足欠账吧，任重而道远，作为困境反转型投资标的来看，成功的概率较高，在价格低位买入是不错的选择。

(3) 老窖利用当年的轻资产模式崛起，目前又受制于这种模式(大量外包式小作坊生产模式无法保证口味的一致性，白酒本质上应该属于重资产模式，核心资产就是酒窖，怎么能外包呢？)，所以投资74亿元扩产10万吨级基酒酿造，是补足短板，不得已而为之！

编者按：

这篇文章写于2016年5月1日，行业性危机已经结束，对白酒四强的评价大抵正确，过去3年白酒四强的发展路径和当时的预测基本一致，没有超预期的情况发生。

9.3　白酒五强解析

白酒行业2016年的中期财报终于出齐了，分化趋势还是比较明显的，这里评价一下五大全国性品牌的基本面情况，五大全国性品牌包括：贵州茅台、五粮液、洋河股份、泸州老窖、古井贡酒。

先说第一集团军的白酒三强，半年报显示营收均已超过百亿元，行业地位已无法撼动。老大贵州茅台营收181.73亿元，增长15.18%，净利润88亿元，增长11.59%，预收账款已超百亿元，达114.82亿元，营收和利润均远超第2名，处在独孤求败的位置，预计未来利润可长期保持15%以上的增长率水平，妥妥的长线持股标的，价值投资首选标的。

老二五粮液营收132.56亿元，增长18.19%，净利润38.87亿元，增长17.87%，预收账款44.17亿元，比一季度减少24.23亿元。营收和利润增长水平也不错，但与茅台已不在一个量级上，当年的白酒老大风光早已不在，但五粮液并不甘心做老二，"普五"年内两次提价目的是要缩小与茅台的价格差距，尤其是2016年8月的提价确实有点冒险。如果提价成功则会缩小与茅台的市场地位差距，稳固了老二的位置。如果提价失败则后果严重，老二位置危险了，洋河可不是吃素的。客观上来说，五强里面管理最平庸的就是五粮液了，但五粮液的品牌力是非常强大的，如果管理有所改善，则价值会有大幅度的提升，期望这一次的微型MBO对管理有所促进吧。

老三洋河股份营收101.94亿元，增长6.5%，净利润34.24亿元，增长7.5%，预收账款11.32亿元，减少1.29亿元。营收和利润增长水平尚可，但还是低于预期的，最大的亮点是江苏省外营收增长28.6%，占比已达43.1%，这是未来增长的最大动力来源。洋河的品牌定位、产品口感、渠道管理方面都是十分到位的，卡位中端——最大的白酒细分市场，长期前景看好。虽然洋河的品牌力明显弱于五粮液，但洋河是最市场化的白酒企业，其公司治理水平、管理水平、营销定位水平、渠道管理水平堪称一流，其强势地位直逼五粮液。如果五粮液稍有失误，老二位置不保！洋河与五粮液之间会有一番龙争虎斗，这会间接地促进五粮液自身的发展，否则管理层要丢掉乌纱帽了。一个品牌优势明显，一个管理水平高，暂时五粮液占据主动，未来则取决于五粮液的管理提升水平以及洋河的品牌提升程度，故一切皆有可能。

第二集团军有泸州老窖和古井贡酒，两者与行业前三甲差距明显，不作他想，做好自己就可以了。先说老四泸州老窖吧，营收42.69亿元，增长15.51%，净利润11.12亿元，增长8.96%，预收账款6.62亿元，减少9.36亿元，综合毛利率58.56%，增加7.86%。其中四川省内营收18.38亿元，占比43%，华北营收9.99亿元，占比23.4%，两个地区合计占比66.4%，全国化水平并没有想象得那么好，最大的亮点是高档酒和中档酒大幅增长，同时低档酒大幅减少，这与管理层的战略导向高度一致，基本面改善明显。前几年的一系列决策失误导致泸州老窖衰退幅度行业最大，跌落神坛，如今新任管理层还是可圈可点的，一方面聚焦五大超级单品，清理大量的低端品牌，产品定位清晰，市场给了非常正面的回应，另一方面补足生产的短板。客观上来说，聚焦大单品战略必须确保口味的一致性，在以前的外包生产模式下，这是根本不可能做到的，但这一次所谓的技改定增是在生产端发力，抛弃了以前的轻资产运营模式，改为重资产生产模式，这才符合行业的生产本质！泸州老窖从市场端和生产端两方面发力，确实找到了企业的两大短板，给管理层点个赞吧！

老五古井贡酒算是一匹黑马，个人认为可能是行业内最后一个全国性品牌了。古井贡酒营收30.45亿元，增长12.24%，利润4.31亿元，增长13.29%，预收账款10.59亿元，增加4.5亿元，营收和利润增长水平不错。古井贡酒独自开创了白酒的原浆概念+年份概念并强势崛起，在渠道管理方面借鉴了洋河的许多做法，说它为洋河第二也不为过,其管理层水平仅次于洋河的管理团队,如果泸州老窖不发力的话迟早被古井贡酒超越。古井贡酒管理层提出的口号是要做行业前三甲,个人认为不太现实,品牌力远远达不到,规模上也差得太多,五粮液和洋河股份都不是吃素的,都具备强大的竞争优势,个人认为比较务实的目标是超越泸州老窖,先做到老四的位置再说。泸州老窖的优势是品牌强大,新任管理层精准发力,力补短板;古井贡酒的优势是深耕渠道和积极进取的管理层。两者各有优势,也会有一番龙争虎斗,如果泸州老窖采取以前的营销策略,被古井贡酒超越只是时间问题,但如果泸州老窖采取新的经营策略,古井贡酒的胜算不大,还是那句话,一切皆有可能吧!

简单来说,贵州茅台行业地位稳固,一股独大,没有人可以撼动它的位置,五粮液和洋河,泸州老窖与古井贡酒捉对厮杀,变盘的可能性是存在的。行业大势已定,全国性白酒品牌只能是以上这五家了,剩下的只能是强势的区域性品牌了,比如牛栏山、老白干酒、山西汾酒等。最后说明一下,本人持有贵州茅台、五粮液和古井贡酒。

编者按:

这篇文章写于2016年9月3日,2016年的中期财报已经出来了,比上篇文章《白酒四强简评》晚了半年左右,白酒行业的形势更加明朗化了。本篇文章简单分析了五大白酒企业的发展现状,并对可能的变盘做了分析,从过去三年的发展路径来看,各个企业的行业地位基本上没有什么变化,变盘的可能性极低。白酒是一个品牌胜过一切的行业,只要管理层不胡乱折腾,对品牌没有造成严重的稀释和伤害,企业就会获得不错的发展。后面的企业想要超越前面的企业,除了自己在管理上做正确的事情,还要寄希望于竞争对手在管理上犯严重的错误,这属于低概率事件。

9.4 泸州老窖2018年年报详解

1. 财务指标数据

(1) 总资产226.05亿元,净资产169.65亿元,总权益171.24亿元,负债率24.2%。货币资金93.67亿元,预收账款16.04亿元,减少3.53亿元,具体财务指标如表9-1所示。

表9-1 基本财务数据

项目	2018年	2017年	本年比上年增减
营业收入/亿元	130.56	103.95	25.6%
净利润/亿元	34.86	25.58	36.27%
经营活动现金流/亿元	42.98	37.05	16%
每股收益/元/股	2.38	1.80	32.37%
加权平均ROE	21.81%	20.30%	1.51%
股息/元/股	1.55	1.25	24%

(2) 营收分类如表9-2所示。

表9-2 营收分类表

项目	营收/亿元	毛利率	营收同比增减	毛利率同比增减
高档酒	63.78	91.85%	37.21%	0.62%
中档酒	36.75	79.71%	27.83%	7.29%
低档酒	28.07	42.51%	8.3%	21.965%
综合毛利率	77.61%，提高5.89个百分点			

(3) 销售费用33.93亿元，增长40.67%，管理费用7.22亿元，增长39.34%。2019年经营指标：营收增长15%～25%。

(4) 公司坚决推动"国窖1573"和"泸州老窖"双品牌运作，"国窖1573"定位"浓香国酒"，泸州老窖打响"品牌复兴"战役，大力开展"封藏大典""瓶贮年份酒全国巡回鉴评会""国际诗酒文化大会""高粱红了"等一系列宣传活动；在金砖国家工商论坛、俄罗斯世界杯、澳大利亚网球公开赛等活动植入宣传广告；继续推进品牌"瘦身"，产品条码删减幅度超过90%，泸州老窖品牌含金量已得到广大合作伙伴和消费者的高度肯定。

(5) 判断未来5年白酒行业的调整态势仍将继续，并呈现以"四集中"和"四方向"为主要特征的趋势，即市场份额向品牌集中、向品质集中、向文化集中、向原产地集中，品牌和产品向年轻化、时尚化、健康化、国际化方向发展，中国白酒将逐步进入"寡头时代"。

(6) 2019年一季报财务数据：营收41.69亿元，增长23.72%，利润15.15亿元，增长43.08%，扣非后15.1亿元，增长43.32%，现金流5.61亿元，增长61%，ROE为8.53%，增加1.79%，净资产12.65元/股，预收账款12.86亿元，减少3.18亿元。

2. 财报解读

(1) 综合毛利率77.61%，上升5.89%，而五粮液的综合毛利率为77.59%，泸州老窖综合毛利率和五粮液的毛利率水平基本一致，说明两者产品结构基本一致，泸州老窖经过多年的努力，产品结构基本调整到位，呈现倒金字塔型的产品序列。

(2) 高档酒(国窖1573)营收63.78亿元，增长37.21%，终端市场规模接近百亿元，仍然保持高速增长的态势，国窖1573牢牢占据了"浓香国酒"的品牌定位，做文化营销，逐步蚕食五粮液的市场，成为白酒三大高端品牌之一；中档酒(特曲和窖龄酒)营收36.75亿元，增长27.83%，中档酒2017年营收仅增长3%，看来2018年公司营销得力，公司复活特曲60版，进一步扩大特曲家族，特曲和窖龄酒双品牌牢牢占据腰部市场，2019年有望进一步做大；低档酒(头曲、二曲等)营收28亿元，仅增长8.3%，但毛利率提升了22个百分点，达到了42.5%的水平，也是一大亮点，2019年公司有意识进一步做大光瓶酒的规模，其实低档酒保持稳步发展就可以了，能够做大最好，做不大也没关系。

(3) 综合来看，营收增长25.6%，主要是因为低档酒拉低了营收水平，中高档酒营收保持在35%的增长水平，这才是泸州老窖最大的看点。

(4) 销售费用33.93亿元，增长40.67%，销售上还处于扩张期，保持营销费用的高增长是正确的选择。五粮液2018年的营销费用为37.78亿元，仅增长4.22%，泸州老窖营收是五粮液的33%，但营销费用是五粮液的90%，基本上处于同一个量级，进攻态势明显。泸州老窖整体上处在战略进攻期，营销费用高增长是常态，一旦回归常态就会出现利润的暴增，就像2018年的古井贡酒，个人估计最近3年内营销费用不会出现明显的回落，3年以后有望回落。

(5) 2019年一季报营收增长23.72%，利润增长43.08%，这是超市场预期的。由于泸州老窖高档酒都保持高速增长态势，所以利润增速超过营收增速成为常态化，个人预计3年内营收还可以保持20%左右的增长，利润有望保持30%左右的增长，看好泸州老窖的长期发展前景，3~5年取代洋河成为行业老三的概率还是不小的，未来形成高端浓香白酒双寡头也是有可能的。

(6) 预收账款有一些变动，但变动不大，不影响本人对老窖的判断和结论。

(7) 泸州老窖最牛的其实是品牌定位和文化营销，五大单品定位清晰，文化营销业界最强(茅台属于历史特定原因造成的，这个没法比，茅台老大的地位无法撼动)，国窖1573定位"浓香国酒"，国窖特曲定位"浓香正宗，中国味道"，窖龄酒定位"商务精英第一用酒"，头曲、二曲定位"大众消费第一品牌"。有时候我在想，假以时日，当国窖1573成为"浓香国酒"的代名词时，五粮液如何应对？品牌效应会有加速度效益，到一定的临界点会自我加速的，如果国窖1573持续不间断地做文化营销，品牌自我加强的临界点一定会到来。

（8）估值：千亿元的老窖应该是常态化的，个人认为老窖的市值潜力应该在1500亿～2000亿元左右，3年左右达到或者超过这个市值应该是可以预期的。2018年在老窖调整期，我曾经和朋友说过一句话：60元以内的老窖是给大家送钱来的，但短期内被严重打脸，好在半年不到面子就找回来了，目前还是这个判断：60元以内的老窖是给大家送钱的，其他的价格就不好判断了。

3. 简单评价白酒四巨头

（1）贵州茅台：地位超然，管理层不折腾，维持企业的本分发展，结果是行业地位越来越高，成为独一档的存在。

（2）五粮液：管理层喜欢不停地折腾，王国春时代折腾成为白酒大王，行业老大，王国春之后也不断地折腾，结果品牌被严重稀释，被本分的茅台超越并越拉越远。五粮液目前的高速增长是承接了很大一部分茅台的挤出客户，五粮液最大的问题是品牌混淆和营销虚化，国酒被茅台牢牢占据，浓香国酒被国窖1573牢牢占据，五粮液很难找到好的发力点，品牌虚化的概率在加大。

（3）洋河股份：管理效率最高，产品序列做得好，深耕渠道能力最强，弱点是品牌强度不够。

（4）泸州老窖：文化营销做得最棒，产品序列做得不错，弱点是历史短板太多，需要一步一步补足短板。

9.5 老白干酒的未来

回顾老白干酒的发展历史，最近10年的发展可以分为三个阶段。第一个阶段是2007—2012年，老白干酒随波逐流，随着行业的发展壮大而不断发展，营收由4.62亿元增长到16.66亿元，利润由1739万元增长到1.12亿元，自己的小日子过得不错，但放到整个行业来看，算是小小弟的级别，排不上什么号。第二个阶段是2013—2014年，这两年由于中央限制三公消费，行业开始大的调整，老白干酒由于品牌强度较低，产品序列凌乱，受到的影响非常大，虽然营收由16.66亿元增长至21.09亿元，但利润出现断崖式下跌，由1.12亿元降至0.59亿元，降幅巨大。第三阶段是2015—2017年，所谓穷则思变，老白干酒的这三年就是不断改变、不断折腾的三年，首先是混改引入战略投资者，其次是产品聚焦、地域聚焦，产品结构由低端调整为中高端，省内重点做，省外做重点，省内营收占比87%，最后，收购丰联酒业，结果还不错，营收由16.66亿元增长至25.35亿元，利润由0.59亿元增长至1.64亿元，成绩尚可。

对于老白干酒，**第一个看点是混改**。2015年12月，老白干酒完成国企改革，引入管理层、职工、经销商持股和战略投资者，公司员工持股比例为3.09%，其中，管理层13人占比在0.58%左右，虽然混改的力度不大，但意义重大，管理层动力十足，积极进取，开始不断"折腾"。首先营销强度开始增加，广告铺天盖地，开始强化老白干的品牌强度；其次聚焦产品，公司主动砍产品，从400多个SKU(库存保有单位)减少到不足100个，产品结构逐渐从低端产品为主过渡到以中高端产品为主，而低端产品开始萎缩；再次，聚焦地域，省内重点做，省外做重点，省内营收占比87%，老白干本质上就是一家区域性公司和区域性品牌，做全国市场属于玩票行为，这一次算是比较务实了；最后收购丰联酒业，与板城酒业形成协同效应。从以上的行为来看，管理者足够积极，完全达到了混改的目的，所以说其混改是完全成功的。

第二个看点是产品结构的变化。经过管理层3年的"折腾"，产品结构方面有了本质的变化，高端酒营收7.6亿元，增长28.56%，营收占比34%，主要是十八酒坊15年、十八酒坊20年和衡水老白干五星为主的次高端产品；中端酒营收5.26亿元，增长3.53%，营收占比24%，主要是十八酒坊蓝钻系列和8年为主的百元价位产品；低端酒营收9.38亿元，减少2.93%，但销量大幅减少17.1%，营收占比42%，低端酒在持续萎缩。调整之后的产品结构以中高端酒为主，具备了一个坚实的产品构架，发力次高端、决胜未来有了坚实的基础。

第三个看点是聚焦省内。公司提出深度聚焦省内、河北全面为王的战略。2017年省内营收22.03亿元，增长27.4%，省外大幅萎缩55%至3.13亿元，这才导致全年营收仅增长4%左右，但这是值得的。老白干本质上是一家区域性龙头企业，不具备全国化的品牌基因，做全国市场完全是浪费宝贵的资源，河北省有300亿元的市场容量，只要踏踏实实地做市场，占据30%的市场份额，营收达到100亿元完全是有可能的。看看口子窖、古井贡酒、山西汾酒、二锅头，在区域市场过得很滋润，都是超过30%的市场份额的，所以聚焦省内，做到30%的市场份额只是中性目标，一点也不激进。

第四个看点是收购丰联酒业。丰联酒业2016年营收是11.2亿元，业绩承诺是

2017年利润达到6670万元，实际则是2017年1—9月营收达到9.2亿元，全年营收至少与2016年持平，利润为10 787万元，完成业绩承诺的161.6%，这是一笔很划算的生意。但这笔收购的关键是与板城酒业形成协同效应，不但兵不血刃地消灭了一个强大的竞争对手，而且在销售渠道上的协同效应是显而易见的，同时在产品序列上增加了一个浓香酒的大品类，真是一举三得，至于收购省外其他的品牌，就算是友情奉送了吧。收购了丰联酒业，老白干才算是真正意义上的"河北王"，区域龙头的地位才算是坐实了。

可以说老白干管理层这三年的确"折腾"出了不少事情，成效显著，但营收仅从21.09亿元增长至2017年的25.35亿元，每年保持个位数的增长率。虽然说有产品调整结构的原因，但对比行业知名企业，老白干还是有一点落伍，最多算一个中等生，比优等生差远了。个人认为最重要的原因是营销效率不高，虽然广告铺天盖地，虽然在热播剧里植入广告，虽然在纽约广场做品牌广告，但效果的确一般。营销效率不高才是制约老白干进一步发展的瓶颈。这个瓶颈随着与君智咨询的全面合作而看见了曙光，这意味着接下来衡水老白干将进行全新的品牌定位，掀起抢占消费者心智的革命。君智咨询是一家比较特殊的咨询机构，其创始人谢伟山曾是特劳特全球合伙人。过去两年，君智曾助力酒业以外的16家企业"飞升"，囊括飞鹤、香飘飘、分众传媒、雅迪电动车、相宜本草、简一大理石等各行业名企，其中飞鹤、雅迪电动车等已经成为咨询界广泛研究的样本。

定位理论有三个核心，第一个核心是清晰的品牌定位，产品需要深度聚焦，要像一个楔子一样钉入客户的心中。老白干有很多值得挖掘的亮点，老白干香型，冰峰67度，1915和万国博览会金质大奖章，还有十八酒坊，还有老白干的厚重历史底蕴，这些都是老白干所独有的，可挖掘的东西很多，相信在定位大师的深度挖掘之下，一定会有一个统领全局的产品定位出现。产品聚焦、省内聚焦已经给产品的定位打下了坚实的基础。

第二个核心是核心资源的支持。从与君智咨询的签约大会到后来的老白干竞争战略动员大会来看，几乎是全员行动起来了，得到了高层领导的一致支持，这是定位能够成功的前提条件。其次，聚焦省内，聚焦产品，营销资源不会出现广撒网的情况了，其实老白干现有的营销投入并不低，只要聚焦，提高营销效率，这些资源就够用了，相信在核心人力资源、营销资源的支持下，老白干产品的营销效率会有显著的提升。

第三个核心是连续性。在签约大会上，谢伟山就提出了定位的3年理论，让老白干降低预期，3年以后出成果，而老白干的管理层是深度认可的。只要能够坚决执行，保持连续性，飞鹤、东阿阿胶、六个核桃、王老吉的神话会重演，100亿元的营收目标并不遥远。

最后梳理一下老白干的优势：①深度聚焦省内、河北全面为王的战略全面实施；②次高端占位成功，是决定未来与一线品牌竞争的关键所在；③坚持品牌优先发展战略；④管理层动力十足，提供了内在的推动力；⑤插上定位的翅膀，提高营销效率，一定会成为名副其实的区域龙头，对标古井贡、口子窖和山西汾酒，300亿元市值清晰看见；⑥附加一个彩蛋，2018年雄安新区开始建设，搞工程喝白酒基本上是正相关的，作为河北省的白酒老大，具备天然的心理定位优势，对老白的促进作用不可小觑。

顺便说一下老白干酒2018年一季报，营收7.38亿元，增长6.14%，利润0.75亿元，增长81%，预收账款6.48亿元，增加1.44亿元，而一般的白酒企业一季报里预收账款是减少的，如果将增加的预收账款还原到营收中，则营收同比增长27%，这是一个优等生的数据。2017年年报预计公司2018年并表以后收入35.6亿元，总成本控制在31.3亿元，推算净利润为3.2亿元左右，如果加上丰联一季度的收入，总营收大概在40亿元左右，老白干自己给的增长目标是10%，而内部给销售部门的目标是20%，整体的营收还是不错的，净利润大概率会超预期，2018年是老白干的启动之年，2020年则是丰收之年！

编者按：

这篇文章写于2018年5月4日，2019年复盘来看，有以下几点补充：①对老白干整体的分析逻辑是没有问题的，老白干也一直在做正确的事情。②老白干本部的营收仅增长3.31%，大幅低于预期。此外与板城酒业在渠道方面的协同效应完全没有体现出来，在这一点上管理层是不合格的，丰联酒业的发展是超越预期的，板城系列发展得不错，省外的3个"拖油瓶"均超过预期，对丰联酒业的收购相当成功。③管理层喜欢"折腾"的老毛病有一点犯了，企业找到一个好的产品定位是非常不容易的，"喝老白干不上头"是非常经典的产品定位和营销定位，君智做得不错，但貌似管理层有一点摇摆，有弱化这一定位的趋势，对新定位的营销投入严重不足。老白干目前最缺的就是战略定力，管理层需要耐住寂寞，持续聚焦和营销，3年之后一定会有一个好的结果。

9.6 老白干酒2018年年报详解

1. 2018年财务指标数据

(1) 总资产54.79亿元,净资产27.51亿元,总权益27.56亿元,负债率49.7%,货币资金10.2亿元,少量有息负债,10送3股,具体财务指标详见表9-3。

表9-3 基本财务数据

项目	2018年	2017年	本年比上年增减
营业收入/亿元	35.83	25.35	41.34%
净利润/亿元	3.5	1.63	114.26%
经营活动现金流/亿元	4.49	-1.55	增加6.04亿元
每股收益/元/股	0.47	0.25	88%
加权平均ROE	14.91%	9.84%	5.07%
股息/元/股	0.2	0.2	0%

(2) 老白干系列营收22.98亿元,增长3.31%,毛利率58.45%,减少2.01%;河北省营收24.62亿元,增长11.74%,毛利率58.16%,减少6.02%,占比69.2%;板城系列营收4.4亿元,文王贡酒营收2.54亿元,孔府家酒营收0.98亿元,武陵酒营收1.96亿元。按照产品价格的营收分类如表9-4所示。

表9-4 营收分类表

项目	营收/亿元	毛利率	营收同比增减	毛利率同比增减
高档酒	11.80	78.38%	55.33%	-4.26%
中档酒	9.58	67.25%	82.27%	-5.99%
低档酒	11.46	30.85%	33.90%	-16.4%

(3) 销售费用9.64亿元,增加18.93%,全国性广告营销占比13.3%,地区性广告占比86.7%,丰联酒业净利润1.38亿元,预收账款4.29亿元。2019年经营计划:营收43亿元,增长20%,利润预计5.5亿元,增长57%左右。

(4) 2019年一季报数据:①营收11.49亿元,增长55.81%,利润1.18亿元,增长57.14%,合0.17元/股,扣非后1.12亿元,增长56.87%;②ROE=4.05%,减少0.23%,总资产58.95亿元,净资产31.43亿元,总权益31.49亿元,负债率46.6%,预收账款5.67亿元,增长32.53%,销售费用2.85亿元,增长41.16%。

2. 财报解读

(1) 2018年的财务报表掺杂了丰联酒业4—12月的财务报表,报表比较凌乱,需要拆开来看。老白干系列营收仅增长3.31%，和2017年的营收增长率差不多，这个是低于预期的，唯一可以解释的理由是公司调整产品结构，主动压缩低端酒的营收，扩大中高端酒的占比，导致营收低速增长，但是老白干系列毛利率为58.45%，减少2.01%，这个和前面的分析是有矛盾的，而且和公司的整体战略是不符合的，调产品结构的目的是增加中高端产品占比，毛利率应该提升才对，所以这一点比较矛盾。

(2) 丰联酒业(4—12月)营收9.88亿元，利润0.886亿元，全年利润是1.84亿元，利润指标大幅超越业绩承诺，目前丰联酒业旗下4大品牌均有一定的地方特色，在区域市场的口碑和竞争力都不错，未来的发展前景看好，总营收超过目前老白干本部的概率不小，相当于再造一个老白干，这一笔收购老白干是赚到了。

(3) 中高档酒的营收占比为65.1%，提升了7.3个百分点，虽然有一部分中高档酒是收购过来的，但都属于老白干。作为一个整体来看，中高端产品提升明显，产品结构更加合理，如果再经过2年的时间，中高端产品占比提到70%就算比较完美的产品序列了，继续观察产品结构的变化吧。

(4) 全国性广告营销占比13.3%，地区性广告占比86.7%，这个逻辑是对的，拳头收回来主攻省内市场是最佳策略，全国性广告占比占比10%就可以了，能够在市场上听到老白干的声音就可以了。聚焦一切力量做大省内市场。河北省白酒市场总规模在300亿元左右，老白干占比仅在10%左右，如果策略得当，省内做到30%的市场份额是可以预期的。

(5) 2018年老白干和乾隆醉(板城酒业)的协同效应做得并不好，按照常识来讲，两者一南一北，在渠道上有很强的互补性，协同效应应该非常显著才对，但并没有出现这种情况，个人认为这是管理层的责任，2019年这算是一个看点吧！希望管理层可以有所作为。

(6) 2018年已经过去，市场更加关心2019年一季报的表现：营收11.49亿元，增长55.81%，预收账款5.67亿元，若将预收增加的1.38亿元还原到营收上，则营收为12.87亿元，同比增长74.4%，环比增长11.7%，其实还不错。2019年经营计划：营收43亿元，增长20%，利润预计5.5亿元，增长57%左右。

(7) 2019年老白干酒的财报会干净很多，营收43亿元，利润5.5亿元，基本上代表了老白干目前的真实水平，合理估值是20～25倍PE，即110亿～140亿市值。

(8) "喝老白干不上头"其实是非常经典的营销定位，堪比当年的"怕上火喝王老吉"以及"用脑喝六个核桃"，后面两家公司在找到产品的准确定位以后依靠高强度的广告投放将这个定位强有力地嵌入客户的心中,产品在营收上都翻了至少10倍,这就是定位的强大力量。老白干不同于后面两家企业的地方是管理层有一点摇摆,并没有聚焦全部资源进行强营销,这才是老白干存在的问题,正确的做法是聚焦所有的资源,在营销上做强投入,将这一经典定位嵌入客户的心中。

(9) 一般来讲很难找到好的发力点将产品规模做大,所以大部分产品最终都走向平庸化,而老白干目前手里有两个抓手,一个抓手是"喝老白干不上头"的经典产品营销定位,只要持续发力,做正确的事情,一切都会水到渠成;另一个抓手是雄安的基建,基建和地产酒是一对好兄弟,老白干在雄安新区聚焦资源做强投入,一定会有非常大的收获。两个抓手都摆在老白干管理层面前,如果措施得当,成为强势区域龙头是可以预期的,而作为区域龙头代表的古井贡酒市值已经达到了600亿元左右,这就是老白干未来发展的方向。

(10) 2015年企业混改以来,管理层的确是动力十足,开始不断地"折腾",但结果并不理想。养元饮品从小做大是一个经典的产品定位和营销案例,当管理层找到好的产品抓手"用脑喝六个核桃",持续聚焦,保持战略定力不动摇,终于做到百亿规模。而目前老白干也已经找到了属于自己的"产品抓手",希望管理层可以保持战略定力,不要再继续"折腾"了,做资源强投入,将老白干做成百亿规模。

(11) 老白干手里的牌面是不错的,只需要一个合格的出牌人,就会胜出,但目前并不好判断管理层是否是合格的出牌人,所以老白干目前的局面是牌面很好,但出牌人水平高低还不明确,即老白干能否做到百亿规模,完全看管理层的水平,而这一点是具有不确定性的,这就是老白干目前的状态。

9.7　白酒股投资路线图以及白酒股投资思考

白酒股是本人的最爱,是最近几年超额收益的重要来源,简单回顾一下投资白酒股的历史吧。

第一次买入白酒股是2013年底,背景是中央限制三公消费和白酒塑化剂危机,白酒陷入行业性危机,我买入了贵州茅台和五粮液。贵州茅台的买入均价是142元(两次10送1,实际持仓成本为117元),五粮液买入均价是21.3元,初始两者的持仓比例是3∶7,后来在股市调整期加仓茅台,最终两者的持仓比例是4.5∶5.5。我在2017年以55～65元的价格减持了全部五粮液仓位，2018年在750～800元减持了茅台50%的仓位，2019年在810～870元减持了全部茅台仓位，整体的收益率非常高，具体的操作详见图9-1和图9-2。

图9-1　贵州茅台股价走势图

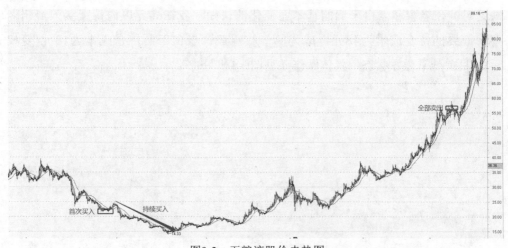

图9-2　五粮液股价走势图

第二次买入白酒股是2016年9月，持续买入到2017年7月，背景是白酒行业基本面反转已经确认，区域龙头企业的价值还没有被市场发现。我买入了古井贡酒，价格区间是40～48元，持仓成本43元左右，2018年在85～90元减持全部仓位，整体的收益率为100%，具体操作详见图9-3。

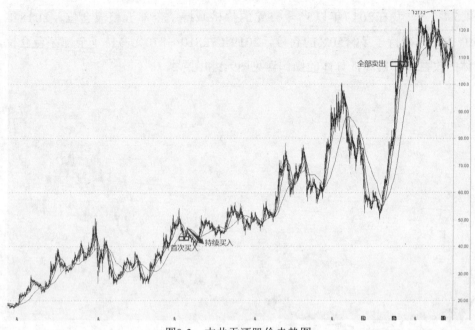

图9-3 古井贡酒股价走势图

第三次买入白酒股是2018年,背景是中美贸易风波导致白酒股大跌,市场缺乏对泸州老窖和老白干酒的基本面变化的认知。我在60元以内持续买入泸州老窖,最终的持仓成本为48元,成为第一权重股;老白干酒持仓成本为13元(复权后),目前处于微亏状态,具体操作详见图9-4和图9-5。

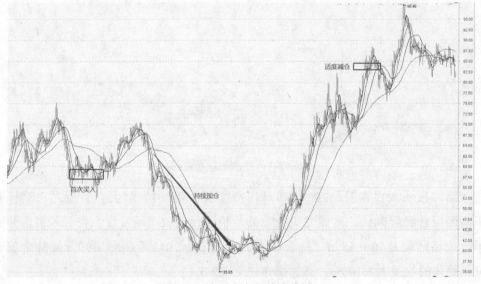

图9-4 泸州老窖股价走势图

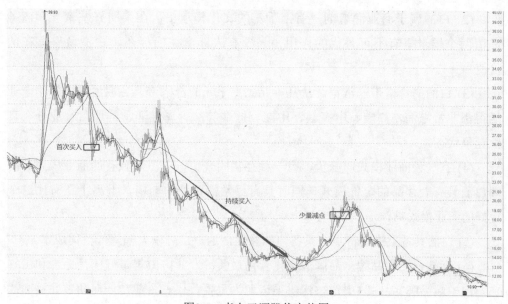

图9-5 老白干酒股价走势图

简单来说，投资了3轮白酒股，但每一次的投资逻辑都是不一样的。第一次投资白酒股的逻辑是白酒处于行业性危机中，危机中投资龙头最安全，五粮液和茅台属于绝对的龙头，由于五粮液当时的估值更低，所以投资五粮液的仓位更多一些；第二次投资白酒股的逻辑是白酒行业危机已经结束，区域龙头企业的价值还没有被市场发现，古井贡酒是当仁不让的区域龙头老大，投资潜力巨大；第三次投资白酒股的逻辑是白酒行业已经正常发展，深度挖掘个股是王道。泸州老窖和老白干酒的基本面有了本质的变化，但市场还没有意识到，利润兑现是滞后的，利润兑现之日就是市场价值发现之时。至于说为什么两只股票都买而不是买入一只，是因为当时本人无法判断哪一只股票更好，更有潜力，所以只能都买入，事后来看当然是泸州老窖更好了，但当时是看不准的，事后来看无比清晰的东西在事中其实迷雾重重。

为了投资白酒股，本人是做了很多功课的，对20世纪80年代之后的白酒行业发展历史做过系统的梳理，对行业发展的本质还是有深刻认知的，简单梳理一下对白酒行业的一些认知。

(1) 品牌是关键因素。具有历史底蕴和文化属性的品牌才有价值，新品牌一文不值，白酒行业其实有非常高的门槛，这个门槛就是时间和历史。品牌一般都有精神属性和物质属性，白酒高端品牌具有很强的精神属性，"喝茅台有面子"只是品牌精神属性的外在体现。

(2) 白酒属于商业润滑剂，有上千年的文化传承史，在亲朋好友聚会和商务宴请两个场景里有不可替代的作用，只要有人际交往的存在，白酒就有存在的价值。

(3) 白酒的价格带非常宽，从几十元到上千元的价格带，各取所需，各个企业活得都非常滋润，高端、中高端、中端、低端等品牌属性非常鲜明，行业处在良性竞争状态。

(4) 有一种商业模式叫涨价，有一种存货叫升值——白酒独有的商业模式。高端白酒具有奢侈品的定价模式，同时具有日常消费品的动销，世界上还有比这个更好的商业模式吗？

(5) 白酒具备上瘾的特点，具备口味黏性，这一点可以大幅降低营销成本。

(6) 高端白酒靠品牌，品牌的文化营销最关键，业内做得最好的是茅台和国窖1573；中端品牌靠品牌+渠道，深耕渠道尤为重要，代表企业是洋河和古井贡酒；低端品牌靠区域聚焦和深耕渠道，代表企业是顺鑫农业和老白干酒。

(7) 对两个关键问题的判断：①对人口老龄化和年轻人不喝白酒的评价：白酒是老龄化受益的产业，年轻人不喝白酒是伪命题，白酒的本质是商业润滑剂；②行业发展趋势：少喝酒，喝好酒，这也是白酒行业消费升级(产品价格带提升)的内在动力。

基于以上几点认识，白酒股一直是我的最爱，很多时候都是超配的，经过最近6年对白酒股的深度介入，也有一些感悟和经验教训需要重点说明一下。

第一点，便宜是相对的而不是绝对的。站在2013年的时间点，五粮液的估值比茅台便宜得多，但茅台利用其成长性化解了相对于五粮液的高估值，带给投资人的回报率远好于五粮液，茅台案例属于典型的成长创造价值的典范，估值是静态的，成长是动态的，静态的东西容易掌握，但动态的东西更有价值，直接决定了投资的成败。

第二点，市场反应往往是滞后的，深度研究可以提前发现企业的价值。市场反映的是企业目前的价值，而投资者需要发现企业未来的价值，站在2016年的时点，古井贡酒市值仅200亿元左右，而作为区域龙头的老大，有两点非常清晰的判断：①古井贡酒牢牢占据了"年份原浆"的客户心理定位，品牌定位非常清晰，在渠道管理上仅次于洋河，深耕渠道的能力非常突出；②古井贡处于战略进攻期，营销费用增长率长期高于营收增长率，一旦营销费用放缓，利润会暴增(本质上是利润的延迟实现)；③区域龙头老大，市值有望达到500亿元，至少有一倍的市值空间。这三点判断在2018年一一兑现，这笔投资收益率非常好，深度研究可以创造价值。

第三点，对企业基本面的变化要有敏感性。对企业基本面的长期跟踪是投资者的基本功课，在跟踪研究的过程中发现变化。以泸州老窖为例，在2013年行业危机中我也买入了一点泸州老窖股票，但在跟踪研究的过程中发现了一大堆问题，果断换仓五粮液，而在泸州老窖新的管理团队上位以后，基本面又有了新的变化，具体体现在：①国窖1573定位"浓香国酒"，特曲定位"浓香正宗，中国味道"。定位非常清晰，占据了浓香型品类的制高点，对标国酒茅台，和茅台形成品牌联想，典型的借力打力，同时封杀了五粮液的品牌特性。国窖1573充分利用文化营销打造高端品牌，一方面利用老窖池提供信任状，另一方面有效利用各种事件做文化营销，提升品牌强度，是行业内品牌文化营销做得最好的企业。②战略聚焦五大单品，国窖1573打造品牌力；特曲走量，称为白酒的性价比之王，窖龄酒定位商务用酒，和老窖池形成品牌联想；头曲、二曲定位"大众消费品牌"。而2013年以前的产品结构是典型的金字塔形，产品线杂乱无章，严重稀释品牌，经过5年的产品调整，目前的产品结构类似于倒金字塔形，产品结构调整到位。③相比其他白酒龙头企业，老窖多了几层保护垫：第一层是老窖处于战略进攻期，国窖1573处于持续放量的阶段；第二层是国窖1573和老窖特曲定位清晰，营销效率高，一旦在客户心目中形成牢固的品牌联想，会有爆发性的增长阶段；第三层是低端产品的收缩压制了营收的表面增长率，其真实增长率具备多年超过30%的持续性。营销费用显著高于营收增长，一旦营销费用回归正常化(类似于2018年的古井贡酒)，利润会暴增。基于以上三点判断，我果断再次买入泸州老窖，目前投资逻辑大部分已经兑现，还有一部分在持续验证过程中，千亿市值应该是老窖的标配，本人对这个判断非常有信心。

第四点，龙头企业永远是投资的首选。转眼间茅台股价已经突破1000元大关了，从2013年塑化剂风波之后算起股价涨了差不多10倍，其他白酒股相对就差多了。目前已经进入剩者为王的时代，龙头企业成为最大的赢家，观察白酒行业的茅台、调味品行业的海天味业、乳制品行业的伊利股份、水泥行业的海螺水泥、化工行业的万华化学、安防行业的海康威视，各行各业的龙头企业都成为最大的赢家，赚取了行业内大部分利润。

第五点，商业模式是非常关键的因素。商业模式有好有坏，好的商业模式可以轻松赚大钱，差的商业模式只能悲惨地活着，投资人需要对各行各业的商业模式有所了解，对商业模式的优劣有自己的认知。高端白酒是非常好的一种商业模式，有历史和文化作为坚强的壁垒，品牌的精神属性远大于物质属性，涨价是彰显品牌价值的有效手段，存货可以升值。

2001年贵州茅台上市的时候，市场普遍将白酒行业看作夕阳行业，缺乏投资价值，茅台股价也阴跌了一年多，时至今日，白酒股成为股市最耀眼的明星，长期的投资回报率远远高于其他行业。市场多数时候是有效的，但在某些时候是无效的，投资者需要有能力鉴别出市场的无效时间，充分利用市场的无效时间，那才是投资者的"富矿"。

第10章

消费股投资

10.1 荒岛股票之10年股解析

作为荒岛居民，10年持股，对股票的要求还是比较苛刻的，从行业层面来讲，需要找到容量能够保持持续增长的行业，这样优势企业才会有稳步成长的土壤。本人长期关注以下几个行业，希望从这些行业中选择出优势企业：①日常消费品行业，这个不用多解释，行业容量会稳步扩大；②医疗行业，中国目前确定性最高的行业，没有之一；③大金融行业，作为百业之母，金融行业基本上没有天花板的限制，虽然会有周期性的行业出清，但对优秀企业来讲反而提供了更好的发展机会；④电子商务，这个行业就像超市取代百货店模式一样，是零售行业的下一代主流模式；⑤能源行业，典型的大行业，历史回报率相当不错，但目前该行业暗流涌动，煤炭、原油价格低位运行，新能源蓬勃发展，到底是周期性因素，还是行业本质发生了变化还真不好确定，所以主要以跟踪观察为主，持慎重态度投资。行业性因素就说这么多，下面分析一下荒岛股票的选择。

荒岛股票之贵州茅台：①2015年，限制三公消费的影响渐小，随着社会总财富的逐年增加，高端白酒的总容量逐年增加，茅台作为白酒第一品牌，获得稳步增长是确定无疑的事情；②中国白酒文化源远流长，作为社交的润滑剂，具有非常强的生命力的，有一种说法是现在的年轻人不喜欢喝白酒，以后白酒市场会逐步萎缩，这纯属臆测，文化是不会被轻易打破的，社交是永久的需求，大家都是从不喝酒到喝酒，然后喝好酒的阶段过来的，没有人会例外。

荒岛股票之招商银行：①国内最好的零售银行，经营最保守的银行；②品牌认知度最高的银行，服务最好的银行；③银行经营的精髓是保守，只要没有被周期性出清,就会有不错的回报,如果只投资一家银行,那就是招行了。

荒岛股票之中国平安:①财险业务综合竞争力最强,市占率逐年提升就是最好的背书;寿险业务相对一般,但今年代理人已经超越中国人寿,或许寿险业务的拐点已经来临,竞争力已经超越人寿,综合竞争力行业第一指日可待;银行业务经营比较激进,持负面评级;②综合金融对客户的交叉销售是最大的竞争力,目前超过30%的业务量来自交叉销售,相当于客户获取成本显著低于行业内其他企业,竞争力独一无二;③以过去10年计算,每股内含价值的年复合增长率大概在15%,所以在内含价值附近买入,每年大概可以获得15%左右的成长收益。

荒岛股票之京东:①电子商务作为下一代零售的主流模式不容置疑;②京东抓住了阿里的两大认知上的弱点:物流速度慢+假货横行,站在了阿里的对立面,突出其物流速度快+正品的定位,这是作为老二的最佳进攻模式,最有可能颠覆行业老大,即使做不到行业老大,做一个强势的老二也不错,就像百事可乐与可口可乐,保守预测未来京东达到阿里市值的一半,这笔投资收益率也会不错,而且还有颠覆老大的美好憧憬,何乐而不为?

荒岛股票之伊利股份:①乳制品保持稳步发展的态势不会改变,中粮入主双寡头之一的蒙牛乳业已经落伍,未来,平庸的管理还会拖蒙牛的后腿,行业已经进入强势单寡头模式,强者恒强;②乳制品子品类众多,很容易做出差异化产品,这比肉制品要好很多,作为行业老大,对成功的单品只要简单拷贝就可以获取超额的利润,这就是做老大的好处,总之,利润率会有保证的;③每年接近百亿的营销费用,这就是最强的护城河,还有比这个更好的护城河吗?

荒岛股票之上海家化:①国内最好的化妆品企业,国内产品梯队最完善的企业,而化妆品行业有很长的坡道,滚雪球是足够了;②新任管理层采取聚焦战略,聚焦产品,聚焦中国文化,中国元素成为一个有效的差异性,本人看好管理层的战略导向;③中国平安最新的收购就是最好的背书,本人同样看好上海家化的发展前景。

荒岛股票之复星医药:①公司的研发费用已经进入前三甲,药品研发能力虽然不如恒瑞医药,但在行业内已经非常强了,快要到摘桃子的时候了;投资收益显著,对国药控股的投资会获得稳定的收益,其他的投资可以锦上添花;医疗服务板块前景看好,成长速度较快。总之,三个板块协同发展,前景都很不错。②看好郭广昌,看好复星集团投资团队,或许会有意外之喜。③从最保守的角度来看,作为医疗行业的产业投资基金来看待，也不错，毕竟医疗行业长期看好，这笔投资属于投资有保底、收益上限很高的品种。

荒岛股票之川投能源：①从装机容量增长角度来看，未来10年复合增长率在8%左右，外加4%～5%的分红收益，在10倍PE买入，非常不错的投资；②未来加大分红是大概率事件，预估分红收益率在4%～5%，成长收益在8%，如果赶上一轮牛市，估值提到20倍PE，那就是一笔完美的投资了；③最重要的一点，川投能源是荒岛股票中预期最稳定的股票，起到压箱底的作用吧。

还有恒瑞医药和海天味业，都不错，但估值都很高，目前情况下没有买入的欲望，如果估值能够下来，也是非常不错的荒岛股票，甚至比以上7只股票还要好，不能入选实在可惜。对恒瑞医药的跟踪已经持续了8年之久，其实中间有几次相对还可以买入，但最终还是放弃了，只有一种解释：脑子进水了。华润三九其实也不错，看好它在大健康产品上的拓展，分析今年的年报以后会有更清晰的结论，目前还不足以入选荒岛股票。

编者按：

这篇文章写于2015年11月15日，4年之后复盘来看，如果将这8只股票做一个组合，收益率相当不错，至少可以战胜市场上90%以上的投资者，笔者选股的眼光还是可以的，对企业的认知还是不错的。抛开股市，仅从企业发展的层面来解读可能更有意义：①贵州茅台、招商银行、中国平安、伊利股份、复星医药，这5个龙头企业都获得了长足的发展，利润增长明显；②上海家化不能算绝对的龙头，只能算国内企业的子龙头企业，最近4年的业绩是衰退的，虽然管理层变动对企业扰动比较大，但根本问题还是行业的竞争态势发生了明显的变化，行业因素占主流，即便没有更换管理层，目前的上海家化也不会有太大的变化，所以行业性变化是根本，需要密切跟踪变化；③京东属于行业老二，不能算是龙头，对京东的判断偏乐观了，阿里在商业模式上是优于京东的，京东的商业模式对管理的要求非常高，显然京东的管理和商业模式的匹配上不完全合格，管理还需要进一步提升，商业模式也需要进一步优化，但整体而言，京东还是保住了老二的位置，京东还是有自己的优势的，虽然追上阿里的希望渺茫，但守住老二的位置也是不错的，行业足够大，留给京东的发展空间也就足够大；④水电的老大是长江电力，川投能源只是一家投资公司，谈不上什么龙头，公司最近4年的利润停滞不前，和当年的判断有不小的出入，当年的预计偏于乐观；⑤由于价格因素没有纳入荒岛股票的海天味业和恒瑞医药属于行业绝对龙头，企业发展得非常好，资本市场的回报也很高，有质量的成长的确可以创造价值，即便买入的价格稍微高一点，企业通过成长可以化解掉稍微高的价格；⑥重要的事情说三遍：投资找龙头是第一准则，投资找龙头是第一准则，投资找龙头是第一准则。

10.2　荒岛股票之伊利股份

从2008年三聚氰胺事件算起，我重点关注并投资伊利股份已经有8年时间了，对于这只持续跟踪的股票，下面我做个全面的分析。

1. 行业发展态势

以2015年三季度的相关统计为准，整个快消品市场的销售增长率为5.4%，液态乳的增长率为7.5%，属于增长较好的行业，而伊利的增长率为8.7%，明显高于市场水平，市场份额在进一步增加。拆分来看，乳业消费量差不多连续三年停滞在1%左右，主要贡献来自产品提价，产品的消费升级是最重要的推动力，销量增长的动力基本没有了，涨价带来的红利也基本消失了，产品的升级换代成为市场增长的绝对动力。从产品角度来看，常温白奶销售量增长了5%，高端白奶增长了23%，冷藏酸奶增长了5%，常温酸奶翻倍，高端白奶和常温酸奶成为市场增长的绝对动力。

综合来看，得出以下结论：①行业的整体增速还可以保持在5%～8%的水准，产品的升级换代和新的品类成为最大的推动力；②产品高端化趋势明显，这明显改善了行业的利润率水平；③农村地区成为最大的潜力点，未来随着收入的逐步改善，这部分潜力会逐步释放，推动行业逐年增长。

2. 进口奶的威胁

因为三聚氰胺丑闻，进口液态奶和进口婴幼儿配方奶粉在2008年以后风生水起，不过进口常温牛奶的真正崛起应该从2012年开始。虽然进口常温牛奶保持着飞速的增长趋势，但相比庞大的国内消费，2014年底其占比只有4%左右，预计2015年能突破5%。进口常温牛奶已经成为这一品类增长的绝对主力，但近两年进口液态奶的增长趋势放缓，由前两年成倍增长到2015年回落至20%～30%。上半年进口液态奶同比增长只有21%，截至2015年9月底同比增长只有24%，预计2015年的增长率在25%左右，未来的增长率会降至20%以下，乐观估计未来进口奶的市场占比在7%左右，进口奶都属于高端产品，对国内整体乳业的威胁不大，警报基本上解除了。

现在每年中国婴幼儿配方奶粉的消费量大约为70万吨，2014年进口量大约为12万吨，占比17%左右，预估2015年进口量能达到20%的比例。在婴幼儿配方奶粉市场，进口产品的确势头很猛，也抢夺了很多国产品牌的市场。伊利虽然保持着10%以上的增长，但是市场份额还是微幅下滑，好在伊利已经提前布局海外，如果进口产品在中短期内继续保持快速增长，伊利也是能够赶上这趟列车的。随着国家法律法规的加强，代购奶粉的生存空间越来越小，代购奶粉的部分市场将会被国际品牌和提前布局海外的中国品牌拿回，而且这两年伊利加大了对婴幼儿配方奶粉的投资力度，相信夺回国产老大的位置指日可待。

3. 行业竞争态势

2008年以前，蒙牛、伊利和光明三足鼎立，蒙牛处在老大的位置，伊利作为行业老二，处处受制于蒙牛，蒙牛在管理层面、营销层面、利润层面远超伊利，唯一的缺点是原奶自供不足，对原奶的管理比较松散，伊利就像个受气的小媳妇，处处被动挨打。三聚氰胺事件彻底改变了这种局面，一方面由于蒙牛对原奶的管理最为宽松，所以问题最多，受伤最重；另一方面，作为民营企业备受压力。反观伊利，受益于国企的帽子和原奶的管控较好，以及政府的大力支持，伊利安然渡过危机。蒙牛则没有这么幸运了，只能断臂求生，委身于中粮这棵大树，可没想到，这才是蒙牛衰落的开始。

中粮的大企业病是非常严重的，我曾经投资其旗下的中国食品。中国食品拥有长城葡萄酒的金字招牌和国家层面的背书，但在孱弱的管理层领导下，一切都是"浮云"。果然，中粮入主蒙牛以后，管理层的平庸立马体现出来，财务指标全面衰退，被伊利全面超越。这里，有个重要的点一定要提到，这就是伊利借助2008年的奥运会开始全面的体育营销，这才是关键点所在，从定位角度来讲，伊利成功地将乳品与体育结合起来，体现出"健康"的产品概念；反观蒙牛赞助超女和神六飞船，虽然博得了眼球，但与娱乐挂上钩了，高下立判，这才是蒙牛衰落的真正原因，平庸的管理层只是加速了这一进程。至于光明乳业，基本上属于陪太子读书的角色，除了推出一些特色产品，做一些细分产品，没什么戏，蒙牛和伊利巨大的销售额体现出的规模优势，像一座大山压得光明喘不过气来，不分析也罢。

4. 对伊利未来的判断

2015年中报显示，公司液态奶的市场份额为29.6%，比去年同期提升2.3个百分点，常温酸奶市场又如何呢？面对纯甄和安慕希的快速崛起，光明的市场份额由前一年的72%下降到二季度的47%，而蒙牛和伊利的市场份额分别上升至23%和22%，特别是伊利，其市场份额大涨13个百分点，通过伊利的财报可以发现安慕希的销售额增长了6倍多；蒙牛纯甄增长也很快，但份额只增长了9个百分点，远远落后于伊利，多么恐怖啊！一方面整体的市占率还在逐年提升，另一方面由光明开创的新品类——常温酸奶，在行业老大和老二的夹击下已经节节败退，安慕希获得市场份额第一只是时间问题，伊利的综合竞争力太明显了，还让其他企业怎么活？

在定性分析方面：其一，潘刚持股市值十几亿元，整个管理层基本上已经MBO了，公司的治理结构完善，管理层动力十足。其二，借助体育营销占领"健康"这个行业的制高点，体现出营销的高效率。其三，巨大的规模优势导致成本优势明显，其他企业只能望其项背，没有丝毫的办法。其四，每年接近100亿元的营销费用，这构筑了巨大的护城河，品牌优势逐年加强。其五，可以充分享受老大的特权，例如，虽然光明开创了常温酸奶这个品类，但在安慕希和纯甄的冲击下，目前已经是三足鼎立，伊利超越光明只是时间问题。对于任何渐进式创新，最后的获胜者一定是行业老大，无一例外，所以做老大好处多多，只要自己不犯错误，竞争对手没有丝毫机会。

在定量分析方面：①营收指标：8年(2007—2014年)复合增长率为16%，最近3年进一步降低为13.2%，2015年前三季度为9%，逐年降低，但整体表现稳定(2007年营收增速明显下了一个台阶，并保持相对稳定，所以以2007年作为基准来分析)；②利润指标：5年(2010—2014年)复合增长率为51%，最近3年为32%，非常了不起的增长，这就是规模的力量；③ROE指标：6年(2009—2014年)均值为22%，比较稳定；④资产负债率为52%，比较健康，基本没有财务风险；⑤历年分红保持在25%左右的水平，以目前股价15元来计算，分红收益率为2.6%左右，属于一般水平，但未来提高分红比例是可期待的，毕竟大规模投资时代已经结束，每年巨量的现金流无处可去。从定量指标出发，对伊利的最终评价就是：典型的三好学生，优秀企业的代表。

5. 最终结论

(1) 伊利属于强势的老大，市场份额还会进一步扩大，蒙牛还会进一步衰落下去，伊利的行业地位还会逐年增强。伊利一方面拓展全球产业链，另一方面高端产品差异化，老大地位稳固。

(2) 护城河坚固，每年100亿元的营销投入就是护城河，其他企业没有可能逾越。

(3) 品牌是快消品的生命，伊利的品牌优势极其明显，而且在逐年加强。

(4) 利润增速超过营收增速常态化，充分享受规模化和产品高端化的好处。

(5) 乳业的成长空间尚好，产品丰富，差异化明显，行业的发展前景相对良好。

(6) 预估未来5年利润增长率在15%左右，以15元(20倍PE)作为估值中枢，分红收益为2.5%，成长收益为15%，预估投资收益为17.5%左右，成长加速或者市场提升估值可有效放大投资收益率。

(7) 作为荒岛股票，绰绰有余。逢低加仓是王道，收益的下限是基本确定的，上限取决于成长性，市值超越2000亿元可期。

编者按：

这篇文章写于2015年12月8日，当时的大背景是市场担忧进口奶对国产奶构成严重威胁，本人从行业发展态势、进口奶的威胁、行业竞争态势、对伊利未来的判断四个方面做了一些分析和判断。如今，站在2019年的时点来看，当时的判断大抵正确：①进口奶的威胁的确被高估了，国产奶的竞争力还是很强的；②伊利的发展符合预期，成为行业绝对老大；③伊利的核心竞争力得到了进一步加强。同时有几点判断有一点偏差：①进口奶不但不是威胁，反而成全了伊利高端差异化产品的大发展，伊利利用了国人对进口奶的高端认知，大手笔收购了新西兰的优质奶源，利用新西兰的优质奶源做高端产品，伊利的高端产品做得风生水起；②行业竞争态势不但没有趋缓反而加剧了，蒙牛主动发起了进攻，目前棋到中局，从两年多的竞争态势来看，伊利仍然占据主动，竞争优势并没有被削弱；③伊利开始布局成长的第二曲线，成长的天花板被打开。

10.3 伊利股份2019年中报点评及行业竞争态势判断

这篇文章重点探讨三个问题：①对伊利2019年中期财报的分析；②行业的竞争态势；③伊利未来的发展前景。

1. 伊利股份2019年中期财报重点数据

(1) 具体财务数据详见表10-1。

表10-1 基本财务指标

项目	2019年(6月30日)	2018年(6月30日)	本期比上期增减
营业收入/亿元	449.65	395.89	13.58%
净利润/亿元	37.8	34.45	9.71%
经营现金流/亿元	37.65	48.47	−28.73%
每股收益/元/股	0.62	0.57	8.77%
加权平均ROE	13.18%	12.79%	0.39%
净资产/亿元	254.14	245.17	3.66%

资产负债率51%，有息负债16.52亿元，增加1.29亿元，货币资金109.55亿元，减少0.95亿元。

(2) 销售费用111亿元，增长9.17%，管理费用19.16亿元，增长45.66%，财务费用减少1.45亿元，减少502%，研发费用2.01亿元，增长144%。

(3) 常温液态奶市占率38.2%，增加2.4%，其中，常温酸奶市占率提高了5.8%；低温液态奶市占率16.5%，下降1.1%，其中，活性乳酸菌饮料市占率提高了0.6%；婴幼儿配方奶粉市占率6.4%，提升0.6%。报告期，公司"金典""安慕希""畅轻""每益添""Joy Day"" 金领冠"" 巧乐兹"" 甄稀"" 畅意100%"等重点产品增长30%。同期，公司新品销售收入占比 17.4%，提高了 2.6 个百分点，公司电商业务增长31.94%。

(4) 常温液态奶、低温液态奶和奶粉细分市场的零售额，分别比上年同期增长 3.0%、−0.7%、8.8%，其中，有机乳品细分市场零售额比上年同期增长13.8%。公司产品在国内市场的渗透能力继续增强，渠道份额稳步提升。凯度调研数据显示：截至2019年6月，公司常温液态类乳品的市场渗透率为83.9%，比上年同期提升了2.7个百分点，其在三、四线城市的渗透率为 86.2%，比上年同期提升2.3个百分点。同时，伴随着海外市场的拓展步伐，公司渠道渗透能力的优势继续得以夯实。

2. 结合蒙牛的中期财报进行点评

(1) 营收增长13.58%，而蒙牛是15.6%，营收增长率比蒙牛低了2.02个百分点，两者差距是51.1亿元，只论2019年上半年数据，蒙牛稍微好一点，但拉长周期来看，2018年伊利营收增长率比蒙牛高了2.22个百分点，营收差距是100亿元，即从2018年蒙牛主动开始进攻以来并没有占到便宜,两者的增长率差不多,两者联手收割了一批小企业的市场份额。个人认为下半年伊利会主动出击争取市场主动,2019年两者营收的增长率有望保持在同一个水平上。

(2) 伊利利润37.8亿元,增长9.71%,而蒙牛是20.77亿元,增长33%,蒙牛的利润增长率是失真的,缺乏比较的意义,重点看两者的利润情况,2018年蒙牛利润是伊利的47%,而2019年中期这个数字是55%,蒙牛的确有进步,但在蒙牛毛利率反超伊利的情况下(蒙牛39.1%,伊利38.58%),净利润率反而低了3.2个百分点,蒙牛的经营效率低了不少。

(3) 伊利销售费用是111亿元,增长9.17%,蒙牛销售费用是113.2亿元,增长13.5%;而2018年伊利销售费用是197.73亿元,增长27.4%,蒙牛是188.33亿元,增长26.7%,从以上数据可以得出以下几点结论:①两者的销售费用处在同一个量级,即品牌推广和品牌曝光度差不多,体现在营收上就是营收增长基本保持一致;②2019年行业竞争态势稍好于2018年,双方都比较克制,销售费用增长率基本和营收保持在同一个水平上,行业竞争态势有所改观。

(4) 管理费用19.16亿元,增长45.66%,这才是伊利利润增长不及预期的主要原因,如果还原为管理费用同比增长13.58%,则利润可达42亿元,同比增长22%,绝对是一个靓丽的数据。公司解释为职工薪酬增加所致,这个解释并不令人信服,或许与品类扩张有关吧!有兴趣的朋友可以深入研究一下这个问题。2018年销售费用大增压制了利润,2019年管理费用大增压制了利润,可以简单理解为牺牲了短期的利润但并不影响长期的利润表现(或者可以说是隐藏了利润),对于成熟的消费类企业,利润增长率大于营收增长率是常识,是公理。2018年和2019年的市场有很多扰动因素,导致短期利润被压制,但这部分利润最终会被释放的。

(5) 公司"金典""安慕希""畅轻""每益添""Joy Day""金领冠""巧乐兹""甄稀""畅意100%"等高端产品增长30%,公司新品销售收入占比17.4%,提高了2.6个百分点。伊利的高端差异化产品占比显著提升,这部分未来会显著提升公司的利润率。

(6) 伊利与蒙牛市场占有率对比详见表10-2。

表10-2 伊利与蒙牛市场占有率对比

项目	常温液态奶	常温酸奶	低温液态奶	婴幼儿奶粉
伊利市占率	38.2%	46%	16.5%	6.4%
蒙牛市占率	28%	26%	28%	4%

截至2019年6月30日，伊利常温液态奶市占率增加了2.4%；常温酸奶市占率增加了5.8%；婴幼儿配方奶粉市占率增加了0.6%；低温液态奶市占率下降了1.1%，伊利除了低温液态奶外，其他品类市占率全面提升，整体的市场竞争力是进一步加强的，蒙牛在低温液态奶上全面领先。

(7) 伊利常温液态类乳品的市场渗透率为83.9%，比上年同期提升了2.7个百分点，其在三、四线城市的渗透率为86.2%，比上年同期提升2.3个百分点。同时，伴随着海外市场的拓展步伐，公司渠道渗透能力的优势继续得以夯实，即伊利在市占率和渗透率两个方面均全面提升，其核心竞争力变得越来越强。

3. 行业竞争态势以及伊利未来的发展前景

(1) 第一个判断是伊利和蒙牛经过两年激烈的竞争，伊利在市占率和市场渗透率两个方面都得到了加强，即蒙牛的主动进攻不但没有削弱对手，伊利的核心竞争力反而得到了某种程度的加强。

(2) 第二个判断是蒙牛最激烈的进攻阶段已经过去了，行业竞争比2018年相对缓和了，未来有望进一步缓和，销售费用增速有望和营收增速保持一致，即利润增速有加速的可能。

(3) 第三个判断是蒙牛掉队的概率较大，7月蒙牛卖掉君乐宝51%的股权，除了利润上有所损失之外，会造成两个结果：①君乐宝营收已经突破100亿元大关，出表以后意味着蒙牛营收上一下子损失掉100亿元，和伊利的差距瞬间拉大到200多亿元，两者已经完全不是同一个量级的公司；②蒙牛在低温液态奶领域占有绝对优势，但君乐宝出表以后，这种绝对优势已不复存在，虽然蒙牛市占率还是行业第一，但和伊利的差距已经很小了，两者在低温液态奶上处于同一个量级，低温液态奶陷入三国杀的竞争态势，明显对蒙牛不利。

(4) 除了营收和利润上的差距以外，在战略层面伊利已经完胜蒙牛：一是奶源全球采购，以新西兰为代表的黄金奶源大部分被伊利收入囊中，这也是伊利高端差异化产品层出不穷的坚强基础；二是开启全球化战略，触角已经伸向东南亚市场，攻克亚洲市场只是时间问题；三是相对多元化战略，即伊利正在推进自身从乳制品巨头向健康食品巨头的转变，这一点后面会重点展开说明，以上三个方面的战略行动完全高出蒙牛一个层次。

(5) 关于伊利的相关多元化战略，还是有一些争议的。如果说茅台是高端消费第一品牌，那伊利无疑是大众消费第一品牌，如果说中国有一家企业想做健康食品集团，那只能是而且必须是伊利，只有伊利有资格、有品牌基因占据这个位置，从这个角度来理解，伊利开始相关多元化战略，转型健康食品集团是水到渠成的事情。在品类拓展的过程中不顺畅、碰钉子应该是正常的经营行为，试错本身就是企业经营的一部分，伊利增长的第二曲线已经起航，不妨多一点耐心，多观察，多研究。

(6) 乳制品行业回归常态之后，百亿利润是伊利的底线，3000亿市值应该是伊利的天花板了，但伊利转型成为一家健康食品集团，千亿美金应该是标准配置，增长的天花板和市值天花板均被打开。虽然2018年8月推出的伊利管理层股权激励措施过于宽松，管理层占了股东不小的便宜，被市场用脚投票，但绑定管理层以后，如果伊利可以认真经营，最终实现健康食品集团的远景，那么这份股权激励的费用还是非常便宜的。虽然本人不太满意过于宽松的股权激励措施，但可以理解，作为转型健康食品集团最重要一环的股权激励措施是必不可少的，大船起航之前，将相关利益方绑定在一起是个聪明的做法。

(7) 坊间风传卢敏放将从蒙牛离职，蒙牛已经三次换帅，战略摇摆不定，这也是伊利大幅度超越蒙牛的深层次原因，卢敏放其实比孙伊萍强太多了，最近几年蒙牛经营得不错，卢敏放是有功之臣，一旦卢敏放真的离职，对蒙牛士气的打击是很大的，这对伊利来说，算是一次神助攻吧！

10.4 伊利股份案例分析

伊利股份是本人投资生涯里印象最深刻的一只股票，先后有过三次的买入操作，虽然每次买入的大逻辑不同，但对公司的认知是一步一步加深的，伊利成为自己最熟悉的一只股票，我对伊利的具体操作如下。

(1) 2008年三聚氰胺事件前后，本人第一次买入伊利股份，买入成本11元(本轮调整最低价为6.45元)，2010年初在30元卖出，收益率200%，具体操作详见图10-1。

(2) 2015年底到2016年初，利用股市大幅度调整期买入伊利股份，在18元以内一直买入，最终的买入成本为13.8元(本轮调整最低价为12.51元)，成为第一重仓股，2018年初在33～35元减持35%的仓位。

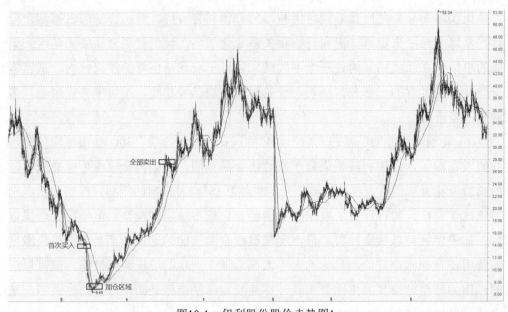

图10-1 伊利股份股价走势图1

(3) 2018年下半年，利用中美贸易危机股市调整期买入伊利股份，买入的价格区间在20.6~24元，最终的买入成本在22元左右(本轮调整的最低价为20.6元)，不但将减持的仓位都买回来了，而且比当初的仓位更重了一些，具体操作详见图10-2。

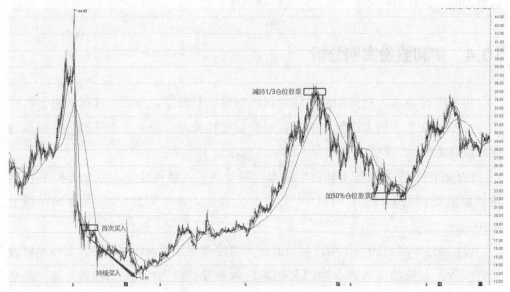

图10-2 伊利股份股价走势图2

下面以本人常用的企业分析模板对伊利股份进行全方位的分析和梳理。

1.行业层面是否具有发展空间和行业竞争格局

(1) 行业的周期性因素：乳制品属于日常消费品牌，具有典型的弱周期属性。

(2) 行业发展空间(行业渗透率和企业的市场占有率)：①从渗透率角度来看，乳制品的渗透率相对较高，未来渗透率有望提高，这有两点原因，一是常温奶在小城镇和农村地区渗透率的提高；二是常温酸奶、有机奶等高端品类渗透率的提升。②从市占率角度来看，伊利产品的综合市占率在逐年提高，2018年常温酸奶市占率36.8%，较上年提高2.3%，综合市占率22%左右，除了低温酸奶排名行业第二，其他品类都位居行业第一，市占率逐年提升的趋势不会改变，未来综合市占率有望达到30%左右。

(3) 行业的竞争格局：双寡头垄断格局，竞争格局良好但明显不如单寡头垄断格局(海天、涪陵、王老吉、万华)，未来行业演变两个方向：强势老大+弱势老二或者弱势老大+强势老二，前者属于稳定结构，后者不稳定，前者概率更大。

(4) 行业的进入门槛：品牌+渠道，行业门槛非常高，后来者没有任何机会。

(5) 行业竞争的核心因素：①品牌强度；②深耕渠道；③优质奶源(新西兰)。

(6) 结论：①行业竞争格局良好，渗透率空间不大，市占率提升空间较大；②未来行业竞争格局的演变直接决定了公司的利润率水平。

2.管理层面是否具有管理效率和营销效率

管理层面主要从企业家精神和企业管理两方面来分析。

(1) 企业家精神。第一个层面是个人魅力、商业冒险精神和创新，第二个层面是塑造企业文化和企业愿景，第三个层面是打造出优秀的企业管理机制，三个方面层层递进，将个人的特质赋予企业，并通过优秀的管理机制赋能企业。

(2) 企业管理。企业管理的第一个方面是打造扁平化的管理机制。企业管理的第二个方面是打造有战斗力和人文精神的组织。企业管理的第三个方面则是打造21世纪的新型组织，超过以往的雇佣关系，成为新型的企业组织——合伙人机制。

伊利股份管理层面分析。

① 从2008年危机应对以及后来的公司战略分析，潘刚是业内优秀的管理者，具备一定的企业家精神。

② 伊利属于事业部编制，符合扁平化的管理架构，决策机制灵活。

③ 管理层持股，潘刚是最大的个人股东，股权激励措施到位，伊利本质上是一家民营企业。

④ 综合评价：管理效率和营销效率是业内最好的。

3. 经营层面是否具有清晰可见的竞争壁垒

经营层面的分析又分为4个小层面。

(1) 企业经营分析的第一个层面是企业战略和执行力。

(2) 企业经营分析的第二个层面是产品聚焦和营销定位。

(3) 企业经营分析的第三个层面是企业核心竞争力分析。

(4) 企业经营分析的第四个层面是找到企业差异化经营的因子。

伊利股份经营层面分析：

① 伊利战略清晰，从上游的优质奶源(新西兰)到中游的品牌营销到下游的渠道深耕，十年如一日地在做同一件事情，执行力强，执行力和战略是匹配的。

② 营销上依靠明星代言+明星娱乐节目赞助的成熟模式大杀四方，2018年以前产品深度聚焦乳制品行业，目前向健康饮品拓展(矿泉水、蛋白饮料、功能饮料)，聚焦度有所扩散，效果还需要观察。

③ 企业核心竞争力体现在以下三处：新西兰奶源产地、每年200亿元的销售费用、渗透到毛细血管的渠道终端。

④ 安慕希、金典有机奶、舒化奶等差异化产品得到有效拓展，成为伊利成长性和高价格产品的主要来源。此外，乳制品品类丰富，容易推出差异化产品，这一点与肉制品行业有很大的不同(伊利和双汇投资逻辑的差异)。

4. 产品层面是否具有产品力

产品层面主要从以下几个方面来分析。

(1) 产品的客户体验。

(2) 品牌力。

(3) 产品力在客户心中的反映。

(4) 客户反馈机制是否通畅。

(5) 产品品质非常重要，CEO是否花费更多时间聚焦用户体验和产品体验。

(6) 产品是否具有差异性。

伊利股份产品层面分析：

① 在客户心中牢牢占据"乳制品第一品牌"的定位，营销+体育的营销模式具备很强的产品定位暗示(健康)，明星代言+明星娱乐节目赞助的组合增加了品牌热

度和曝光度，采用典型的"00后"沟通语言。

② 拓展新西兰奶源增加了产品的差异化属性，安慕希、金典有机奶热销是有坚强基础的。

③ 品牌力：大众消费第一品牌，受众最多，品牌知名度最高。

5. 创新层面

创新层面主要从以下几个方面来分析。

(1) 产品创新。

(2) 商业模式创新。

(3) 组织创新。

(4) 服务创新。

伊利股份创新层面分析：

① 产品创新：跟随战略，小企业创新，大企业发扬光大，例如光明莫斯利安与伊利安慕希、圣牧有机奶与伊利金典有机奶。

② 商业模式创新：国外高端奶源直供国内产品，产生了具备差异化属性的高端产品(婴儿奶粉、安慕希、金典有机奶)。

6. 存在的问题分析

(1) 管理层现阶段有诚信上的瑕疵：①股权激励政策过于偏向管理层；②百亿资金高价回购股票；

(2) 品类拓展至蛋白饮品、矿泉水、豆奶等，有一定的成长风险，但属于成长中的试错，在可控范围内，个人认为第一步品类扩展应该是所有带"乳"的产品，而不是矿泉水之类的产品。

(3) 老二蒙牛主动挑起战争，伊利在产品营销环节和产品促销环节费用大增，严重影响企业的利润率水平。

(4) 行业的渗透率水平很高，行业增长率保持在10%以下，行业进入了缓慢增长的态势，行业天花板并不太遥远。

7. 个人对其未来发展的判断

(1) 品类拓展的风险是可控的，即便失败对企业影响有限，一旦成功，伊利有望发展成为健康食品集团，市值潜力有望达到千亿美金(对照国际上食品企业的规模)，所以品类拓展的策略可以理解，但方式值得商榷。

(2) 蒙牛管理层变动频繁，大股东是国企，只有伊利1/2的净利润率水平，结合蒙牛的现状以及伊利的应对策略(投入更多的营销资源，希望伊利快速拉开与蒙牛的营收差距，占据绝对规模优势)，此轮战役过后，行业大概率演化为强势老大+弱势老二的行业竞争格局。

(3) 伊利与蒙牛的营销战争会将乳制品行业进一步扩大，有利于行业整体规模的扩大，战役结束后，伊利的利润率会有一个暴增的阶段，百亿利润是行业老大最低的门槛。

(4) 对于成熟期的消费品行业，利润增速超过营收增速是常态化的，最少也会保持与营收增长一致的水平。

(5) 公司的最新战略是区域扩张和品类扩张，区域扩张第一步是东南亚市场，前景乐观；品类扩张谨慎乐观，需要持续观察。

8. 投资的逻辑支点

投资的逻辑支点表现为品牌+渠道，即上游拓展优质奶源，增加品牌信任度，下游拓展品类，共享渠道。

9. 估值层面

(1) 历史估值：20倍PE属于低估值区域，20倍PE以内属于最佳买入点。

(2) 合理估值：①对于有适度成长性的消费品龙头企业，A股、港股、美股估值都在20倍PE以上的水平；②20倍PE估值：2018年利润为0.99元/股，但个人认为利润指标是失真的，对于成熟的消费品企业，一般利润增长率会高于营收增长率，至少可以保持同步增长。2018年伊利的营收增长17%，所以真实利润至少是0.99×1.17=1.16(元/股)，而不是财务报表显示的1.06元/股，20倍PE估值=1.16×20=23.2(元/股)。③3%的分红收益率估值：0.7/0.03=23.3(元/股)，0.7元/股是伊利2018年的每股分红。

10.5 青岛啤酒案例分析

青岛啤酒是本人从2008年就开始关注的股票，记得当时在18元左右买入一些，但仓位不重，价格翻倍以后就卖了，后来也断断续续地在30多元的价格买入,但始终是轻仓操作,没太大意义,直到2018年中美贸易危机后,青岛啤酒股价大跌,此时才开始重仓买入,具体操作如下。

(1) 2018年下半年,利用中美贸易危机股市调整期买入青岛啤酒,买入的价格区间在28~40元,最终的买入成本为35元左右(本轮调整的最低价为28.4元),2019年5月股价突破50元以后卖出了一半仓位,卖出均价为52元左右,收益率接近50%,持股半年左右,这个收益率还是非常不错的。

(2) 2019年8月初,青岛啤酒莫名其妙地下跌,本人对青岛啤酒有足够的认知,充分利用了这次机会,在41元附近将前期卖出的一半仓位又买回来了,一直持有至今,具体操作详见图10-3。

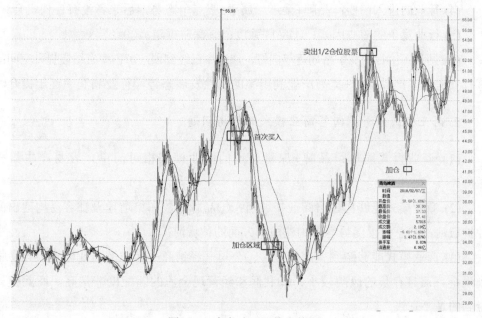

图10-3　青岛啤酒股价走势图

由于本人对青岛啤酒的投资逻辑很清晰,买入的基本逻辑是啤酒行业的竞争大为改善,行业进入产品提价周期,行业利润率会有显著的改善,青岛啤酒和华润啤酒是最大的受益者;卖出的主要原因是降低整体仓位,次要原因是青岛啤酒的利润率改善不如预期,短期价格有一点高估了,所以适度降低一点仓位。

下面以本人常用的企业分析模板对青岛啤酒进行全方位的分析和梳理。

1. 行业分析:回答行业发展空间和行业竞争格局的问题

(1) 行业的周期性因素:啤酒属于日常消费品,具有典型的弱周期属性。

(2) 行业发展空间：从渗透率角度来看，渗透率100%，2018年行业生产3812万千升，增长0.5%，2014年以来首次正增长，行业总规模已经到顶，未来保持相对稳定甚至会微幅萎缩；从市占率角度来看，青啤2018年为20%，华润为27%左右，百威占比17%，三强占比64%左右，青啤的市占率保持微幅增加的态势，未来有望缓慢增加，最终有望达到25%。

(3) 行业的竞争格局：行业5强市占率已达80%，三强市占率64%，行业竞争态势保持稳定，高端被国外品牌占据，中高端是华润+青啤的双寡头，华润是市占率老大，老大的战略决定了企业的竞争格局，而华润进入了产品提价+提高产能利用率的快车道，行业竞争格局明显改观，行业利润率进入了快速提升的阶段。

(4) 行业的进入门槛：品牌+渠道，属于5强竞争态势，后来者没有任何机会。

(5) 行业竞争的核心因素：①品牌强度；②深耕渠道；③经营效率。

(6) 结论：①行业竞争格局逐年向好，渗透率已经到顶，市占率有缓慢提升空间；②行业进入了产品提价+提高产能利用率的良性发展态势，行业利润率逐年提升。

2. 商业模式分析：回答商业模式的优劣问题

(1) 商业模式简单：品牌+深耕渠道的商业模式相对简单，容易产生累积效应。

(2) 商业模式能够构建出商业护城河：①品牌效应和渠道建设都容易构建出商业护城河；②总规模优势容易构建成本方面的护城河。

(3) 商业模式能够赚到"真钱"：①公司—经销商—客户的商业模式很容易收到现金，而且存货的风险较小；②利润和经营现金流的匹配度非常高，商业模式赚到的是"真钱"。

(4) 结论：①品牌+深耕渠道的商业模式相对简单，容易建立商业护城河；②经营效率在商业模式中非常关键，产能利润率的提升可以有效提升经营效率。

3. 企业运营分析：回答运营效率高低的问题

(1) 管理层面是否具有管理效率和营销效率。
管理层面主要从企业家精神和企业管理两方面来分析。
① 企业家精神：第一个层面是个人魅力、商业冒险精神和创新，第二个层面是塑造企业文化和企业愿景，第三个层面是打造出优秀的企业管理机制，三个方面层层递进，将个人的特质赋予企业，并通过优秀的管理机制赋能企业。

② 企业管理：企业管理的第一个方面是打造扁平化的管理机制。企业管理的第二个方面是打造有战斗力和人文精神的组织。企业管理的第三个方面则是打造21世纪的新型组织，超过以往的雇佣关系，成为新型的企业组织——合伙人机制。

青岛啤酒管理层面分析：

① 青岛啤酒的CEO还是相对优秀的，算是合格的企业家，但谈不上有多优秀，至少比华润CEO差一点。

② 青岛啤酒属于事业部编制，符合扁平化的管理架构，决策机制灵活。

③ 公司治理上存在一定的缺陷，混改和股权激励是潜在的利好，等待管理层面的改善。

④ 综合评价是示波器具有管理效率和营销效率处于第二位，比华润啤酒稍差。

(2) 经营层面是否具有清晰可见的竞争壁垒。

经营层面的分析又分为4个小层面。

① 企业经营分析的第一个层面是企业战略和执行力。

② 企业经营分析的第二个层面是产品聚焦和营销定位。

③ 企业经营分析的第三个层面是企业核心竞争力分析。

④ 企业经营分析的第四个层面是找到企业差异化经营的因子。

青岛啤酒经营层面分析：

① 青岛啤酒战略还是很清晰的，双品牌+产品高端差异化的战略清晰，执行力与战略是匹配的。

② 营销上高度聚焦体育赛事，将体育与啤酒捆绑营销，符合啤酒代表豪情的心理定位。

③ 企业核心竞争力体现在以下三处：国产第一品牌、山东+陕西的垄断特质、渗透到毛细血管的渠道终端。

④ 奥古特、鸿运当头、经典1903、白啤、黑啤等高端产品占比逐年提升，产品的差异化做得不错，这一点明显强于雪花啤酒。

(3) 产品层面是否具有产品力。

产品层面主要从以下几个方面来分析。

① 产品的客户体验。

② 品牌力。

③ 产品力在客户心中的反映。

④ 客户反馈机制通畅。

⑤ 产品品质非常重要，CEO是否花费更多时间聚焦用户体验和产品体验。

⑥ 产品是否具有差异性。

青岛啤酒产品层面分析：

① 百年青啤在客户中的口碑还是不错的，客户体验虽然差于国际品牌，但显著好于雪花啤酒。

② 品牌力强，明显强于雪花啤酒，但弱于百威啤酒。

③ 产品力还不错，但明显是弱于品牌力的，品牌潜力没有完全发挥出来。

④ 产品的差异性做得不错，算是业内产品差异性做得最好的。

(4) 创新层面。

创新层面主要从以下几个方面来分析。

① 产品创新。

② 商业模式创新。

③ 组织创新。

④ 服务创新。

青岛啤酒创新层面分析：推出了奥古特、皮尔森、全麦白啤、黑啤等高端产品，在一定程度上做到了细分产品的差异化，率先跳出了行业价格竞争的泥潭。在产品创新层面青岛啤酒领先于行业内其他企业。

(5) 财务验证指标分析。

2014—2018年主要财务指标详见表10-3，目前的财务指标非常平庸，但从行业发展趋势来看未来可以达到优秀的水准。

表10-3　2014—2018年主要财务指标

项目	2018年	2017年	2016年	2015年	2014年	复合增长率
营收/亿元	265.75	262.77	261.06	276.35	290.49	负值
利润/亿元	14.22	12.63	10.43	17.13	19.90	负值
ROE	8.10%	7.55%	6.43%	10.76%	13.53%	9.27%(均值)

① ROE指标5年均值仅为9.27%，非常平庸，但2009—2013年5年均值为16.4%，未来很有可能达到15%的相对优秀的水平。

② 利润指标：4年保持负增长，但2017年和2018年复合增长17%，未来随着全行业性提价，未来5年可以保持15%~20%的增长率，利润有望达到28.6亿~35.4亿元。

③ 营收指标：连续3年保持负增长，2016年见底后开始正增长，未来超过2014年的营收峰值是大概率事件，营收会落到300亿~400亿的区域。

4. 其他方面分析

(1) 存在问题。

① 管理机制有缺陷，管理效率存疑，精细化管理的能力有待于提高，业内管理能力最好的是华润啤酒。

② 公司产品只在山东、陕西、华北地区占据优势，而雪花啤酒在10个省市占率第一，在行业提价周期内华润受益最大。

③ 行业空间到顶了，市占率提升空间也不大，限制了公司的发展，行业利润率提升是行业唯一的选择。

(2) 优点。

① 百年青啤的品牌力还是非常强的，这是青岛啤酒的根本；作为行业老二，综合竞争力明显弱于行业老大，但品牌力强于行业老大。

② 产品的差异化战略业内做得最好，可以有效提升利润率。

③ 营销策略：体育(足球、篮球)、娱乐(演唱会、音乐节)、事件营销(啤酒节+公益)，占据了很好的营销资源，最近几年市占率逐年提升是有坚实基础的。

5. 个人对其未来发展的判断

(1) 行业总容量已经到顶，市占率提升缓慢，企业发展的动力来自以下几个方面。

① 消费升级，中高端产品占比提升，这是青岛啤酒最擅长做的事情，占有主场优势。

② 行业性产品提价。老大的战略决定了企业的竞争格局，而华润进入了产品提价+提高产能利用率的快车道，行业竞争格局明显改观，行业利润率进入了快速提升的阶段，但需要注意的是提价具有滞后效应。

③ 资本开支减少，关闭工厂，提升产能利用率，结果导致折旧摊销减少，利润提升。青岛啤酒2016—2018年折旧摊销费用依次为11.52亿元、11.79亿元、11.53亿元，拐点来临，后期折旧会加速减少。

④ 企业管理效率提升：青岛啤酒2016—2019年三费(销售费用、管理费用、财务费用)依次占比27.24%、25.28%、24.44%。三费占比逐步下降，经营管理效率提升。背后的成功逻辑是，行业格局稳定、竞争强度降低后，企业有更多的精力聚焦内部管理的改善、成本和费用的压缩，促销投放更加有针对性。

(2) 在提价作为行业主旋律的阶段，企业只能在市占率第一的区域里面放心提价，在其他区域则没有提价权，青岛啤酒只有两个半优势区域(山东、山西和半个华北)，而华润啤酒则在10个省份里面市占率排名第一，所以提价对华润的利润贡献明显会好于青啤。第二点，青岛啤酒的产能利用率在72%，而华润是50%多一点，在运营效率提升方面华润潜力也更大；第三点，华润在管理方面明显优于青啤，华润的战略非常清晰，执行力上也不差，青啤则相对平庸一些。

(3) 青岛啤酒潜在的利好在于：其一，复星入主青岛啤酒，叠加国企混改的预期、潜在的股权激励措施，青岛啤酒管理改善的概率很高，在运营效率和营销效率两个方面均有大幅度改善的余地；其二，青岛啤酒的品牌力明显优于雪花，那么在产品提价的大背景下，青岛啤酒处在更加有利的位置。

(4) 啤酒行业的看点不在收入端，而在利润端。正因为行业成熟、格局固化之后，业内巨头可以好好坐下来修炼内功、优化管理、改善产品结构，而不是像过去一样为了份额和规模拼个你死我活。

(5) 啤酒企业现金流不错，主要是每年大量的折旧摊销费用影响净利润，但不影响现金流。2018年青岛啤酒经营性现金流净额高达39.92亿元，远超净利润，同比增长79.53%。后期由于折旧摊销费用的下降，净利润也会提升，净利润与现金流的差距会缩小，利润达到30亿元还是有可能的。

(6) 短期关注点：①行业提价策略的实施情况；②关闭工厂后利润率提升情况。

6. 最终结论

(1) 投资的逻辑支点：行业性提价+营销费用减少+关厂导致折旧减少、生产效率提升=净利润高增长，行业利润率提升是核心因素。

(2) 对5年以后企业发展预测：行业利润率大幅度改善，利润有望达到28.6亿～35.4亿元，市值达到千亿元。

(3) 估值层面。

① 历史估值：25倍PE属于低估值区域，25倍PE以内属于最佳买入点。

② 合理估值：对于有适度成长性的消费品龙头企业，A股、港股、美股估值在20倍PE以上的水平。

③ 青岛啤酒的估值：40元以内逢低买入，市值有翻倍的潜力。2018年利润为1.053元/股，2019年预计利润增长25%，所以30倍PE估值=1.053×1.25×30≈

39.5(元/股)。个人认为目前青岛啤酒的ROE指标偏低,是失真的,未来一定会达到15%的水平,所以按照ROE=15%、折现率=5%、每股收益=14.73元来计算,青岛啤酒的估值为:15%/0.05×14.73≈44.2(元/股)。如果感觉太复杂可以不用这个估值方法,这是本人偶尔会用的一种估值方法,即按照ROE指标反推公司的市净率水平,青岛啤酒的3倍市净率=44.2元。

10.6 周黑鸭2019年中报分析及未来展望

1. 周黑鸭2019年中报

(1) 基本财务数据详见表10-4,资产负债率为18.5%,无有息负债。

表10-4 基本财务指标

项目	2019年(6月30日)	2018年(6月30日)	本年比上年增减
营业收入/亿元	16.26	15.97	1.8%
净利润/亿元	2.24	3.32	-32.4%
经营活动现金流/亿元	4.69	2.07	126%
毛利率	55.9%	59.9%	-4%
净利率	13.8%	20.8%	-7%
ROE	5.56%	8.1%	-2.54%

(2) 门店总数1255家,同比增加59家,其中2019年新开84家,关闭117家,在17个省96个城市有店铺;销量1.83万吨,增加89吨,客单价62.13元。

(3) 自营门店营收14.03亿元,增长1.9%,线上营收1.64亿元,增长9.3%,门店内外卖服务占比14.3%,增加4.4%,外卖营收增长47.5%。华中地区营收占比60%,华南地区营收同比增长28.8%,交通枢纽店362家,营收占比40.1%。

(4) 销售开支5.51亿元,增加11.3%。行政开支1.01亿元,增长17%,员工4933人,平均存货周转天数为67天,比上半年减少1天。

2. 中报评价以及未来展望

(1) 营收16.26亿元,增长1.8%,其中线上增长9.3%,外卖业务增长47.5%,门店营收增长1.9%,扭转了2018年全年营收下跌的趋势,店铺比2018年底减少33家,营收比2018年下半年增加了0.11亿元,利润2.24亿元,增加了0.16亿元,趋势向好,基本可以确认2018年下半年是经营上最差的时期。

(2) 经营现金流4.69亿元,增长126%,这是最大的亮点了,新开河北工厂和东莞工厂导致折旧增幅较大,此外原材料成本也增加了不少,如果扣除以上因素,利润要好很多。

(3) 客单价62.13元,减少3.7元,毛利率55.9%,下降4%。这其实是好事情。周黑鸭的问题是客单价太高,其商业模式是有瑕疵的,2018年营收下滑与产品常年提价是有关系的,2018年的产品价格应该是临界点了,继续提价会对客户购买频次形成强压制,所以导致客单价降低。周黑鸭是有品牌溢价的,但溢价率不能太高。

(4) 河北工厂、东莞工厂、武汉二期工厂均建成投产,三大基地产能大增,如何消化新增产能成为管理层首要考虑的问题,下面分析一下公司的策略以及可能的选择。

① 直营店。继续开直营店,延续以前的战略,这个没有问题,直营店铺开到2000家左右应该是可以预期的。

② 特许经营,即加盟店。这次财报首次提出特许经营的策略,这是合理的选择。周黑鸭的管理是有瑕疵的,现有的1200家店铺已经出现规模不经济的现象,管理的边界已经显现;而加盟店可以大幅度降低管理难度,还可以进一步提高扩张速度。但特许经营并不是万能的,客单价过高是根本的问题,只有通过精细化管理降低管理成本、运营成本、物流成本,从而进一步降低终端的客单价,加盟店才能成为一个大杀器。

③ 大卖场。真空包装的产品已经开始在各大超市大量铺货,接下来动销成为关键。客观来看,真空装的产品口味稍差于锁鲜装,但比超市现有的产品口味要好太多了,但客单价也高,如果客单价可以进一步降低,产品在超市热卖的概率是很大的,如果维持现有价格,估计会不温不火。

④ 外卖业务。外卖业务是并入店铺运营里面的,2019年外卖业务占比14.3%,比2018年提高4.4个百分点,未来进一步提高到20%是大概率事件,可以对门店运营提供有效支撑。

⑤ 电商业务:营收1.64亿元,增长9.3%,营收占比10%,这一块潜力较大,未来提高到20%是可能的,算是一个较大的增量市场。

(5) 可以说,周黑鸭的多元化的分销渠道会逐步建立起来,产品动销成为建立的关键。周黑鸭的产品质量、口味、客户口碑、品牌美誉度都是不错的,唯一的问题是高价格,降低客单价是提高动销的利器,可行的做法是通过精细化管理降低运营成本,这个考察的是企业经营的真功夫,没有捷径可走。一旦周黑鸭的产品价格优化到只比绝味的产品高20%~25%的水平，终端爆发是可预期的，成为行业第一是顺理成章的。

(6) 周黑鸭新任总裁张宇晨有很深的宝洁公司的背景，而宝洁管理层具有非常强的品牌产品运营能力，品牌运营的核心是清晰的品牌定位+深度渠道运营，从周黑鸭2019前半年的操作来看，是按照这个方法在做事情。

① 利用特许经营模式，进一步渗透现有市场及策略性扩展至新地区，即增加加盟店数量，降低管理半径，提高扩张速度。

② 探索多元分销渠道。扩大大卖场、电商、外卖等模式，建立全渠道覆盖，动销成为关键。

③ 加强产品创新。这是周黑鸭的优势，周老板的产品情结对产品创新非常有帮助，产品是周黑鸭的根本。

④ 优化整合营销推广资源，即提高营销效率，周黑鸭有一个很好的产品内涵和品牌美誉度，接着做正确的事情就可以了。

⑤ 实行绩效为导向的人才激励计划，即提高管理效率，利益导向的管理语言才是最高效的管理方式，周黑鸭的管理让外界颇有微词，希望这一块有实质性的提高。

(7) 周黑鸭未来经营的关键在以下两条。

① 全渠道运营，提高客户的可及性，这一点周黑鸭走在正确的道路上，有总裁张宇晨的加持，这一块应该没有太大问题。

② 通过精细化运营降低客单价，这与消费频次和产品动销息息相关，是修正周黑鸭现有商业模式的关键，这一点任重道远，需要持续观察。

(8) 周黑鸭本质上是一家品牌运营公司(绝味本质上是一家渠道运营公司)，是一家大众消费品公司，周黑鸭应该按照大众消费品的思路去运营。

10.7 周黑鸭案例分析

周黑鸭是本人2008年重点关注的标的，第一笔买入价格在7元左右，后来持续加仓，最终成为重仓股之一，最终的持仓成本为6元/股，到目前为止，这笔投资的亏损较大，但未必是一笔失败的投资，记得当年投资李宁连续5年都是亏损的，那时候的压力的确很大，但最终取得了9年复合收益率20%的良好水平。对周黑鸭的这笔投资显然比当初投资李宁的压力要小得多，我对周黑鸭的未来也是谨慎乐观的，对周黑鸭全面的梳理和分析如下。

1. 行业分析：回答行业发展空间和行业竞争格局的问题

(1) 行业的周期性因素：卤制品属于休闲食品，典型的弱周期行业。

(2) 行业发展空间：从渗透率角度来看，卤制品发展前景广阔，卤制品过去7年复合增长率为17.6%，未来5年预期为18%；从市占率角度来看，周黑鸭排名第二，占5%(绝味占9%)，未来市占率超过10%是龙头企业的标配，周黑鸭市占率提升空间大。

(3) 行业的竞争格局：双强竞争格局，市占率绝味第一，周黑鸭品牌势能第一。

(4) 行业的进入门槛：品牌+渠道，行业门槛不算高，但后来者建立新品牌的可能性不大，更多的是现有品牌之间的竞争。

(5) 行业竞争的核心因素：①品牌强度；②渠道的便利性；③口碑；④食品安全性。

(6) 结论：①行业竞争格局良好，渗透率和市占率均有很大的提升空间；②行业发展趋势是品牌化和包装化，周黑鸭的品牌势能最强，受益于行业发展趋势。

2. 商业模式分析：回答商业模式的优劣问题

(1) 商业模式简单：品牌+高流量直营渠道是商业模式的核心，相对简单，这种商业模式的弊端是对高流量有依赖性，限制门店扩张。

(2) 商业模式能够构建出商业护城河：品牌+口味黏性可以构建出商业护城河。

(3) 商业模式能够赚到"真钱"：①门店—客户，很容易获得现金流；②利润和经营现金流的匹配度非常高，商业模式赚到的是"真钱"。

(4) 结论：①品牌+口味黏性构建了周黑鸭的护城河；②现有商业模式对高流量有依赖性，限制了门店的扩张性；③商业模式有一定的缺陷，高客单价限制了消费频次，对高流量的需求限制了店铺的数量，通过提高运营效率有效降低客单价是优化商业模式的关键要素。

3. 企业运营分析：回答运营效率高低的问题

(1) 管理层面是否具有管理效率和营销效率。
管理层面主要从企业家精神和企业管理两方面来分析。
① 企业家精神：第一个层面是个人魅力、商业冒险精神和创新，第二个层面是塑造企业文化和企业愿景，第三个层面是打造出优秀的企业管理机制，三个方面层层递进，将个人的特质赋予企业，并通过优秀的管理机制赋能企业。
② 企业管理：企业管理的第一个方面是打造扁平化的管理机制。企业管理的

第二个方面是打造有战斗力和人文精神的组织。企业管理的第三个方面则是打造21世纪的新型组织，超过以往的雇佣关系，成为新型的企业组织——合伙人机制。

周黑鸭管理层面分析：

① 周老板白手起家，具备一定的企业家精神，典型的产品经理型企业家，但在打造企业管理机制上有所欠缺。

② 管理效率一般，管理成本显著高于绝味(每家店铺的营业额是绝味的2~3倍，但无法有效支撑起社区店的运营)。

③ 周老板回购3亿市值股票准备做股权激励，老板的格局还算不错。

④ 综合评价：以产品力作为基础，娱乐化休闲食品的定位足够清晰，营销效率还是相对高效的，但管理效率一般。

(2) 经营层面是否具有清晰可见的竞争壁垒。

经营层面的分析又分为4个小层面。

① 企业经营分析的第一个层面是企业战略和执行力。

② 企业经营分析的第二个层面是产品聚焦和营销定位。

③ 企业经营分析的第三个层面是企业核心竞争力分析。

④ 企业经营分析的第四个层面是找到企业差异化经营的因子。

周黑鸭经营层面分析：

① 企业战略还是很清晰的，深度聚焦卤制品，执行力相对一般(上市两年多才有两大生产基地，上海生产基地的关闭与南通生产基地的建设周期不匹配，属于战术上的明显失误)。

② 娱乐化休闲食品的产品定位还是不错的，将娱乐元素植入产品营销中，很讨小女生的喜欢。

③ 企业核心竞争力：行业内唯一具备品牌溢价的企业；超强的产品力，好吃、安全、健康成为品牌的内涵，同时甜辣口味具备一定的客户黏性；周老板的产品经理情结；周黑鸭的产品差异性明显，具备一定的产品溢价。

(3) 产品层面是否具有产品力。

产品层面主要从以下几个方面来分析。

① 产品的客户体验。

② 品牌力。

③ 产品力在客户心中的反映。

④ 客户反馈机制通畅。

⑤ 产品品质非常重要，CEO是否花费更多时间聚焦用户体验和产品体验。

⑥ 产品是否具有差异性。

周黑鸭产品层面分析：

① 产品的客户体验很棒，回头客多，产品口碑好，甜辣口味有一定的黏性。

② 品牌力行业第一，客户消费称购买的是"周黑鸭"，客户去其他家消费称购买的是"鸭脖"。

③ 产品的甜辣口味、气调包装、娱乐化休闲食品定位均构成了产品上的差异化因素。

④ CEO做对了一半(产品体验好)，另一半做得不好(高价格+购买便利性差，用户体验不好)，即产品体验好，用户体验一般。

⑤ 品牌强度行业第一，产品体验行业第一，但公司并没有利用好自己的优势。

(4) 创新层面。

创新层面主要从以下几个方面来分析。

① 产品创新。

② 商业模式创新。

③ 组织创新。

④ 服务创新。

周黑鸭创新层面分析：

① 产品创新：周黑鸭新产品开发还是不错的，产品创新行业内第一。

② 商业模式创新：锁鲜装+交通枢纽开店本质上属于商业模式上的创新，与绝味的商业模式存在明显的差异性。

③ 管理组织是周黑鸭的短板，期待有创新举措。

(5) 财务验证指标分析。

① 2019年中报：营收16.26亿元，增长1.8%，其中线上增长9.3%，外卖业务增长47.5%，门店营收增长1.9%，扭转了2018年全年营收下跌的趋势，店铺数量比2018年底减少33家，营收比2018年下半年增加了0.11亿元，利润2.24亿元，增加了0.16亿元，趋势向好，基本可以确认2018年下半年是经营上最差的时期。

② 经营现金流4.69亿元，增长126%，这是最大的亮点了，新开河北工厂和东莞工厂导致折旧增幅较大，此外原材料成本也增加了不少，如果扣除以上因素，利润要好很多。

③ 2019年上半年广东工厂开始运营，武汉工厂二期开始运营，主要生产真空

装,南通工厂进入精装修阶段,只有四川工厂还未建成,未来全国5个生产基地全部落成,物流效率会有全面的提升,会有效支撑店铺扩张至3000家以上。

④ 股份回购6541万股,回购金额3亿元,回购合4.59元/股,主要用于高管股权激励,这件事情做得不错,低价回购作为股权激励,一方面降低了成本,另一方面优化了管理机制,对管理效率的提升会有很大的帮助。

4. 其他方面分析

1) 优势

(1) 产品力。

周黑鸭最大的优点是产品力,即良好的产品口碑,这是周黑鸭的根本,只要这个根基不动摇,周黑鸭就不会有太大的问题,只是发展快一点或者慢一点的问题。

(2) 品牌效应。

卤制品里唯一具有品牌效应的企业,绝味鸭脖本质上是渠道型企业,没有什么品牌,周黑鸭产品定位相对清晰,卫生、健康、口味好是客户对周黑鸭的客观印象,这三点构建了强大的品牌效应。

2) 存在的问题

(1) 管理效率是周黑鸭存在的最大问题。

同店营收下降是一个不小的问题,规模不经济问题已经凸显,组织变革是摆在周老板面前的迫切问题,管理效率低主要体现在三个方面:①物流成本高昂,工厂布局存在明显的短板;②管理成本高,无法支撑起社区店的运营;③激励措施不足,店员服务热情不足。

(2) 商业模式有一定的缺陷。

① 客单价高(毛利率高,达到60%)+高流量支撑店铺运营降低了周黑鸭的天花板,产品毛利率偏高不太符合日常消费品的定位,本质上周黑鸭不应该追求高毛利率,中等毛利率+高周转的商业模式可以大大提高周黑鸭的价值。

② 客单价高是一大劣势,客单价63.66元对客户还是有很大压力的,所以减少购买次数是客户合理的选择。

③ 周黑鸭与绝味毛利率分别为60%和35.8%,终端产品单价高出绝味37%左右。

3) 个人对未来发展的基本判断

(1) 对提升管理效率问题的判断。

① 未来5个生产基地全部建成以后(武汉、河北、东莞、南通、四川)，物流效率会大幅度提升，一方面物流配送成本会大幅度降低，另一方面可以支撑起门店的全国化扩张，弊端是工厂折旧增加，需要有足够的店铺去消化新增产能。

② 直营与加盟本质上是效率问题，如果通过利益共享机制(比如合伙人机制)降低管理难度，直营店照样可以大杀四方。如果管理瓶颈无法突破，加盟店是唯一的选择，加盟店本质上是通过让渡一定的利益来降低管理半径。

③ 管理的短板客观存在，对于一个口碑好的产品而言，如果有一个好的管理团队，企业一定会有非常好的发展前景。准备进行的股权激励、对一线门店的激励措施和内部人试行店铺承包制都会对管理有改善，但管理最终的改善程度则取决于周富裕本人，周富裕的学习能力和格局决定了周黑鸭的上限。

(2) 对商业模式方面的判断。

① 在现有商业模式下门店具备2倍左右的扩张潜力(3000家应该是直营店的上限了，现有店铺1288家)，如果社区店可行，店铺至少可以扩张至1万家以上，社区店必须采用中低毛利率+高周转模式。

② 未来通过降低物流成本和管理成本可以有效降低客单价，社区店才有走通的可能，而社区店能否走通决定了周黑鸭的上限。

5. 最终结论

(1) 投资的逻辑支点：行业发展空间大+品牌势能第一+产品力第一。

(2) 对未来5年的预期：如果公司在全渠道运营和精细化管理两方面都有较大幅度的提高，则基本上修正了周黑鸭现有商业模式上的缺陷，利润在2017年的基础上翻一倍，达到15亿元左右是大概率事件，200亿～300亿市值是可以预期的；如果现有的商业模式缺陷没有得到修正，150亿元左右的市值就是天花板了。

(3) 估值层面。

① 2018年ROE为13.1%，每股净资产为2.02港元，目前PB为1.98倍，PE为15倍，分红收益率为4%。市场目前对周黑鸭的预期非常低，只要不进一步下滑就完全可以支撑目前的估值，未来业绩稍微有一点增长就会超预期。客观估计周黑鸭门店最少还有一倍多的增量，属于典型的下跌有限、上涨潜力巨大的品种。

② 15倍PE基本上是市场对消费股的最低估值。上市时候的水分已经洗干净了，没什么可以担心的，发行价5.88港元可以作为一个重要的参考价。

10.8 消费股投资思考

消费是个大行业，在美股百年历史上，金融、能源、科技、消费四大行业在巅峰期的单个行业市值均超过了美股总市值的30%，属于超级大行业，在A股市场上，消费行业也是牛股辈出，以上市之日计算，A股回报率最高的5只股票是泸州老窖、贵州茅台、伊利股份、格力电器、万科A。消费股独占4席，且万科A这只股票也有很强的消费属性。纵观国内外资本市场，消费行业绝对属于牛股集中营，属于投资者的"富矿"。

消费行业简单来讲，主要强调的是"三力"，即品牌力、产品力和渠道力，三者相当于三角形的三个边，只有三个边都够长，圈成的面积才足够大，任何一个边有短板都会造成三角形面积的损失。

首先，谈谈品牌力。一般来讲，品牌可以分为高端品牌和大众消费品牌。高端品牌一般都有文化和历史作为品牌背书，具备强大的品牌内涵，往往是可遇而不可求的，比如茅台酒和国窖1573就是高端品牌的代表。高端品牌的核心诉求是品牌溢价，高价是高端品牌的标配，财务上体现出来的就是产品超高的毛利率水平，可以说品牌打造是高端品牌经营的唯一核心，所有的资源和经营活动都围绕这个"核心"来运作。高端品牌的一个特殊分支就是奢侈品牌，奢侈品一般都有一些"皇家血统"，有一个非常棒的与"皇家"有关联的品牌故事。相对于高端品牌而言，大众消费品牌更加广泛，大众消费品牌追求的并不是品牌溢价，而是客户的重复购买行为，即核心诉求是追求销售数量。为了影响大众的购买行为，品牌需要足够的曝光度和知名度，品牌运营的核心是扩大品牌的知名度。

其次，谈谈产品力。产品力是产品的本，品牌力和渠道力都是建立在产品力基础之上的，没有产品力的支撑，一切都是空中楼阁，迟早都会崩塌，产品力不过关的产品等于零，投资者根本没必要关注。产品创新和客户视角是提高产品力的有效方法。

最后，谈谈渠道力。渠道力即提高客户购买产品的可及性，客户能够第一时间接触到公司的产品是渠道建设的最高境界，渠道的渗透率和渠道的管控能力是关键，体现的是企业精细化运作的能力。

对于消费企业而言，除了强调"三力"，还要注重产品营销能力，在这方面定位理论可以发挥巨大的作用。在商品社会里，品牌众多，商品琳琅满目，如何选择成为困扰客户的一个大问题。此外，在媒体碎片化时代，品牌营销困难重重，品牌打造成本高昂。"客户选择"和"品牌打造"成为大众消费品经营的两大关键点,而定位理论则完美地解决了以上两个问题。定位理论简单来说,就是通过一个清晰的品牌定位和营销定位,与客户内心的潜在认知产生强烈共鸣,通过强资源投入,将产品像一把"楔子"一样钉入客户的心中,从而使客户产生购买行为。需要强调的是,"定位"并不是战术层面的产品营销定位,而是战略层面全方位的产品定位,从企业的发展战略、产品聚焦、品牌定位、资源投入、营销定位等几个方面全方位地改造。经典的几个定位包括"国酒茅台""年份原浆古井贡酒""怕上火喝王老吉""用脑就喝六个核桃",这些具有经典定位的产品无一不发展成为百亿级别的大单品。定位本质上就是与客户的沟通,可以大幅度提高企业的经营效率和营销效率。

综上,一般从"三力"和"定位"两个方面来分析消费品牌,判断企业是否在做正确的事情,未来的发展潜力如何,等等。高端品牌强调的是品牌力,大众消费品牌强调的是品牌知名度和渠道渗透率,定位强调的是产品聚焦和提高营销效率。

消费股投资的几个关键点总结如下:①行业第一品牌投资价值远胜于其他品牌,品牌具有自我加强效应,第一品牌的竞争力会越来越强,赚钱能力越来越强,投资价值越来越强,从茅台与五粮液的对比、伊利与蒙牛的对比,你就一清二楚了;②高端品牌靠品牌,只要品牌没有受到损伤,企业就会获得好的发展;大众消费品牌靠管理,管理层可以最大潜力地发挥出品牌价值,同时也有可能抑制品牌价值的发挥,判断管理层的优劣是投资大众消费品选择的关键因素;③行业竞争格局对消费品企业投资价值影响巨大,比如单寡头竞争态势的调味品、双寡头竞争态势的乳制品、五巨头竞争格局的啤酒行业、自由竞争状态的红酒行业(5家国内品牌+大量的进口酒),这些行业的投资价值完全不同,需要密切关注行业竞争态势的变化;④渠道渗透率和市场占有率是两个重要的考察指标,前者代表的是企业发展潜力,后者代表的是企业竞争力,两者同时考察可以推断出企业相对的竞争优势以及未来的发展潜力,为投资决策提供依据;⑤定位理论是一个强大的武器,可以提前发现有巨大潜力的消费类企业;⑥消费股具备永续经营的特点,所以市场估值一般都不便宜,30倍PE是常态,一般来讲估值的底部区域也在20~25倍PE,不要奢望过低的价格,相对合理的价位买入就会有不错的收益率,PE估值是最适合消费股的估值指标;⑦消费品企业一般不容易倒闭,所以非常适合作为困境反转型投资标的,比如三聚氰胺事件中的伊利股份、塑化剂风波中的茅台和五粮液、瘦肉精事件中的双汇发展等。

在牛股群里找牛股是个聪明的选择,消费股牛股成群,是投资者的"富矿"。

第11章
投资失败案例

11.1 中葡股份投资案例分析

对中葡股份的投资是本人股票投资上第一次彻底的失败,时间过去很久了,一直没有做过详细的复盘,犯的错误也比较明显,这里重点复盘一下当年的操作,并做一个详细的总结。

中葡股份在2010年初最高涨至11.35元以后开始下跌,大概跌至9元附近我开始买入,最终的持仓成本为9元/股,成为当时的重仓股之一,2012年初在6元附近卖出,持股周期2年左右,亏损33%,如果算上时间成本,这笔投资亏损巨大,具体操作详见图11-1。

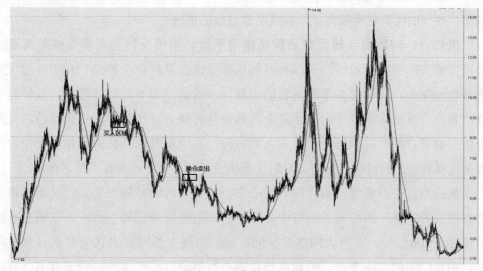

图11-1 中葡股价走势图

买入中葡股份的逻辑：①个人认为新疆是国内最好的红酒产地，旗下尼雅、沙地品牌葡萄酒品质非常高，外国人在中国喜欢喝新天和尼雅品牌的红酒，从侧面证明了该公司红酒的品质；②新疆=好红酒的客户心理联想有助于尼雅品牌的全国化推广；③中信国安收购新天酒业，更名为中葡股份，具备了坚强的全国化推广的基础；④困境反转型标的，小市值，投资潜力巨大。

卖出中葡股份的逻辑：①品牌建立是非常难的事情，即便尼雅是最好品质的红酒，没有品牌做支撑根本没用，而尼雅仅仅是一个小众品牌；②完全看错了，认赔出局；③换股，期望反败为胜。

从以上中葡股份的投资逻辑和投资结果来看，这是一笔失败的投资，对这笔投资的总结复盘如下。

第一点，想当然地看问题，对产品力、品牌力、渠道力三者之间的关系完全不清楚。尼雅的产品力还是不错的，但品牌力和渠道力太弱，作为一个小众品牌，一方面没有能力在渠道上进行全国化渗透，另一方面没有能力做全国化的品牌推广，仅仅依靠产品力是没有任何意义的。品牌本质上就是对产品质量的一种背书，相对于张裕和长城旗下产品，尼雅没有任何优势可言。

第二点，中信国安的管理相对平庸。对于一个做惯了垄断生意的大国企而言，精细化运作品牌消费品是一种奢望。尼雅其实是有一定的产地优势的，北纬43度是葡萄酒的黄金产区，这个产区包括法国波尔多地区、美国加州地区、中国新疆地区以及河北沙城地区，有众多的知名品牌做产地背书，可惜中信国安对尼雅唯一的产地优势也没有说清楚，没有让客户与国际上知名产区的红酒产生品牌联想，唯一的优势点也放弃了，失败是很自然的事情。

第三点，对困境反转型投资策略使用不当。困境反转型投资策略其实是一种难度很大的策略，对标的的选择和时间选择要求非常严格。首先，对于标的优先选择行业龙头，只有龙头才有反转的可能，一般的企业不反转是常态，反转是奇迹；其次，有催化剂事件出现才是介入的最佳时间，显然我买入中葡股份的时间有很大问题；最后，地板价才是买入的前提，而中葡股份当时的价格并不便宜，价格选择有很大的问题。标的、时间、价格三要素都错了，焉有不败之理？

第四点，心存侥幸，有"赌"的心态。站在当时的时间点来看，这笔投资其实有很强的"赌"的心态，当时中葡股份的市值仅仅70亿元左右，而张裕当时的市值接近500亿元，有巨大的想象空间，而且市场上当时普遍认为红酒是朝阳产业，拥有广阔的市场空间。中葡股份作为小市值公司，有央企的管理背书，有优质葡萄酒产区作为支撑，有口碑较佳的产品做基础，成功并不遥远，做到张裕市值的一半(有3倍的升值空间)是可以预期的。理想很丰满，现实很骨感，中葡股份最终被ST(Special Treatment，即特别处理)，这种结果其实是合理的，是商业常识的胜利。

第五点，商业知识匮乏。虽然本人从2008年开始从事价值投资，对价值投资策略也有一定的研究，但商业知识严重匮乏。投资策略其实相对简单，读几本经典著作大概就掌握了，但投资策略只是工具，没有商业知识作为支撑，工具无法发挥作用，商业知识才是股市投资的最大门槛。商业知识的积累属于真功夫，没法投机取巧，一方面需要阅读大量的管理类、行业类、经济类、商业类书籍；另一方面需要研究大量企业的财报，将商业知识和企业财报相互验证，将商业知识融入投资策略中，日积月累，最终有所成。

中葡股份是本人第一个完全失败的案例，但经验教训并不深刻，原因在于犯了一些小儿科的错误，对初入股市的人或许有一些帮助，但对投资老手而言借鉴意义不大。对本人最大的借鉴意义在于：投资中不要有"赌"的心态，"赌"往往意味着失败。

11.2 博士蛙国际投资案例分析

经过几年的国内股票投资，2010年开始本人试水港股市场，先后投资了凤凰卫视、中国食品、谭木匠等股票，赚了一点小钱。2010年博士蛙国际头顶着当年港股的资金冻结王、婴幼用品第一股、婴幼服饰市占率第一的巨大光环上市，以4.98港元/股的价格发行，股价一度达到7.76港元/股，风光无限。2011年由于港股大势不好，博士蛙国际股价由6港元一路开始下跌，跌破4港元以后本人认为机会来了，开始逐步买入，跌至2港元附近时开始大量买入，最终的持仓成本为2.28港元/股，投入资金12.5万港元，成为港股重仓股之一。

买入以后股价一路下跌，最低跌至1.18港元以后开始大幅度反弹，最高反弹至2.9港元，短短几个月时间收益率接近30%，当时感觉是一笔很棒的投资，自我感觉良好。2012年3月15日一开盘，博士蛙国际股价从2.6港元瞬间跌至1.5港元，当时一头雾水不知道怎么回事，根本没有想到快速卖出，想等等看到底是什么原因。中午休市期间传来消息，博士蛙国际涉及财务造假，当天下午开始停盘，这一停就是7年，财务造假被证实，结果我的这笔投资血本无归，具体操作详见图11-2。

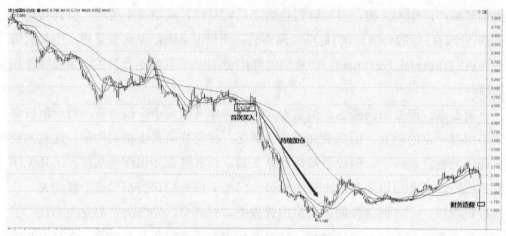

图11-2 博士蛙国际股价走势图

买入博士蛙国际的逻辑：①港股2010年的"冻资王"，冻资逾1220亿元，超过此前在港上市的中国农业银行，还有三家有影响力的基石投资者背书[新加坡政府投资公司(GIC)、韩资未来基金(Mirae Asset)及苏格兰基金(Martin Currie)]，婴幼服饰市场占有率第一，婴幼用品第一股，巨大的光环效应让人眼晕，当股价大幅度下跌以后，我认为是巨大的投资机会；②看好婴幼服饰的发展前景，作为市场占有率第一的品牌，应该会有不错的发展前景；③欧洲股神安东尼·波顿也投资了博士蛙，又一次对博士蛙做了背书；④个人感觉股价被低估了，即便回到当初的发行价，也会有118%的收益率，好机会不能错过。

博士蛙一役损失惨重，本金损失了12.5万港元，占港股账户本金的25%，如果按照后期港股的投资收益率计算，该笔投资损失达50万港元，所以这是一笔损失达50万港元的投资教训，不可谓不深刻。这也是一笔完败的投资，我对这笔投资的总结如下。

第一点，对涉嫌财务造假的股票一票否决。 对一般的股票而言，如果买入价格足够低，即便公司相对平庸，发展前景一般，在大牛市中也会有不错的涨幅，只要有耐心等到牛市来临，收益率还是可以接受的，但对于财务造假的股票而言，投资可以归零，是一笔永远都翻不了身的投资。坦率来讲，投资博士蛙以前对财务造假是没有什么概念的，感觉离自己很遥远，此役之后才感觉到财务造假的恐怖，2018年更是财务造假的大年，两大明星企业康得新和康美药业更是刷新了财务造假的新纪录，虚增利润达100多亿元，让人瞠目结舌，这两只股票可是资本市场持续多年的大牛股呀！市值高点都在1000亿～1500亿，绝对的明星企业，原来财务造假就在身边。前一段时间(2019年12月)特意写了一篇文章《投资策略谈5——如何防止财务"爆雷"》，算是对财务造假做个阶段性的总结吧！

第二点，绝对不能人云亦云，投资需要有自己的原创性研究。中招博士蛙的另一个原因是注重光环，博士蛙不但有国际上著名基金背书，大行研报也在敲边鼓，投资者很容易受到影响。投资需要对自己负责，所以做深度研究，有自己原创性的见解才是王道。投行很多时候都是后知后觉，也会跟风，没必要把他们太当回事。要对自己的研究有信心，如果你对一笔投资没有独特的见解，原则上就不该投资。

第三点，规避财务造假最好的方式是基本面分析。通过分析财务报表发现异常情况来规避财务造假是常用的方法，这种方法对相对低级的造假行为相对有效，但对很高级的财务造假行为就爱莫能助了！更好的方法是分析公司的经营行为和商业模式，如果一个公司的商业模式过于复杂或者不合常识，一般都会有问题，以康美药业为例，从医院的中药房外包到中药材采购，再到各地的中药城的建设，产业链条太长，商业模式太复杂，根本就看不懂，结果就出问题了。还有康得新，从预涂膜到光学膜，进一步延伸到碳纤维，产品科技含量越来越高，直接对标3M，但研发资金少得可怜，公司用少量的资金就可以攻克科技难题，这太不符合常识了！本人曾经多次研究过康得新的财报，始终没有找到康得新的核心竞争力到底在哪里！所以通过商业分析来判断公司的效率更高，商业分析有问题的公司如果财务上非常优秀，一般都会有问题；如果财务上非常平庸，就没有投资价值，这样就可以直接规避掉风险。

具体来看博士蛙的基本面，其商业模式根本就不成熟，一方面品牌力严重不足，根本就不属于全国性品牌；另一方面其婴幼用品超市模式根本就不成熟，竞争壁垒等于零，电商对实体店冲击巨大。可见，通过对企业商业模式的分析，基本上能看出一个企业的成败。商业才是本质，商业分析才是发现优秀公司、规避财务造假的好办法。企业之所以冒着巨大的风险进行财务造假，本质上是其商业模式存在巨大的缺陷，企业开始铤而走险，所以从企业源头进行筛选是最好的方式，也最有效，最后才是从财务报表进行筛选。

11.3 飞科电器投资案例分析

对飞科电器的投资是最近5年最明显的一次投资失败，这笔投资损失不算太大，但暴露出来的问题不小，可以作为一个主要的投资失败案例来复盘，在复盘中提高自己。

飞科电器在2016年4月18日上市，发行价18.03元/股，股价一路高歌猛进，在2017年11月13日股价达到81.39元/股的巅峰，绝对属于2017年的大牛股。2018年初股价开始调整，调整至60元左右我开始买入，随着股价一路下跌一路买入，最终的持仓成本在49元左右，成为2018年的重仓股之一。2019年8月底在36元左右换仓卖出，持股周期1年左右，亏损26.5%，这笔投资算是失败了，具体操作详见图11-3。

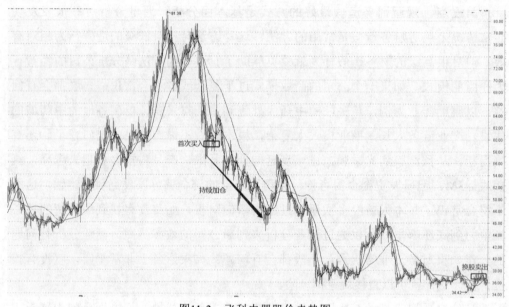

图11-3　飞科电器股价走势图

买入飞科电器的逻辑：①产品量价齐升，利润保持高速增长态势；②电动剃须刀和电吹风市占率第一，其中电动剃须刀市占率48%左右，线上市占率达到55%，产品竞争力强大；③电动剃须刀行业竞争格局属于飞科+飞利浦的双寡头竞争态势，行业竞争格局良好，飞科主流产品占据了70~200元的价格带，飞利浦主流产品占据了300~800元的价格带，飞利浦品牌优势突出，飞科品牌处于劣势，但产品的性价比优势突出；④生活小家电品类缺乏知名品牌，飞科有很大概率成为生活小家电的第一品牌。

换股卖出飞科电器的逻辑：①2019年中报显示营收和利润指标全面衰退，最关键的是其核心竞争力衰退迹象明显；②品牌竞争力不足，产品提价遇到困难，量价齐升的逻辑不成立；③老板一股独大(持股占比90%)，明显缺乏分享精神，管理机制存在明显缺陷，团队的战斗力和技术研发明显不足，外在表现就是新产品推出迟缓,新品推广不力;④商业模式有缺陷,电动剃须刀和电吹风本质上属于耐用消费品,消费频次相对较低,这是影响行业规模的重要因素。

从以上飞科电器的投资逻辑和投资结果来看,这是一笔失败的投资,对这笔投资的总结和复盘如下。

第一点,对次新股的投资要慎重,上市3年以内的次新股要谨慎再谨慎。股票上市相当于对外卖出股权,对企业进行包装和美化以便卖个好价钱是合理的选择。观察次新股的表现,一般第一年表现良好,第二年表现尚可,第三年原形毕露,经过三年基本可以还原企业的真实情况,所以很多投资者不碰三年以内的次新股是有原因的,养元饮品(2018年上市)、三只松鼠(2019年7月上市)业绩表现大抵如此。但是,并非所有的次新股都不能投资,个别次新股的表现还是不错的,比如宁德时代、海底捞等,所以对于次新股而言,谨慎投资为上策,对投资标的的筛选条件苛刻一些,以宁可错过不能买错的心态来对待。

第二点,对企业的竞争力发生误判。产品量价齐升是投资飞科电器很重要的一个逻辑。飞科剃须刀2018年尚有小幅度提价的措施,毛利率提升了0.36%,到2019年上半年提价几乎停滞,毛利率减少0.4%。对于具备耐用消费品属性的电动剃须刀来说,如果没有提价措施,仅靠量的增加来提高利润是极其有限的,最关键的是飞科剃须刀的价格中枢在100元左右(飞利浦剃须刀价格中枢在300元以上),在100元左右的价格上就很难继续提价,这至少反映了两个方面的问题:其一,飞科品牌竞争力明显不足,在和飞利浦产品价格差距极其明显的情况下提价策略失效(个人以前判断飞科剃须刀提价的天花板在200元左右,200元以内随便提价不会明显影响销量),品牌竞争力比想象的要弱很多;其二,飞科产品力明显不足,一个产品如果产品力强大,一定程度的提价是不会影响到销售的,客户用脚投票某种程度上反映了产品力的不足。

第三点,对企业的管理短板认识不足。老板一股独大缺乏分享精神,其实是一个很严重的管理问题,利益驱动的管理机制才是最有效率的,缺乏利益驱动的管理成本是非常高的,而且管理效率低下,尤其是企业管理的隐性成本非常高昂。飞科存在的问题具体表现在:①研发效率低下,新品推出迟缓,电动牙刷喊了好几年还没有研发成功;②团队战斗力明显不足,新品推广不力;③产品质量升级不明显。飞科剃须刀价格提升以后,产品质量并没有明显提升(这也是客户用脚投票的一个原因吧),不能形成良性循环。企业的管理短板会明显抑制企业的价值,更严重一点会毁灭企业的价值,对于消费品企业来说,品牌决定生死,而管理对品牌的赋能作用是最明显的,如何将品牌价值以简单有效的方式传递给消费者是管理者的责任。前期对飞科电器管理方面的短板缺乏明显的认知,导致对飞科未来的发展判断偏乐观,买入价格也相对较高。

第四点,降低了对企业投资标准的筛选条件。2017年属于本人投资丰收之年,70%的投资收益率是个耀眼的数字,一个明显的副作用就是骨子里有了骄傲的情绪(自己当时并没有意识到这一点)。投资的两个重要筛选条件一个是筛选好企业,另一个是等待好价格,好价格+好企业才是一个好的投资选择。2018年,我对这个筛选条件明显是降低了,一方面对价格的要求没那么严格了,另一方面对企业的要求也不严格了,有短板的企业也入选了股票池,在价格和企业两个方面都降低了标准,结果导致了2018年-17%左右的投资亏损(个人做过复盘,如果按照以前的投资标准筛选股票,投资收益率在-8%左右,可以提高10个百分点)。塞斯·卡拉曼曾经说过:投资标准是很重要的,设定标准太高,你或许仍然持观望态度,设定标准太低,你将会立刻全力注入资金,然而这与你没有标准的表现并没有多大的区别,经验和全方位的思维是设定标准的关键所在。投资标准的设定非常重要,太低了,你会选入"滥竽充数"的股票;太高了,又显得"曲高和寡",恰到好处才是关键。

第五点,对企业的后续跟踪研究力度不足。2018年中报和年底的财报显示企业已经有非常明显的衰退迹象,如果持续地跟踪研究,很容易得出上面几点结论,2018年财报以后,若仔细研究,有很大概率在47~48元卖出,基本上可以做到不亏出局,可惜本人无动于衷,浪费了大好的机会。对投资标的的后续动态跟踪研究是一个常态化的过程,企业的发展并非一帆风顺,投资者需要持续跟踪研究,对企业发展中遇到的问题做出合理的判断,从而避免"雷区",研究方面的懒惰在这笔失败投资里占据重要的位置。

对飞科电器的投资已经结束,一方面理性地接受损失,另一方面还是希望学到一些东西,投资是允许交学费的,过去5年的成功投资积累了不少的自满情绪,2018年的投资亏损很大程度上就是这种自满情绪造成的。如果说从飞科电器的投资中只学到一点教训的话,就是学会谦卑,骄傲绝对是投资的大敌。

投资必须要自信,但同时要避免绝对自信!

11.4 投资失败股投资思考

投资失败总是一件令人不愉快的事情，但如果可以自我总结，从失败案例中得到经验教训，则是一种挽回损失的好办法，十几年的投资生涯，投资失败的案例还是不少的，对投资失败的情况简单做个归类。

投资失败的第一种情况是买到涉嫌财务造假的股票。这是最惨的一种情况，会使投资本金归零，其实A股真正财务造假的企业并不多，更多的企业仅美化财务报表，尚可接受，但在港股市场，涉嫌财务造假的企业遍地都是，防不胜防，尤其是在港股上市的中小民营企业，就是涉嫌财务造假的重灾区，所以港股对小企业的估值都非常低，是有历史原因的。对于涉嫌财务造假的企业实行一票否决制，只要发现涉嫌财务造假的蛛丝马迹，立刻否决掉，这属于原则性问题，容不得半点迟疑。具体如何发现财务造假的公司，请参考本人以前的文章《投资策略谈5——如何防止财务"爆雷"》，抛砖引玉，希望大家可以发现更多好办法，共同"防雷"。

投资失败的第二种情况是买到"垃圾股"。这种情况比较普遍，也是众多"小白"中招的重灾区，比如技术分析失误、内部消息失真、资产重组、朋友推荐等原因都容易买到"垃圾股"，由于这种情况过于低级，没必要展开说，应对之道就是避开"垃圾股"，买优秀的企业，仅此而已。

投资失败的第三种情况是陷入"价值陷阱"。这种情况是最普遍的，也是最难以避免的，本人2008—2012年犯的很多错误就是陷入了价值陷阱中。如果缺少引路人，个人往往会陷入其中不能自拔，本人也是花费了很大力气才从"价值陷阱"的泥潭中走出来。邱国鹭曾经总结了4种价值陷阱模型：①第一类是被技术进步淘汰的。这类股票未来利润很可能逐年走低甚至消失，即使PE再低也要警惕。例如数码相机发明之后，主业是胶卷的柯达的股价从14年前的90元一路跌到现在的3元多，就是标准的价值陷阱。②第二类是赢家通吃行业里的小公司。所谓赢家通吃，顾名思义就是行业老大老二抢了老五老六的饭碗。在全球化和互联网的时代，很多行业的集中度提高是大势所趋，行业龙头在品牌、渠道、客户黏性、成本等方面的优势只会越来越明显，这时，业内的小公司股票即使再便宜也可能是价值陷阱。③第三类是分散的、重资产的夕阳产业。"夕阳产业"意味着行业需求没增长了；重资产，意味着需求不增长的情况下产能无法退出(如退出，投入的资产就作废了)；分散，意味着供过于求时行业可能无序竞争甚至发生价格战。因此，这类股票的便宜是假象，因为其利润可能每况愈下。④第四类是景气顶点的周期股。在经济扩张晚期，低PE的周期股也常是价值陷阱，因为此时的顶峰利润是不可持续的。以上4类价值陷阱有个共性，那就是利润的不可持续性，因此，目前的便宜只是表象，基本面进一步恶化后就不便宜了，因为其持续恶化的基本面会使股票越跌越贵而不是越跌越便宜。

邱国鹭的4种价值陷阱模型非常经典，外在表现形式都是利润的不可持续性，而本人对价值陷阱的理解要比以上情况宽泛得多，除了以上4种情况之外，还有一类价值陷阱表现为利润小幅度衰退或者利润基本保持稳定但不再继续增长，这种价值陷阱要隐蔽得多。从逻辑上来讲，由于利润不再增长，成长性收益基本为零，估值提升非常难，估值提升的收益很难赚到，投资者唯一的收益就是分红收益，如果分红率较低，就成为典型的价值陷阱。这类股票唯一的投资机会是分红收益率大于5%，此时尚有一定的投资价值，但问题在于只能阶段性持有，如果持有的时间过长，收益率一般不会太令人满意，毕竟大家投资股市并不是为了那一点分红而来的。这类股票的例子有大秦铁路、国电电力、民生银行、承德露露等，大家可以以3到5年的周期进行复盘，投资收益率少得可怜，有些甚至是负收益。

价值陷阱的表象是低PE和3%左右的分红收益率，如果利润不可持续，基本面的恶化会使股票越跌越贵；如果利润可持续但不增长，3%的投资收益率不能令人满意；如果是5%以上的分红收益率，阶段性持股是可以的，但如果长期持有则会重新陷入价值陷阱中。对"价值陷阱"的思考如下：①便宜是表象，本质上需要判断企业未来的发展趋势，若发展趋势向下，股价再便宜也不能买。②对未来发展前景的判断是分析"价值陷阱"的关键性因素。估值便宜是相对于未来而言的，而不是现在，成长性收益才是投资收益的主要来源。③成长是根，价值是本，成长性可以是零，只要价格足够便宜一样可以买入，但如果成长性是负值，那就是价值毁灭，股价再便宜都不可以碰，适度的成长性+合理的估值是常态，这类企业应该重点关注。④价值陷阱永远存在，时不时会陷进去，只要目光放在未来发展上，就不会发生太大的偏差。⑤记住巴菲特的教导：以合理的价格买入优秀的企业比以很低的价格买入平庸的企业要好得多。

投资失败的第四种情况是买得太贵。再好的企业如果买入价格太贵，也是一笔糟糕的投资，以中国平安为例，如果在2008年的高点买入，即便中国平安保持了长达10年的高速增长态势，2018年的市值才达到了2008年的水平，10年周期投资收益率为零，这就是高估值的代价，更惨的一种情况是戴维斯双杀，即成长不及预期或者业绩开始衰退，市场开始杀业绩+杀估值，这种情况比较惨，负收益是注定的。以昂贵的价格买入优秀的企业是一笔糟糕的生意，应对之道就是以合理的价格买入优秀的企业，找到企业估值上的安全边际。

投资失败的第五种情况是投资周期太短。从短期角度来看，即便是优秀企业的股价有时候也是大幅度波动的，但从长期的角度来看，优秀企业的股价一定是大幅度上涨的，那么这个"长期"有多长？个人认为至少是3年，5年是最佳考核周期，社保基金一般选择好基金经理以后，考核周期都是5年，社保基金是股市里唯一以长线持股为主的机构投资者，也是在股市里赚钱最多的机构投资者。经常有朋友让我推荐一只股票，要求投机周期是一年半载的，想玩个短线，赚一把就走。这时候我总是哭笑不得，这就属于典型的把股市投资当作儿戏，如果投资周期太短，神仙也赚不了钱，强如茅台，在2008—2012年也不怎么赚钱(还没有考虑限制三公消费和塑化剂事件的影响，如果考虑这一因素，投资是亏损的)，所以投资周期至少是3年，没有3年的资金匹配周期，妄言投资！

以上5种投资失败的情况比较普遍，总有一款适合你，即便你都躲开了也未必会投资成功，还需要额外的保护措施，投资组合和仓位管理就是最后的保护措施。投资组合是为了规避对单只股票的判断失误，即便判断失误，通过合理的股票组合也可以化解风险。仓位管理是为了规避市场风险，高估值低仓位，低估值高仓位是基本原则，通过合理的仓位管理规避市场的高估值风险。

西方有句谚语："如果知道我将死在那里，一辈子我都不会去那个地方。"在价值投资中，如果我知道如何投资失败，只要可以规避投资失败的情况，投资成功就会到来！

第3部分 投资感悟篇

第12章

市场思考

12.1 股票投资两大陷阱

股票投资很诱人，貌似很多人都在赚钱，但深入聊天才发现绝大部分人都在亏钱，赚钱的人很少，能够持续赚钱的人更少了；这刚好和做实业相反，做实业的大部分都可以赚钱。这是因为股票投资的陷阱比做实业多。这里先说说股票投资中两个比较大的陷阱，也是本人曾经掉入的陷阱。

第一个陷阱是技术分析陷阱。大部分新股民首先接触的都是技术分析，都曾经努力地学习过，但结果呢？先说说我的经历吧，2004—2005年，我曾经做过一段时间的期货投资，为了赚到钱，我深入学习墨菲写的一本经典书籍——《期货市场技术分析》，熟读了好几遍，做了一本很厚的笔记，自认为已经掌握了各种图形以及技术分析的精华，开始市场操作。可是结果很惨，在期货市场一败涂地，账户几乎爆仓，最后很幸运等到了一个反弹，最后以总亏损5万元退出期货市场，短暂的期货投机生涯到此结束。这5万元的学费花得太值了，让我认识到技术分析就是垃圾，是投资最大的陷阱，在后来的股票投资中坚决抛弃技术分析，转向基本面研究，为后来的股票投资成功奠定了很好的基础。

第二个陷阱就是管理层的诚信问题(即所谓的老千股)。这一点在A股好很多，毕竟A股暴露出来的老千股还是比较少的，但在港股提防老千股是投资的第一法则，大部分中小民营企业都有老千股的嫌疑，我对这一点有切肤之痛。2010年，我开始投资港股，用A股的估值体系来看港股，几乎遍地黄金，尤其是中小板，估值只是A股的一个零头，看着都是机会，其实绝大部分都是美丽的陷阱。我投资的第一个陷阱是重仓买入博士蛙国际,当时博士蛙顶着婴幼服饰第一股和婴幼服饰市占率第一的巨大光环,万人抢购,每股最高价接近5港元。在2011年港股的大调整中最低跌至1.5港元附近,本人重仓介入,成本价为2.2港元,买入价格控制得还不错,之后股价开始反弹,最高反弹至3港元左右,在短短半个月时间里获利颇丰,之后呢?之后就是爆出博士蛙国际财务造假嫌疑,股价大幅度下跌至1.68元,然后停盘至今已经3年多了,这笔投资基本亏光了,总亏损达12万港币,这是我股票投资以来最大的失败案例。

第二个案例是对雨润食品的投资,从基本面来讲,雨润食品还是相当不错的,在肉制品行业仅次于双汇发展,当年也算是双寡头之一吧。如果双汇市值在700亿元左右,那么雨润净资产至少应该在200亿元左右啊,这是当时投资的基本逻辑。雨润食品由最高价38元开始下跌,下跌至10元以内我开始密切关注,跌破5元以后我开始买入,最后买了1万多股,成本价大概在4.7元。坦率来讲,看了岁寒知松柏的那篇文章以后,我对雨润的财务造假嫌疑还是有所察觉的,但股价实在便宜,股价太诱人了,就是有财务造假,那价值至少在每股净资产附近(8.5港元)吧?所以抱着投机一把的心态买了一些,但看了2015年的年报以后,才发现雨润已经被糟蹋得不成样子了,估计只有被收购和破产两条路选择了。

这两次港股投资总计损失在15万元左右,切肤之痛!港股的盈利都用来填堵这两个大窟窿了,通过这两笔代价极大的学费,我真正意识到了对于管理层存在诚信问题的企业绝对不能投资,这一条已经作为股票投资第一条戒律写入投资准则里面了,不过这个教训有点大。

以上两个都是可以让你的投资可以归零的陷阱,所以千万要注意!切记切记!

编者按:

这篇文章写于2015年4月2日,重点强调了技术分析和管理层诚信问题,回头来看,仍然具有很大的参考价值。2018年A股涉嫌财务造假问题大爆发,三聚环保、神雾节能、神雾环保等企业陷入财务造假的泥潭;康得新、康美药业两大市值达到千亿元水平的明星企业爆出涉嫌百亿元利润级别的财务造假行为,简直颠覆三观,还记得2017年康得新的钟玉董事长信誓旦旦地说:那些年我们吹过的牛皮都实现了!原来都是通过财务造假实现的。财务造假可以让一笔投资归零,所以无论怎么强调其重要性都不为过,识别财务造假是投资者的必修课!

12.2 估值的艺术

股票投资的两大支柱是企业分析和估值。今天来点干货，重点探讨企业估值。对企业估值的经典定义就是企业未来生命周期内全部自由现金流的折现值，足够经典，但对普通投资者而言，基本上就是一句废话，毫无意义，因为一般的投资者总会卖出的，不可能长期持有，而且对未来的假设条件太多，稍微改变一点假设条件，得出的估值差异巨大，所以在现实操作中意义不大，只要理解了其中的精髓就好，即未来自由现金流越多越好。

从影响投资收益的角度来讲，股票估值可以拆分为三个因素：市场估值因素、分红因素、企业成长因素。以下简单分析这三个因素。

(1) 市场估值因素：只要长期跟踪市场，可以发现一般的股票都有一个估值中枢，只要确保在估值中枢的下限买入，基本上就不会受到估值向下的打压，运气好的话还可以获得估值向上的反弹空间。

(2) 分红因素：这个很好理解，简单计算分红收益率就可以了，分红高的企业收益率就高一些，低分红企业就差一些，不过获取分红收益不是市场的主流，反而会有意外之喜。

(3) 企业成长因素：估值不变，如果企业每年的利润增速是20%，那么你的收益率也是20%，所以成长因素非常关键，直接影响你的收益率，是投资收益的关键要素。

简单总结就是：在不受到估值向下打压的前提下，尽量获取分红收益和成长性收益。还是以贵州茅台为例，以15倍PE为估值中枢，分红收益为2.2%，每年成长性大概在10%以上，则成长性收益为10%，总收益率为12.2%，降低买入价格或者市场估值提升均可以放大投资收益率，风险点则是成长性低于预期导致估值进一步下跌。关键点就在于给15倍PE是否合理，只要长期跟踪茅台的估值变动区间以及市场对日常消费品行业的估值中枢就可以得出结论，这个估值是相当保守的，估值向上的弹性远大于向下的挤压，所以12.2%的总收益率还是比较靠谱的。

上面的估值方式对业绩稳定增长的企业非常适用，基本上可以锁定收益的下限，这也是我超级喜欢消费品行业和医疗保健行业的原因：这两个行业里的龙头企业普遍可以获得稳定性增长，估值简单，收益锁定，不用操心。

对于高弹性品种或者周期性行业而言，以上的估值方式并不适用，需要做适当的变通。这些股票收益波动性大，估值波动性大，很容易掉入估值的陷阱。以中信证券为例，1.2~1.3倍PB基本上就是估值的下限了，分红收益基本可以忽略，成长波动性较大，也不好确定。最好的策略就是在1.2倍PB的价位买入，处在"弹簧"的下限区域，接下来就是等待"弹簧"的上限区域。何时反弹、反弹的高度都是不可预期的，只能靠运气了。如果运气好，收益率会远高于稳定增长的企业；如果运气不好，也不会赔钱，最多赔一点时间而已。将持股周期拉长来看，这类股票普遍可以获得不错的收益率。

例如中国平安，收益和股价波动巨大，对PB和PE估值都不太理想，而内含价值则是不错的估值方法。若在1倍内含价值买入，则分红收益率为1%，成长收益率为10%~15%(内含价值年复合增长率在10%~15%，适当剔除股票增发的影响)，总收益率介于11%~16%，降低买入价格或者市场估值提升均可以放大投资收益率，风险点则是熊市中对估值的长期压制，比如上轮熊市中估值跌至0.8倍内含价值。关键点就在于给1倍内含价值是否合理，经过分析发现，过去市场估值最低点就是0.8倍内含价值，这个估值比较合理，估值向上的弹性远大于向下的挤压。

通过对贵州茅台、中信证券、中国平安的估值分析，本人得出最终的结论：①通过长期的市场跟踪，找出估值的锚定因子进行估值，基本前提是估值不能受到向下的打压，不要求做什么贡献，保持中性就好；②充分享受分红收益和成长性收益；③运气好的话，进一步享受估值提升的快感，形成戴维斯双击；④估值的本质就是保守性估值，宁可错过，也不要有估值向下打压的风险。

编者按：

这篇文章写于2015年10月14日，文中的估值大逻辑是没有问题的，时至今日，我仍然在使用这套估值体系，只是更加细化一些。回头来看，贵州茅台股价还在200元以内，中国平安股价在1倍内含价值附近，都处在最佳买入点位，茅台股价翻了6倍，平安股价翻了3倍，中信证券在2018年10月股价跌至1.2倍PB，提供了极佳的买入点。这套估值体系相对比较保守，需要长久的等待才能发现好的买入点位，一旦出现买入机会，需要将平时积攒的筹码狠狠地押上，重仓介入，实现本垒打！

12.3 再谈仓位管理

本人在《投资的本质6——资产配置与仓位管理》一文中谈到过仓位管理的逻辑，原文如下："投资A股市场，仓位管理显得尤为重要，A股市场的特点是股票下跌有底而上涨无顶(这一点与港股刚好相反)。以股票的合理估值作为基准点进行仓位的管理非常重要，高估值时低仓位，低估值时高仓位，可以过滤掉许多市场风险，但硬币的另一面则是在牛市里会降低投资回报率。个人的经验是仓位原则上介于30%～100%，在低估值区域仓位是可以加到100%的，如果股市进一步下跌，完全可以利用融资资金介入，融资资金的成本是8.5%，而融资买入时买入分红收益率在5.5%～6%的股票是没有任何问题的，风险敞口只有2.5%左右，风险完全可控。随着股市的大幅度上涨是可以逐步减仓的，在高估值区域仓位完全可以降至30%左右，牛市不言顶，以30%的仓位迎接不可预知的顶部区域完全没有问题，当然仓位逐步降至10%或者完全空仓也没有问题。总的原则是低估值高仓位，高估值低仓位，具体的仓位控制因人而异，以自己心理舒服为原则。"

本文重点强调一下仓位管理的必要性以及最近一段时间的所思所想。

第一，仓位管理的最大目的是保持良好的持股心态。股市调整是常态，贪婪和恐惧之心时常会出现，如果是满仓持有，心态更容易失衡，股市调整时被套，赚一点就走的情况经常出现，长线持股属于痴人说梦。但通过良好的仓位管理，手里时常持有一些现金，在调整市中变被动为主动，心态会好很多，主仓位长线持有就能轻松实现，这一点才是仓位管理最重要的作用。

第二，仓位管理有利于我们在大牛市中"逃顶"。仓位管理的基本逻辑是高估值时低仓位，低估值时高仓位，所以良好的仓位管理者在牛市的顶部仓位一定不会太高的，我们并没有卖到顶点，而是卖到了高估值区域，"顶"很难确定，但高估值区域则一目了然，卖出就容易多了。一个副作用则是降低了牛市里的回报，但拉长周期来看，则会增加整体的回报率。

第三，仓位管理有利于我们拥抱熊市。祖师爷巴菲特时常说自己喜欢熊市，因为可以以更低的价格买入更多的股票，巴菲特说得一点没错，保险的浮存金可以源源不断地提供大量的低成本资金，巴菲特当然喜欢熊市了。但对一般的投资者来说则完全不同，一是平时的现金流有限，不可能在熊市里大量买入，二是如果是满仓持有，没有哪个傻瓜会喜欢熊市，喜欢熊市的一定是大量持有现金的人。而仓位管理完美地解决了资金问题，一个良好的资金管理者在熊市里一定会手持大量现金，那个时候你想怎么玩就怎么玩，会像巴菲特一样拥抱熊市。

第四，仓位管理的资金使用效率更高。本人常用策略是70%的主仓位+30%的副仓位，主仓位长线持有，副仓位相对灵活，达到预期收益率以后就会减仓出局，一般手里时常会持有20%～30%的现金。在调整市里以这一部分现金主动买入，跌得越多买得越多，直到满仓为止。调整期结束，随着股市的上涨，这一部分资金很容易达到20%～30%的收益率，可以随时减仓出局，等待下一次入局的机会。从年化收益率来看，这一部分资金的收益率是高于长线持股资金的，所以持有现金并没有浪费，而是获取了更高的收益率。股市波动或者调整是常态，现金永远都会有买入的机会。

第五，仓位管理是一种保守型的投资策略。进行仓位管理时，投资者不会买在最低点，但一定买在了低估值区域；不会卖到最高点，但一定是卖到了高估值区域。弱水三千只取一瓢，只赚自己应该赚的钱。恐惧与贪婪之心常有之，而仓位管理则完美地克服了人类这一巨大的缺陷，可以做到巴菲特常说的别人贪婪时我恐惧，别人恐惧时我贪婪！

第六，仓位管理必须锚定估值，对低估、合理估值、高估都必须有清晰的认知。没有估值这个锚，所有的策略都是空中楼阁，不堪一击。个股的估值是建立在对企业的商业模式、发展前景、行业竞争结构、公司治理等全面理解的基础之上的，没有对企业的深入了解不可能对企业进行合理的估值，高估和低估并没有想象中那么容易。行业不同，企业不同，估值也会显著不同，这个只能靠自己商业知识的积累，从企业经营者的角度来看待这个问题了。大盘的估值则相对容易得多，参考以往的历史估值很容易判断出低估值区域和高估值区域，仓位管理也容易很多。

最后还是以《投资的本质6——资产配置与仓位管理》里的一段话作为结尾："股市的底部和顶部是不可预测的，但底部区域和顶部区域是完全可以感知的，不指望买到最低点，能在底部区域建仓就好，不指望卖在最高点，能在顶部区域建仓就好。满仓穿越牛熊市太不靠谱，这样心理波动非一般人可以承受的，而且A股的牛市不言顶，估值普遍高得离谱，卖出是理所当然的选择。价值投资不等于长期持股，长期持股仅仅是一种思维方式，一切都基于估值，如果10年的预期1年就实现了，那就卖出好了，如果估值始终合理而企业一直在成长和发展，我不介意持有10年或者20年。持股与否一方面取决于估值因素，另一方面取决于对公司长期发展的判断，是综合平衡以上两个方面得出的结果。"

编者按：

本章文章写于2018年2月23日。

12.4 牛市的反思

本轮牛市行情从2014年7月初的2000点左右起步，在2015年6月12日达到最高点5178点，历时不足1年，目前在3000点左右，基本上可以做个总结了，本人操作上勉强可以打个65分左右。操作的四部曲具体如下。

(1) 本轮行情开始的时候，仓位接近100%，这一点做得很棒。基本上从2008年大盘调整算起，从3500点左右开始买入，一路买到了最低点，中间反弹到3400点左右时卖出过一部分，但总体来说，从2008年到2014年7月是一个净买入的过程，只要手头有宽裕的现金都会逐步换成股票，所以在战略布局上还是做得相当棒的。

(2) 从大盘突破3500点开始逐步卖出股票，在3500点到4000点这个范围内做了一些持仓的调整，净卖出的总量还是很少的，基本上可以忽略，大盘突破4000点以后，开始加大卖出的力度，在4000点到5000点这个范围内卖出25%仓位的股票。

(3) 大盘突破5000点以后卖出了10%仓位的股票，在下跌过程中又逐步卖出了5%左右仓位的股票，总计卖出了接近40%左右仓位的股票，在下跌过程中一直持有大概六成的仓位。

(4) 大盘跌破3500点开始新一轮的买入操作，在恐慌性杀跌那两天买入量最大，买入的盈亏成本线大概在3000点一线，仓位增加了10%，目前仓位在70%左右，具体操作详见图12-1。

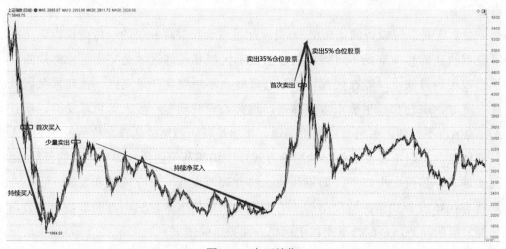

图12-1 上证综指

这是本轮牛市的操作过程，差强人意，但反思的地方也有很多，简单归纳一下吧！

1. 最大的问题是不能知行合一

其实从大盘突破4000点以后就已经有了一个完整的减仓计划,按照原计划,在5000点以上应该减仓60%~70%,但实际上只减仓35%,这个差距还是比较大的。什么原因?很简单,就是贪婪,没有其他因素。贪婪这种情绪是最难以克服的,其实持仓中很多股票高估还是比较明显的,但在牛市氛围里,在一片看好声中,在一片高收益的炫耀中,做出减仓的行动还是很艰难的。这只能依靠修炼来克服,没有太好的办法,知道与做到两者之间的距离就是投资者之间的差距,经过不断的修炼,两者之间的距离逐渐消失,就算是一个真正意义上的投资者了,财务自由仅仅是时间的问题。

2. 全程参与市场,是理解牛熊市最好的办法

在2006—2007年的大牛市,我只是小资金参与其中,比一般的小散强不了太多,对价值投资也是刚刚入门,所以对这轮牛市没太大的感觉,在大幅度下跌的大熊市中,我是用较多的资金全程参与的,所以对熊市有非常深刻的理解。我大概计算了一下,我的盈亏成本线就在2000点一线,所以对买入点的控制还是相当到位的,从此不再害怕熊市,而且开始喜欢熊市了,其实投资者大部分的钱都是在熊市中赚到的,只是当时不知道罢了。我理解熊市,所以我喜欢熊市,喜欢在熊市中布局。

相反,对牛市的理解就差好多了,原因是自己的参与度不够,在牛市中如何卖出,仓位如何控制,什么算是高估,什么算是绝对高估,这些问题都没有清晰的答案,这也是本轮牛市操作的败笔吧!

3. 经验主义要不得,最好的操作指标还是估值

不管是从个股估值上来看,还是从牛市的时间来看,或者是从成交量指标上来看,本轮牛市远没有达到上一轮牛市的高度,按照上轮牛市的指标来测算,本轮牛市顶部大概在8000~10 000点,所以就有一点侥幸心理,在5000点本来应该大幅度减仓的却没有减仓。可是每一轮的牛熊市都是不一样的,经验主义是要不得的,刻舟求剑只能打脸,只有估值是行得通的。其实我根本没有想到熊市会持续6年之久,但依据估值的单一指标,在熊市里我不但活过来了,而且盈利还是不错的,所以经验可以害人,但估值是不会的。按照自己的估值体系,5000点的时候很多标的估值高估1倍,是应该要卖出的,但自己没有遵循估值的单一指标,而是

走向了博弈的一面,博弈很多时候是要靠运气的,与水平无关。事后来看,无论是牛市还是熊市,遵循估值的单一指标来操作是最简单、最关键的法则。

4. 恐惧与贪婪,伴随一生

从投资的三个方面来看,投资理念的学习最简单,学习成功的投资大师的理念即可;商业洞察力的学习需要时间和知识的累积,见效最慢,但具有累积效应,受益无穷;克服恐惧与贪婪,需要心理层面的修炼,是违反人性的,是最难以克服的。

恐惧的情绪一般出现在下跌市中,这点只要遵循估值指标,完全可以克服,至少我本人已经完全克服了,不管多恐怖的下跌,都可以坦然接受,即使出现10年熊市,也可以坦然接受并享受生活,这个不需要在这里进一步讨论了。

贪婪的情绪一般出现在上涨市中,这太难以克服了。一方面牛市氛围对情绪的影响;另一方面是交际圈的影响,周围的人都在赚钱,你要是踏空了简直如坠深渊,所以贪婪的情绪真的是很难克服的,还是巴菲特他老人家说得好:一个真正的投资者必须做到独立思考。独立思考是对抗贪婪最好的办法,只有独立思考才能帮你从周围的氛围中脱离出来,你才可以不和别人比业绩,才可以客观地用估值指标来判断市场。经过本轮牛市的洗礼,估计我本人对贪婪的危害有了深入的认识,相信自己基本上可以独立思考了,也就是巴菲特所说的成为一个真正的合格投资者了。

5. 不去预测牛市的顶和熊市的底

经过10年投资生涯的洗礼,经过完整的牛熊市周期的体验,感觉预测牛熊市的顶和底是最不靠谱的事情了,危害无穷!周围所有的投资者和公众人物里面,预测最准确的算是李大霄了,但也是事后才得出的结论,在操作上意义并不大,而且跟真正的顶和底都有一定的距离,算不得数。

不预测并不代表不去判断,依据估值指标和市场的温度应该去判断市场,什么位置是高估区域,什么位置是合理估值区域,什么位置是低估值区域,这都应该有一个清晰的判断,并依据这些判断来操作。顶和底不好预测,但区域相对就好判断了,准确率超过90%是确定无疑的事。

另外,估值指标、行业选择、企业选择、商业洞察力等,都需要各位自己做功课,在这里就不一一讨论了,无他,因为这些属于投资中的商业秘密!

编者按：

这篇文章写于2015年9月8日，此时大盘一度跌至2850点，并反弹至3170点，此时对本轮牛市做总结的时间点还是恰当的，反思的几个点也有一定深度。本人想重点强调的是投资者必须深度参与市场才能了解股票市场，只有深度参与了一轮完整的牛熊市变化才会对股市有深刻的理解！中国的股市大部分时间都在熊市里，所以大部分投资者对熊市理解得相对深刻，一般来讲，5年左右才会有一轮牛市，所以投资者对牛市的分析相对较少，很容易被强烈的牛市氛围所感染和影响，从而做出错误的判断。要想在牛市氛围中做出正确的决策，本人认为需要做到以下三点：①提前做好计划，锚定估值，按照自己的估值体系提前做好操作策略，按照既定计划执行；②独立思考，一定要做到独立思考，按照自己的判断来操作，特别忌讳人云亦云；③买入优质企业，留出容错空间，优质企业本身发展前景很好，市场会高看一眼，对于投资人而言，其容错空间较大，即便在牛市中没有及时卖出也不算原则性错误，后期有足够的时间和空间来纠正错误。可以做到以上三点，才可以采摘到牛市里丰硕的果实。

12.5　10年股浅析

贵州茅台和京东是我目前持有的2只10年股，买入价格在低位，持有仓位较重，持有10年没有任何问题。目标是选择10只10年股，再加上一部分高弹性品种，基本上就能实现财务自由了。手里其他股票比如伊利股份、海天味业都不错，但仓位太轻，没多大意义，还有招商银行、大秦铁路等好股票仓位还可以，但不足以支撑持有10年的心态。对李宁是又爱又恨，非常好的行业，行业地位较为突出，占有优势资源——CBA，很多因素都很理想，不利因素只有一点——平庸的管理层。只要管理层有改善，持有10年不是问题；如果管理层的短板仍旧存在，到头来一场空，所以能否持有10年关键要看管理层能否改善，除了持续跟踪以外，别无他法！

当以10年持股的心态选择股票时，一下子难太多了，基本就没有下手的股票，要么是股票足够好，但价格也够高，没法买入；要么是价格尚可，但股票不够好；要么价格很低，但股票够烂。另外，还有一种特殊情况，就是价格比较便宜，股票也够好，但属于高弹性品种，不可能持股10年。总之，将股票池以及长期关注的股票筛选了一遍，基本上就是以上4种情况。

所以，想选择10年股，必须在熊市里，只有熊市里好股票才会出现好的买入价格，才会有10年股的买入机会，本轮调整如果能够到2500点，估计我会收集到一部分10年股，可惜天公不作美，可惜！

以10年持股的心态选股，一下子简单多了，剔除了90%的股票，只关注剩下的那10%的股票，耐心等待好的价格，静静地收集10年股，以10年持股的心态选股，投资变得简单而不容易！

编者按：

这篇文章写于2015年10月13日，首次提出了10年股的概念，我对买入标的的门槛提高了一大截，也对优秀企业的认识有了进一步提高，但可惜也没有做到完全的知行合一，文章里提到的优质企业贵州茅台、招商银行、海天味业，后来我都卖掉了，反而是相对不那么优秀的李宁，我坚持持有，即将成为第一只10年股，伊利股份在2016年加为重仓股之后也一直持有。持有一只股票10年的确很难，一方面对企业质地的要求非常高，另一方面股价不能涨得太快，如果这只股票短期暴涨，一般都很难拿得住。10年股是一个目标，当以10年股的目标来看待市场，一切都明朗很多，还是那句话：以10年持股的心态选股，投资变得简单而不容易！

12.6 长线的威力

从2008年主力资金入市以来，本人的股票持有周期平均为5年，算是典型的长线投资者了。我投资的股票凡是持股周期超过5年的，基本上都是盈利的(唯一的例外是李宁，后面单独讨论)。这还是比较震撼的，意味着本人的选股成功率为100%吗？其实未必，数字后面隐藏的才是真相。

首先，本人所有的买入操作都是在以下两种情况下发生的：①大熊市；②发生行业性危机事件，比如塑化剂事件、三聚氰胺事件等。这两种情况下股票价格都处在低位，想不赚钱都难啊！

其次，本人对个股还是做了精心研究的，以5年的周期来看，所投企业的利润都是大幅度增加的。利润翻倍增长说明企业一直在发展，投资者主要赚的是企业发展的钱，顺便赚点市场估值提升的钱。

最后，所投企业都是行业龙头，以5年的周期来看，强者恒强，龙头企业成长性都是超越行业本身发展速度的。企业并不是小就是美的，在竞争中已经分出输赢的行业，行业龙头绝对是大赢家。

以上三点看起来好像挺简单的，但操作起来可不简单，第一，你必须在大熊市里还有足够的买入资金，这考验的是平时资金的管理能力；第二，必须克服恐惧的心态去买入，这考验的是心理层面的修炼，即克服贪婪与恐惧的心态。以上两点都不容易，是投资的真正壁垒，是投资人一辈子需要修炼的。

最后说一下李宁，唯一持股超过5年还在亏损的企业，其实本人的买入价格、对行业前景的判断、选择龙头企业等方面都是没有任何问题的，完全符合困境反转投资模型，唯一的疏忽是对管理层的平庸认识不足，而这一点是致命的。那本人是不是该认赔出局呢？时至今日，我可以给出完整的答案了，第一，股价只比我成本价低了几毛钱，心理压力不大；第二，李宁产品的质量有了很大的改善，逐渐得到年轻消费者认可(连续两年电商销售额位列国产品牌第一)，这一点非常关键；第三，体育大环境太好了，比本人当初的估计还要乐观很多，这对企业的发展太有利了；第四，行业洗牌已经完成，李宁的行业地位在提升，国产品牌基本上是安踏+李宁的行业格局。综上所述，还是拿着李宁吧，已经持有了5年，再持有3年又有何妨！

长线的确是投资成功的不二之选，但对价格、标的的选择要求很高，一旦标的选择错误，长线持股的代价是很大的，是不可承受之重，所以说，投资的壁垒是非常高的，考验的是商业洞察力和心理层面的修炼，长线只是一种表现形式而已。

我们要赚的是企业发展的钱，顺便赚点市场估价提升的钱，所以投资的路径非常明确，但投资本身的确不容易！

编者按：

这篇文章写于2016年7月9日，可以看作《10年股浅析》这篇文章的续篇，重点强调了长线持股的威力！我投资的股票，只有李宁唯一持股周期超过5年却亏损的。2019年，李宁不但扭亏为盈，而且成为9年复合收益率接近20%的大牛股，这再一次证明了长线持股的威力。这篇文章对李宁的分析是完全正确的，李宁一直在做正确的事情，经过时间的积累在2019年终于爆发，成为当年的大牛股！

12.7　投资"暴利"的来源

每个人都希望从投资中获得暴利，但现实中大部分投资人都是亏损的，获利的只是很少一部分人，但投资暴利确实是客观存在的，只是机会极其稀少。从逻辑上分析，暴利模式存在于以下几种情况。

1. 企业的成长长期超过市场预期

典型的例子是恒瑞医药，其利润常年保持高速增长态势，企业的成长性非常好，投资者一方面可以获得企业成长性收益，另一方面可以获得估值提升的收益，从而获得高收益，前几年的伊利股份也属于该类企业。问题是这类企业长期高溢价，买入机会极其稀少，考验的是投资人的商业前瞻性，对投资人的要求非常高，一旦投资错误，就不是高收益而是高损失了。张裕A、云南白药前几年都是这类股票，前者由于限制三公消费导致利润下跌，股票价格巨幅下跌，后者最近两年成长性显著放缓，导致估值下跌。这类股票对应的是高收益，反面则是戴维斯双杀，所以投资难度是很高的，投资不易！

2. "小票"的高速成长

"小票"的成长性高，可以获得暴利，这个逻辑好像是对的，比如创业板的大牛市，投资"小票"的收益颇丰。如果深入分析，则结论并不乐观，对于大行业来说，行业格局早已确立，强者恒强的商业逻辑是无法更改的，"屌丝"逆袭只是个例，属于低概率事件，比如啤酒行业、乳制品、金融行业、能源行业等，有几个"屌丝"能够撼动目前的行业格局？基本上只有望洋兴叹的份儿！而小行业一般都缺少行业领导者，"小票"成功的机会比较大，但小行业本身就是行业容量小，不可能发展为大行业，所以"小票"还是长不大，终归还是"小票"。还有一种情况就是出现一个全新的品类，这时候"小票"才有机会做大，但这种新品类出现的机会是很少的，一旦抓住了，财源滚滚呀！

回过头来看A股的创业板，那么多"小票"，有几个真正把企业做大了？乐视网好像算一个，同花顺也算吧，这两家基本上算是开创了新的品类或者创新了商业模式，可这类企业毕竟是极少数，大部分"小票"其实还是"小票"，从来没有长大过，但市场把他们当作大人来看待了。创业板的暴利其实是炒作，与商业逻辑无关，同样的"小票"，在港股是5～10倍PE，在A股是100倍PE。所以"小票"的暴利模式属于火中取栗，与其说是投资，不如说是运气使然。

3. 周期性行业的逆转机会

周期性行业投资不易，一旦在底部介入，周期逆转后，财源滚滚；一旦在顶部介入，周期逆转后，股价成渣，一场春梦。看一看三一重工、中信证券、云南铜业、中国神华、西山煤电、金风科技等周期性股票的股价走势，波澜壮阔，跌宕起伏，顺周期则一片狂欢，逆周期则血流成河。这类投资对周期的判断极其重要，远超过对企业本身的研究，对行业知识的要求是极其苛刻的，一般的投资者根本不可能驾驭这种投资。以目前的煤炭行业为例，行业在周期的底部是确定无疑的，但在底部徘徊还是周期逆转？是行业周期性变化还是行业的结构性变化？这些问题一般投资者没法回答，而只有准确回答以上问题的投资者才有资格获得暴利。港股的伊泰煤炭足够便宜，本人跟踪了好久，迟迟下不了手，就是没法回答上面的问题，投资不易！

4. 熊市底部投资

在熊市底部投资，在牛市中收获，这是经典的暴利投资模式。戴维斯家族的名言：投资人大部分的利润都是熊市里获得的，只是当时不知道而已。投资人只要依据估值的单一因素来分析，股市底部不难判断，只要是股市老手，基本上可以判断出股市底部，但这远远不够，如果没有资金，没有耐心，或者像2008年以后的A股，一熊就是6年，照样是竹篮打水。在熊市底部投资的成功率颇高，但考验的是投资人的资金管理能力以及人性，一样不容易。

以上四种所谓的"暴利"模式，前三种很难，基本上是运气居多，后一种相对容易，只要持续学习不难做到。最终结论如下：放弃暴利的美好愿望吧，脚踏实地，深入学习商业的知识和行为心理学，降低投资预期，寻找低风险的稳定收益吧！这才是投资者该做的事情。

编者按：

这篇文章写于2015年10月14日，对投资"暴利"的来源做了简单分析汇总，这篇文章里忽略了最重要的一个方面：第五种"暴利"模式，即某个行业处于危机状态或者个股处于危机状态，此时投资行业龙头会有丰厚的收益。比如2008年乳制品行业发生三聚氰胺事件以后投资伊利股份；2010年体育服饰行业发生库存危机以后投资安踏体育；2013年白酒行业限制三公消费叠加塑化剂危机以后投资贵州茅台+五粮液；2012年发生瘦肉精事件以后投资双汇发展，以上投资机会本质上都属于困境反转型投资，对标的选择和时间选择要求很高，但不是所有的困境都会反转，这一点需要有明确的认知。投资本质上要抓住两点：①估值是否合适；②未来的发展前景是否乐观。所有的投资机会都是基于以上两点判断而做出的。以上5种所谓的投资"暴利"模式，实际上是从估值层面提供了很好的介入机会，投资能否成功主要取决于第二点，即企业未来的发展前景。估值取决于对企业现在价值的判断，发展前景取决于对企业未来价值的判断。

12.8　与赢家为伍

无论是在工作中还是在投资的世界里，与赢家为伍可以事半功倍，比如工作中你跟对了领导，领导高升了，你一定是最大的受益者，会跟随领导一起高升；在投资领域，投资赢家的企业可以让你赚许多钱。所以说超级企业家投资模型是一种非常强大的投资模型，与赢家为伍，你可以赢得很轻松。

梁建章轻松地去美国留学了，去研究他的人口理论，结果艺龙起来了，去哪儿崛起了，在线旅游市场一片红海，老大携程被打得灰头土脸，差一点就回不来了(去哪儿创始人庄辰超的评价)。在关键时刻，梁建章回归携程，对内提倡企业家精神、理念创新以及制度创新，对外开启并购模式，迅速收购艺龙和去哪儿，并入股途牛，平定了在线旅游市场的纷争，最终携程一统江湖，成为互联网江湖不可忽视的第四极，这就是超级企业家的力量。

阿里巴巴很强大，强大到马云拿着望远镜也找不到竞争对手，马云只能"孤独"地退休。但在望远镜视线以外，京东快速崛起，以快刀斩乱麻的速度急速解决了苏宁/京东之战，当当/京东之战，腾讯/京东之战，一号店/京东之战，以挑战巨人的姿势站在了阿里的对立面，逼迫马云不得不复出来应对这场终极的电商之战。刘强东，一个专注到极致，意志力坚如磐石的超级企业家，他就是京东快速崛起的终极力量。当然，马云也是牛到极致的人物，两个超级企业家之间的竞争很有看头，一方面都在贬低对手的商业模式，另一方面都在借鉴和学习对方的优势，双方都在快速融合，商业模式有趋同的趋势。

郭广昌，另一个超级企业家，带领着复星集团由传统的地产+钢铁+资源的经营模式逐步转化为保险+投资的商业模式，企业的发展空间至少增加了10倍以上。企业的发展是有天花板的，但在超级企业家的带领下是可以突破天花板的，这就是企业家的力量。

传统企业里也是赢家的天下，曹德旺带领福耀玻璃，将成本控制做到了极致，利用成本优势一统江湖，成为国内汽车玻璃行业的绝对赢家，在可预见的将来做到全球老大是显而易见的事情。伊利股份在潘刚的带领下，从三聚氰胺的泥潭中艰难起航，一路攻城拔寨，成为绝对的行业老大，成为三聚氰胺事件后最大的赢家。反观曾经的老大蒙牛集团，在创始人牛根生离职以后，市场地位一落千丈，曾经市场地位相同的两家企业，一家崛起，一家没落，其背后就是企业家的不同，这就是超级企业家的力量。

寻找超级企业家，与赢家为伍，是一条投资的捷径，加入赢家，让他带你飞翔。如果你有能力，可以寻找未来潜在的赢家，这是考验投资能力的关键因素，除了持续的学习和经验积累，提高自己的商业洞察力，别无他法；如果能力不足，那就找胜出的赢家吧，虽然收益率不会太高，但盈利的确定性还是很大的。

与赢家为伍，找到赢家，你就是未来的赢家！

12.9　熊市还是牛市

当今情势下，投资者通常有以下几个疑问。

熊市还是牛市？看大盘指数还在熊市中，但从个股来看大部分绩优蓝筹股纷纷创新高或者在通往创新高的路上！

卖出核心持股还是非核心持股？核心持股全部创2007年以来的新高，非核心持股许多还趴在底部不动！想卖出的没有好价钱，不想卖出的价格倒是很不错！

降低仓位还是增加仓位？港股牛市已经确立，根据以往的历史数据来看，港股和A股的牛市基本上是同步的，最大的滞后期也在1年以内，所以从历史推断未来，A股的牛市好像也要来了。问题是今年以来市值屡创新高，收益率堪比大牛市，降低仓位是理性的选择，但港股牛市的诱惑无处不在！

不识庐山真面目，只缘身在此山中！牛市或者熊市永远都是事后确认的！在事中没有人可以确认，唯一可以确定的是估值，锚定的唯一因素只能是估值！但当前情况下蓝筹股的估值并不低，或者说已经高了，已经有一点美国20世纪70年代"漂亮50"的味道了！

投资之道，一点都不复杂，但也不简单！能够剔除情绪的影响做出理性的决策并不容易。播种的季节明显已经结束了！但是否已经到了收获的季节我并不确定！逐步降低仓位应该是理性的选择吧！

编者按：

这篇文章写于2017年10月19日，当时的大盘点位是3370点，市场氛围比较热烈，大盘也一度上攻3587点，个股估值呈现冰火两重天，大部分投资者都认为牛市来了，结果2018年迎来股市大跌，大跌眼镜。牛市或者熊市永远都是事后确认的,在事中一切皆有可能,最靠谱的判断还是估值,锚定估值比判断牛熊市要靠谱得多!

12.10 确定性还是不确定性

最近半年新买入的桃李面包、华兰生物、青岛啤酒三只股票表现都不错,但都是中等仓位,反观两只重仓股老白干酒和人福医药表现较差,这是个有趣的事实,值得思考一下!

桃李、华兰、青岛啤酒之所以是中等仓位,没有重仓最主要的原因是买入的时候其基本面都有一定的不确定性,可等年报出来以后,一些不确定因素基本明朗化了,股价随之大涨,也就没有买入的机会了,看来市场还是很聪明的,要想战胜市场的确不容易。

不确定性伴随着低价格,相对的确定性则必然反映在市场价格上,这就是市场的有效性,要想战胜市场获得超额收益,则必然需要在不确定性中找到确定性,即对行业和企业有深刻的理解,比市场上大多数人都要理解得更深入,才有可能在低价格时大力买入。

我之所以愿意重仓买入老白干酒和人福医药,一方面是这两只股票当时都有不确定性伴随着低价格,而且这种低价格足以补偿一定的不确定性,另一方面则是自己对这两个企业理解得更深入一些。老白干酒简单来看属于高市盈率,但算上丰联酒业则属于最低估值的市销率,估值其实非常低,但老白干酒的品牌序列非常好,头部是老白干1915,肩部是五星老白干,腰部是十八酒坊,金字塔形的品牌序列已然就绪,缺的只是最后的一把火,而君智咨询的介入则是最后的点火者,我是定位理论坚定的拥护者,相信在定位大师级人物的指导下,老白干酒的品牌定位和产品定位一定会有一个质的飞跃。洋河蓝色经典系列成就了洋河行业三甲的地位,古井贡年份原浆系列成就了古井贡名酒的复苏,成为最后一个真正意义上的全国品牌,国窖1573成就了老窖高端白酒三者居其一的行业地位,浓香国酒的定位有超越五粮液的发展趋势。定位在品牌发展上具有极其重要的地位。

市场认为人福医药投资分散,主业不聚焦,医药研发水平低,所以市场估值是折价的,但我的观点有所不同:其一,人福医药的投资最终可归纳为医药+金融,主业聚焦其实很清晰,而且其"做医药健康领域细分市场领导者"的定位也是非常准确的,投资金融获得收益也没什么错;其二,从历年的研发资金投入来看，稳居第二梯队，仅次于恒瑞医药、复星医药、中国生物制药等企业，其研发能力至少是合格的，不算是减分项；其三，麻醉药具有高壁垒，这一部分应该是享受高估值的，两性业务发展前景看好，具有消费品的属性，也是要享受高估值的；其四，从过往的投资历史来看，其投资成功率是非常高的，所以最近两年美国的投资业务以及两性业务应该也不会差；其五，十三五规划营收达到300亿元，从过往的经营历史来看，达成的概率是很大的，算是一只成长性很高的股票。低价格+看得见的确定性，所以没有理由不重仓持有。

真正深入了解一个企业还是非常难的，投资者只能不断地学习，不断地提高，甚至不断地否定自己。确定性还是不确定性？在不确定性中找到确定性才是超额利润的来源！

编者按：

这篇文章写于2018年4月20日，事后来看，本文对老白干和人福医药的判断都出现了不小的偏差，老白干的问题是管理层水平欠佳，战略上摇摆不定，企业的潜力发挥不出来；人福医药的问题是管理层胡乱收购，最近3年花了80亿元左右收购的都是非常低效的资产，典型的多元化恶化，管理层严重高估了自己的能力，人福医药属于手里捧着金饭碗(宜昌人福)，把自己混成了要饭吃的乞丐。这两个企业都有一个共同的特点：管理层有缺陷，管理层严重压制了企业的价值。其实这篇文章里对这两个企业的分析逻辑大体上是对的，但对管理层的平庸缺乏深刻的认识，这也是2018年学习到的最重要的一课。管理层可以创造价值，也可以压制企业的价值，甚至毁灭企业的价值，对企业管理层面的分析应该是企业分析中非常重要的一个环节。

12.11 左侧交易还是右侧交易

左侧交易者是指在股票下跌过程中逐步买入的投资者，右侧交易者是指股票下跌趋势已经结束并开始反弹过程中逐步买入的投资者。简单来说左侧交易就是逢低买入的策略，右侧交易就是趋势反转以后开始买入的策略。

左侧交易的核心假设是大盘的下跌点位是不可预测的，唯一可以掌握的就是企业的价值。通过精选企业，对个别企业进行长期的跟踪研究是可以把握企业的内在价值的，以企业内在价值为锚，越跌越买，直至满仓为止。至于底在哪里倒不是太关注的事情。

右侧交易的核心假设是大盘触底并开始反转，这时候才是买入的最佳时机。问题是触底反转就是个伪命题，事后来看这个"底"倒是非常清晰，但在事中一切皆有可能，以这两天的股市为例，股市反弹力度很大，是真反转还是假反弹？是该买入还是持续观望？如果大盘进一步上涨至2900点一线该如何？如果大盘又开始下跌该怎么办？一系列选择题，和押大小没什么区别。所以所谓的右侧交易，只是个美好的幻想罢了！如何确定大盘是反弹还是反转？技术分析倒是有一套，可惜永远都是在突破和假突破之间做选择。明天的股市你永远无法预测它的走势！

真正的价值投资者其实只有一种策略，那就是以价值为锚，逢低买入，逆向投资才是最佳策略。总有人想抄底，一种贪婪的表现。心中无锚，即使大盘跌破2000点你也不敢买入，以贵州茅台为例，当茅台跌至150元时，许多人说等120元再买入，当茅台真的跌至120元时，这帮人又说等价格跌破100元的时候一定买入，结果呢？茅台经过两次10送1和大手笔的分红以后股价涨到了800元左右！我没那么聪明，不知道茅台可以跌到什么价位，只是知道180元以内的茅台有较大的投资价值，170元就开始逢低买入，最后100股就是120元成交的，你也可以说我买到最低点了，那其实都是偶然因素而已！笨办法有时候就是最有效的办法！

逢低买入说起来简单做起来很难，第一，得有良好的仓位管理和资金管理策略，手里没有现金什么策略都没用；第二，克服恐惧的心态，逆势操作非常考验心理承受能力，心理不过关没人敢逆向操作；第三，克服贪婪之心，抄底其实是一种贪婪的表现，太贪婪反而会失去机会；第四，平时做好准备才是最关键的，只有对企业有深入的了解，才有逆势加仓的勇气；第五，即使以上你都做对了，还会有黑天鹅事件，所以适当分散投资也是必须做到的，满仓买入1~2只股票也是一种赌博，分散买入5~10只股票是最佳选择，可以规避绝大部分风险。

编者按：
本篇文章写于2018年7月12日。

12.12　核心持股与非核心持股

持股一般分为核心持股和非核心持股，核心持股一般都会重仓持有，不动如山；非核心持股一般都是轻仓或者中仓，买卖是常态！

对于核心持股而言，需要对企业有彻底的了解，能够真正懂企业，本人的股票池里有60只股票(包含10只港股和美股公司)，长期跟踪了5~10年，对每份财报都会仔细研究，但真正能看明白的企业也就50%左右，对其他50%企业是似懂非懂的，所以完全看懂一个企业还是非常难的！即使看懂了，但价格高高在上，也没什么办法。所以核心持股大多数时候是可遇而不可求的，具体分析如下：①基本上都是各个行业的龙头企业，投资者对行业和公司的基本面比较明白，分析得比较清楚，能够真的懂。②在等待中获得一个好的价格，然后重仓持有。一般来讲，这个时机有三种：大盘处在熊市；行业出现利空因素；公司突发利空事件。只有这三种情况下，投资者才可以获得好的买入价格，安心地作为重仓股持有。③买入之后一般都是长期持有，至少不要轻易卖出。好公司常有，但好价格难寻，好公司与好价格一同出现的机会少之又少，所以一旦买入绝对不要轻易卖出，算是股市里压箱底的筹码吧。④还有一种情况是相对于其未来巨大的发展前景而言，公司目前的市场价格处于合理价位，这种情况也可以作为核心持股来买入。但这样做是非常难的，考验的是投资人的商业洞察力，再加上未来是有不确定性的，这更增加了买入的难度，比如恒瑞医药，发展前景的确没问题，但高昂的价格让人却步。⑤最后一种情况是非核心持股变为核心持股，经过长期跟踪，投资者对企业了解得更彻底，逐步加仓变为重仓股。⑥核心持股是不能出错的，出错的时间成本是极其高昂的，所以核心持股的门槛是非常高的，算是皇冠上的明珠吧！

对于非核心持股，投资难度要简单得多，只要大概看明白就可以了，允许对企业研究存在盲点！一般而言，在以下几种情况可以买入：①对公司的基本面分析不够深入，有一些看不明白的地方，但价格相对便宜，这种情况可以买入一些，慢慢跟踪研究就可以了；②虽然公司不够完美，但价格非常便宜，也可以买入一些，因为低价格抵消了大部分不确定性；③看好一些高速发展的行业，但价格太贵，可以适当配置一些行业内的龙头企业；④对于非核心持股，一方面是可以容许公司存在一些问题的，另一方面也可以允许较高的价格，毕竟仓位不重，承担的风险也是有限的；⑤非核心持股是可以随便卖出的，只要价格合适，或者有更合适的标的，可以立即卖出，或者为了平衡仓位，也可以即刻卖出；⑥非核心持股最大的问题是不能够重仓，也不敢重仓，在降低风险的同时，也降低了收益。

一般来讲，核心持股的资金占比在70%~80%，非核心持股资金占比在20%~30%，按照杨天南的说法就是守正出奇。核心持股是"守正"，修成正果，赚大钱，前提是不能出错，出错了满盘皆输；非核心持股是"出奇"，赚小钱，积少成多，仓位灵活，可以容错，有时候也会以小博大，赚取大利润。至于说核心持股赚得多还是非核心持股赚得多，还真不好说，短期来看好像是非核心持股赚得更多一些，可以随时换马，会多赚一些银子，但长期来看一定是核心持股赚得多，仓位重，赚大钱还得靠核心持股。

核心持股大多数时候都需要等待，买入之前等待好的价格，买入之后持股不动，还是一种等待，好似老僧入定，的确缺少了许多投资乐趣。非核心持股则不同，允许犯一些错误，允许有一点投机的成分，会有一些买入和卖出的操作，增加了一些投资的乐趣！赌博最有乐趣，可惜会经常输钱；投机有一点乐趣，但也会夹杂着经常赔钱的苦涩；投资很无趣，但会经常赚钱，在赚钱的过程中经常自娱自乐一把也不错，非核心持股的一个附加功能就是提供这种自娱自乐，乐得其所！

12.13　重仓股的信心

投资十载，但真正有信心重仓投资的股票不超过10只，敢于重仓介入一只股票其实是很困难的，个人认为主要基于以下几点：其一，市场价格必须低估，即使对于合理估值的股票也没有多大信心重仓买入，低估是前提。其二，投资者必须对企业有深入的了解，必须"真正"懂公司，但看懂一个公司需要长期商业知识的积累，何其难呀！其三，投资的必须是优秀的公司，并长线持有，做时间的朋友；其四，投资者必须有独立思考的能力。同时具备优秀的公司+低估的价格两点，则必然是公司出现大的利空因素或者大盘处于熊市中，这个时候周围的噪声是非常多的，独立思考是必须要做的事情，可能够做到独立思考的投资人少之又少。

第一只重仓股是招商银行，由于银行股长期低估，每次跌破净资产我就加一点，不知不觉中加为重仓股了。由于招商银行是我国综合竞争力最强的银行，我一点都不担心，但对银行股低估的时间长短没法确定，所以只是在仓位上加以控制。2018年，招行突破30元以后我全部清仓了，这一笔投资的长期收益如果加上每年的分红收益，收益率还是很不错的，算是一笔成功的投资。

第二只重仓股是京东，对京东的发展前景我是极度看好的，但由于没有开通美股账户所以没法买入，后来京东从35美元左右大幅度调整到20美元左右，我通过港股账户火速开通美股交易，重仓买入并持股不动。这一笔投资也不错，相信未来10年京东至少有5到10倍的市值增长潜力，所以这一笔投资还可以持续5到10年。

第三级组重仓股是贵州茅台+五粮液，当时的情况是五粮液估值更便宜，茅台更好，处在两难抉择的状态，所以干脆一起买了。五粮液持仓成本是20元，茅台在100元以内(茅台有两次10送1股，加权以后的成本)，当然这一笔投资茅台的收益率更高，但在当时的确难以判断，目前五粮液已经出清，茅台减仓一半，算是收益率最高的一笔投资。

第四只重仓股是伊利股份，对伊利我看得非常明白，只是在等一个好的价格，这个价格在股市熔断以后就来了，伊利一度跌至12元多，我在15元以下大幅度加仓，使其成为当时的第一重仓股，持仓成本仅仅为13元，对于这一笔投资我当时是非常有信心的，投资收益率也不错，还可以长线持有一段时间，等股价突破40元以后再说吧。

第五只重仓股是中国平安。保险市场前景无限，而中国平安则是综合竞争力最强的那一家，只要等到好的价格就可以加仓，所以去年当平安跌破每股内含价值时，我大幅度加仓。对这一笔投资我有绝对的信心，几乎是零风险的，2017年11月在78元减持了一半仓位，剩下一半的仓位暂时不动了，这一笔投资的收益率非常高。

第六只重仓股是古井贡酒。最初关注古井贡是因为看了杯酒兄(雪球网专栏作者)的一篇文章，经过仔细研究以后，发现这的确是一只不可多得的好股票，所以在40元左右加了中度仓位，在45～50元又加大了仓位，目前属于长线持股，静等古井贡酒500亿元市值的到来。

第七只重仓股是复星医药+复星国际。对这两只股票我是统一来看待的，这笔投资我最看的是郭广昌这个人。复星医药我很多年以前大概以11元的价格买入，中间有过一次增减仓的操作，复星国际则是郭广昌"出事"以后买入的。目前复星医药已经清仓，复星国际还处于合理甚至低估状态，暂时持股不动，这笔投资的收益也不错。

第八只重仓股是老白干酒。买入这只股票也是因为看了杯酒兄的文章，经过深入研究，在30元以下加的重仓股。我非常看好老白干酒的未来，当然我没有杯酒兄那么乐观，但5年以内老白干酒市值达到200亿～300亿元还是没问题的。

最新研究的股票则是人福医药，我对这个股票研究了一段时间，也思考了一段时间，目前，对这个市场的感觉特别像当初买入复星医药的时候。我是把人福医药当作小一号的复星医药来看待的，当然没法和复星医药相媲美，但人福医药其实也不错，其在投资领域并没有大家认为的那样不堪，其投资能力还是很不错的；在医药研发领域的投入也不少，至少算得上第二梯队的领头羊；医药商业在湖北省属于老大，加上收购当地的医院，这一块业务其实也很不错；收购美国的两家企业以及杰士邦，市场并不看好，这个我也没太看明白，还需要观察，今年的年报会明朗化的，拭目以待吧！最关键的一点则是价格因素，抛去自身持有的金融资产，医药部分的估值仅仅在150亿~160亿元，这个绝对是让人眼馋的价格，所以作为重仓的候选慢慢买入吧！虽然人福医药有不少毛病，但低价格规避了所有不利条件，所以我看好人福医药的未来。

入市10年的确买过不少股票，但许多都是中度仓位，要么是价格不合适，要么是对企业不太懂，要么是持股信心不足，总之重仓股不超过10只。每年基本上可以发现一只，最近几年随着商业知识的累积，对企业研究有了更好、更深入的理解，以后有信心做到每年发现两只重仓股！做出重仓持有一只股票的决定，真的很难，需要天时地利人和。

最后补充一点，仓位管理也非常重要，当你发现重仓股时，手里必须有现金，而仓位管理可以有效地解决这个问题。以保守的心态做投资，不贪婪，现金如海绵里的水，总会有的！

编者按：

这篇文章写于2018年2月1日。目前，大部分重仓股的表现都是不错的，只有老白干酒没有达到预期，仅处于微幅盈利的状态。其实这属于很正常的事情，投资者对企业未来的判断不可能做到100%准确，能够达到70%的准确率就算不错的成绩了，能够达到80%的准确率就算是非常优秀的成绩了。通过投资组合来规避判断上的失误是解决问题有效的方法，通过投资组合来对冲判断上的某些失误也是投资者的合理选择。

12.14 熊市里可以做的事情

毫无疑问，现在是熊市，大多数人都非常悲观，整天盯着大盘心情会更加郁闷。其实熊市可以做许多事情，下面慢慢道来。

首先，熊市基本上是满仓的，基本上无事可做，所以你可以抽出时间做基本面的深度研究，从行业层面、企业层面、管理层面等几个方面对企业进行梳理，进行深入研究，一定会逐渐找到一些感觉，也会发现一些好的标的，为以后必将到来的牛市做好知识上的储备工作。

其次，你可以跟踪一下股票池里股票的估值变化，平时心仪的股票也会出现好的价格，这时候你会发现好股票和好价格同时出现，再通过换股的方式将投资集中到最优秀的股票里，合理地调整持仓标的，达到持股的最优化。

最后，你可以安心工作了，没有了牛市里的狂躁，心理层面可以安静下来，合理评估自己的能力，补短板，储备知识，为未来的反击做好充分的准备。与此同时，你也要逐步储备资金，以定投的方式逐步加大投资，来个本垒打！

熊市里有些事情是不能做的，第一个不能做的就是斩仓出局，貌似控制了损失，其实是消灭了种子，未来毫无希望，即使牛市来了，也与你无关；第二个不能做的事情是每天频繁看盘，这样会严重影响心情，导致晕招迭出。

熊市里可以让有些事情变得更好！

编者按：

本篇文章写于2018年10月10日。

12.15 投资的原点思维与扩展

以前曾经讨论过5种商业模式，每一种都有成功的案例和优秀的企业，但投资远没有那么简单，5种商业模式仅仅提供了一个思路，一种原点思维，在原点思维基础上需要考察企业的各个方面以及估值因素。

1. 原点思维

原点思维就是以前提到的5种商业模式，原点思维的本质就是抓住企业分析的关键点，如果企业的关键部分符合投资的要求，接下来就需要扩展到其他层面，对企业展开全方位的分析和思考，原点思维仅是投资的起点而已。

2. 行业发展前景分析

行业天生就不平等，有些行业大牛股辈出，有些行业属于贫瘠的沙漠，这是有历史资料可以追溯的。一般来说，消费品行业、医疗保健行业、高科技行业、能源行业、金融行业都属于大行业，牛股辈出，其他行业相对就差好多，但这些不是本文的重点，本文主要说的是已经找到了相对比较好的行业后，接下来该如何进行分析。个人认为可以从以下三个方面分析并进行筛选。

(1) 行业的发展空间较大或者至少不萎缩的行业总容量。

(2) 产品市占率的提升空间。

(3) 产品价格的提升空间。

投资者对以上三个方面进行综合分析以后，会对行业的发展前景有一个了解，也会对企业的发展前景有一定的结论，这个了解和结论是否准确则需要对企业持续跟踪并验证。

3. 商业模式和竞争优势分析

商业模式分析是对企业进行全方位的考量和检查，既需要形成定性的结论，也需要定量指标的支持，如果全部过关，这只股票就可以纳入股票池。商业模式分析主要考量以下三点。

(1) 商业模式是否具备可持续性的特点。
(2) 具有清晰可见的护城河的保护。
(3) 优秀的5年定量财务指标：ROE指标、负债率指标、营收指标、利润指标、现金流指标。

一般来讲，研读财报是最有效的企业分析方式。通过研读管理层对企业经营层面的分析、竞争优势分析以及风险分析，投资者能够对企业有一个基本的了解和结论，也能够通过财务报表的分析验证自己的结论。由于短期的财务指标会存在失真的可能，必须用5年左右的财务指标进行分析。如果5年的财务定量指标与定性分析结论相互一致，能够相互验证，则无疑是一家优秀的企业。一个优秀的企业必须对应强有力的财务数据，否则就是海市蜃楼，因此财务指标是筛选企业的有力工具。由于财务指标仅仅代表的是过去，而投资是面向未来的，所以定性分析必不可少。通过财务指标找到过去优秀的企业，通过定性分析判断过去优秀的企业未来能否继续优秀。

4. 管理团队分析

管理团队分析是最难的，在好的行业里面，同样的商业模式，但最终胜出的一定是管理最优秀的企业，我们当然希望在企业胜出之前就可以发现，在企业小的时候就可以投资，但这太难了。本人试着从以下几个方面进行管理团队分析。

首先，我们试着去找具备企业家精神的管理者，这必须对企业经营进行长期的跟踪才可以大致得出结论，管理者是否言行一致，是否有个人魅力，是否有一定的冒险精神等，简单一点就按照管理大师德鲁克对企业家精神的定义去套就可以了，如果运气足够好，也可以早期就发现几位优秀的企业管理者。其次，有些企业的特性对管理者的要求没那么高，那我们至少需要找到基本称职的企业"管家"，如果管理者不称职对企业的杀伤力还是挺大的，比如以前的李宁和五粮液的价值释放就受制于相对平庸的管理层。最后，在管理制度方面对企业进行诊断。好的管理制度体现在以下几个方面：①制度设计考虑个人的经济回报，强调功劳，杜绝苦劳。②制度设计有利于个人自我价值的实现。③层级扁平化，避免官僚作风，让最了解情况的人有决策权。④具有清晰的企业文化。⑤团队的执行力强。

经过以上分析，你会得出大概的结论！只能是大概的结论，精确的结论只有企业内部人才有可能得出，外部人永远是雾里看花，只要不走眼就好。

5. 产品方面的分析

一个好的产品(服务)是企业的生命力，所以对产品的评价至关重要，但必须站在绝大多数用户的角度来看待而不是根据个人喜好或者个人感受，这一点极其重要，看问题的角度错了，分析结论谬以千里。比如分析高端白酒产必须站在精英阶层来看；分析乳制品必须站在大众阶层来看；分析化妆品则必须站在女性角度来看。好的产品体现在：①产品的客户体验好，比如iPhone系列；②产品在客户心中要有清晰的定位，比如王老吉凉茶的定位、东阿阿胶的定位、小茗同学的定位、云南白药牙膏的定位；③客户会不断地继续买这个产品或者是更多的客户购买，比如伊利牛奶、青岛啤酒等。

产品分析的另一个角度则是企业提供的产品(服务)是否给客户创造了价值，说白了就是客户购买产品的理由，本人总结了以下三点。

(1) **创造价值之一**：通过产品创新提供新的产品或服务，创造出新的客户需求，比如iPhone、微信、抖音。

(2) **创造价值之二**：低成本提供市场需要的优质产品或服务，满足现有客户的需求，比如福耀玻璃、万华化学、海螺水泥。

(3) **创造价值之三**：通过定位创建品牌，能够通过品牌达到品牌溢价或者增加购买量的目的，比如茅台股份、伊利股份。

6. 企业估值

通过以上5个方面的分析，我们对企业有了更深层次的了解，通过筛选的企业留在股票池里，接下来就是对这些企业的估值了。对企业估值是非常难的一件事情，涉及企业的成长性、分红、确定性、历史估值、折现率、基准估值等方面,很复杂,以后有机会详细展开说,但最终的评估指标很简单,就是PE、PB、ROE、分红率4个估值指标。

7. 安全边际

价值投资对安全边际的重视是最重要的戒律,怎么强调都不为过,本人主要强调以下三点。

(1) 价格方面提供的安全边际。这是大多数人所说的安全边际,即价值1元的东西以0.5元买入,这个特别好理解,但在操作上未必简单。捡烟蒂投资法也有失手的时候,价值变现的时间成本不受控制。所以我们需要价格方面提供的安全边际,但又不能过于强调这一点,否则买入的标的都会是低PE、低PB的品种,只能期望于估值方面的提升,这样的投资回报率是受限的,这显然不符合投资的本质,本人是经过不断的碰壁才清醒地认识到这一点的。

(2) 成长性提供的安全边际,即以合理的价格买入优质的企业。企业本身的发展为投资提供了足够大的安全边际,使投资者享受企业发展的红利,所以企业成长性提供的安全边际更持久,更有说服力,这才符合投资的本质。但是,如果高价买入则得不偿失,因此买入的价格始终是主要的关注点,所谓好企业常有,但好价格难求!

(3) 价格方面提供的安全边际+成长性提供的安全边际。这是最佳安全边际,是可遇而不可求的,主要是突发性事件造成的低价格,比如三聚氰胺事件后的伊利股份以及塑化剂事件后的贵州茅台。这是投资人一辈子追求的好机会,能否抓住,一方面看运气,另一方面是对商业洞察力和心理层面的考量。虽然事后看起来很清晰,但在事件发生时则是一团迷雾,很少有人可以看见真相。

投资确实很难,第一,要先找到正确的路,很多人终其一生也不入其门;第二,需要长期学习商业方面的知识,培养自己的商业洞察力,没有兴趣作为支撑,没有人可以坚持下来;第三,需要人性方面的修炼,投资决策很多时候都是违反人性的,感觉舒服的决策往往是错的,最佳决策都是在大部分人反对时做出的;第四,投资是赚慢钱的地方,需要中长期资金的支持,需要复利的累积效应,而大多数人都认为股市是赚快钱的地方,可以获得暴利,但结果则是大部分人都是亏钱的,在股市里控制不了贪婪和恐惧,与赚钱无缘。

投资确实很难,所以我们都在路上!

第13章

商业思考

13.1 品类的机会1

艾·里斯的《品牌的起源》是一本伟大的书,第一次将品牌和品类的关系说得明明白白,其核心理念是品牌依附于品类而存在,而品类会不断地分化,旧的品类会萎缩甚至消亡,品牌随之衰败,新的品类会不断分化,而新的品牌也会随之壮大!

品类衰败最好的例子无疑是胶卷行业和功能手机行业,数码相机的崛起导致胶卷行业深度萎缩,行业老大柯达一蹶不振;智能手机的崛起快速取代功能手机,而功能手机时代的霸主诺基亚和摩托罗拉则被无情地抛弃。最新的例子则是方便食品的衰落,由于外卖的兴起以及超市内大量半成品的出现,传统意义上的方便食品被部分取代,方便食品作为一个品类在萎缩,方便面行业的老大康师傅开始断崖式下跌,老二统一食品由于创新而延缓了衰退的节奏,但大的趋势并没有改变。速冻食品行业的三全食品还没有等到收割行业的红利就已经开始衰败了,所以品类是个更大的趋势,"皮之不存,毛将焉附",只有品类发展壮大了,品牌才可以依靠定位的优势,嵌入消费者的心里,从而发展壮大。

品类的趋势是不断分化的,而不是集中,所以新的品牌永远都有机会。关注品类分化的机会,是从更大的格局来看待品牌,事半功倍。零售业电商的崛起绝对是个大事件,电商是零售业的新品类,发端于eBay和亚马逊,2003年阿里巴巴开始壮大,2008年以后京东的崛起是个标志性的事件,意味着电商已经成为一个大的品类,开始出现万亿市值的公司,而传统的百货公司、超市则受到严重的冲击,这个品类的商业模式被破坏掉了。马云现在掉过头来收购传统的零售公司,谓之"新零售",从品类的角度来讲,新品类代替旧品类成为行业主流是大势所趋,从这个角度来讲本人并不看好马云的新零售概念,而京东通过物流来提高和改变传统零售以及新开线下展示店的方法更加符合大趋势,在趋势面前,个人的努力最多能延缓趋势,而不能改变趋势。

厨电在以前最多算是一个小众行业,行业容量有限,2010年以后行业开始扩容,一个新的大品类开始出现,老板电器依托行业的大发展、自身清晰的定位,开始爆发性增长,成为2008年以后成长性最好的家电企业,这一点的确始料未及,但事后从品类的角度来看,则清晰无比。厨电作为一个大的品类,才刚开始发展,机会多多。

传统快递行业一直就存在,但国内仅限于邮政系统,行业容量极其有限,利润微薄。跟随电商的发展,快递业随之爆发,变成一个新的大行业,行业容量以10倍级别在扩大,表面看快递业是个悲惨的行业,其实未必,一旦行业壁垒建立起来,行业的利润会快速增长。快递业是个万亿市值的大行业,顺丰控股上市市值达2300亿元,快接近京东了,估值好像高了点,但未来的行业容量一定在万亿以上,这就是新品类创造的机会。

在线旅游也是个新的品类。传统的线下旅游公司众多,行业分散,行业利润微薄。虽然行业规模大,但受制于行业竞争激烈,行业格局分散,并没有出现大市值公司。可是,在线旅游市场则具有不同的玩法,行业格局明朗,携程一股独大,一方面深度整合线下的旅游资源,提高客户体验,另一方面受益于平台效应,其成本显著低于线下的传统旅游公司,携程的前途一片光明。假以时日,旅游业出现万亿市值的公司是可以预期的。

电动车也是个新的大品类,但其受制于电池的技术瓶颈以及配套设施的落后,目前还处在品类爆发的前夜,爆发只是时间的问题,特斯拉、比亚迪显著受益,市场估值很高。两家公司都在生产自己的电池,但电池的技术路径有很多,哪一类技术会胜出,还有很大的不确定性,未来电池作为一个大行业一定会单独存在的,品类分化是永远的趋势。

品类的分化是永远的机会,以上的分析都是事后总结的,看起来清晰无比,但在事中则如一团迷雾,投资者未必可以抓住机会。但品类分化作为一个分析的主线条应该永远值得关注,就像今日资本的徐新说的一样,新的品类机会一旦出现,我们应该舍命狂奔!

13.2 品类的机会2

品类的机会有两类，一类是旧品类的扩容机会，另一类是新品类诞生的机会。本节重点探讨一下旧品类的扩容机会。简而言之，旧品类就是已经存在的品类，由于社会的发展或者特殊事件导致旧品类快速扩容，由于思维惯性，这种机会一般不容易被发现，只有通过认真观察生活才会有所感悟，从而发现投资的大机会。

凉茶就是一个旧品类，在广东地区有久远的历史，只能算是一个地方性的小品类，没有什么投资价值可言，但由于加多宝团队的运作，给凉茶一个崭新的定位："怕上火喝王老吉。"在准确定位的基础上，依靠加多宝团队高效率的营销推广，瞬间火遍全国，凉茶从一个地方性小品类变成一个全国性的大品类。目前来看，凉茶这个品类已经走向成熟，作为主流饮料的一个子品类而存在，凉茶市场的总容量只能保持缓慢增长的态势了。

厨电产品其实也是个旧品类，在家电产品里面算是一个很小的品类，行业容量有限，但在2010年以后随着房地产市场的火爆以及消费市场的升级，厨电品类开始快速扩容，一个大品类开始出现。老板电器依托行业的大发展和自身清晰的定位，开始爆发性增长，成为2008年以后成长性最好的家电企业。

天然气作为一种传统能源早已有之，行业一直处于不温不火的状态，但2008年之后雾霾开始席卷全国，天然气作为一种清洁能源被政府重新认识，天然气市场容量快速扩大，港股市场上5个全国性的天然气供应商股价涨幅以10倍计，是2008年以后港股市场上最好的投资机会。这绝对是品类的大机会，与企业自身的经营关系不大。时至今日，天然气市场还在进一步扩容，但政府将管道商的投资回报率限制在8%以内的水平，持续降低气价为实体企业降低成本的做法对天然气供应商是很大的利空，而且后市有序要取消接驳费，这个杀伤力还是蛮大的，所以管道商的投资价值如何的确不好判断。

环保行业以前一直是雷声大雨点小，行业容量小，行业利润少得可怜。但最近几年在治理雾霾、治理土壤、治理水源等方面开始实质性动作，环保行业作为一个超级大行业呼之欲出。由于这个行业与政府关系密切，受政策影响太大，股市里属于黄金与泥沙并存，概念满天飞，的确不容易淘到真金。让人遗憾的是，环保行业的确不在我的能力范围内，研究了几次也没弄明白，只能放弃了，这种机会就留给真正懂的投资者吧！

财富管理也是一个传统行业，一直不温不火，2006年随着大牛市的到来，公募资金着实火了一把，但这个行业真正的发展则是2008年以后私募资金的崛起。目前私募资金的规模已经超过了十万亿元，财富管理成了不折不扣的大行业，成了金融行业内新的大品类。国内的资产配置极其匮乏，大部分人除了将资产配置到房产之外几乎没有其他投资途径，目前房产已经严重超配了，财富管理作为一个新的大行业，机会才刚刚开始，市场需求是非常大的，只要产品做得好，可以保证客户赚钱，财富管理行业大有可为。可是，目前A股上市的财富管理类公司几乎没有，港股也只有惠理集团做得不错，美股上市的诺亚财富也不错，A股的上市公司还需要等待，或许是下一个重大的投资机会吧！

旧的品类遇到了新的发展机遇从而发展成为大的品类，发展成为大容量的品类，这种投资机会是非常巨大的。只是我们经常以旧眼光来看待新问题，做不到与时俱进，所以白白错失了许多品类扩张的机会。其实投资就是源于对生活的观察，对生活的感悟！机会一直就在那里，等着你去发现！

13.3 品类的机会3

品类的机会有两类，一类是旧品类的扩容机会，另一类是新品类诞生的机会。上一节重点探讨了旧品类的扩容机会，本节重点探讨一下新品类的机会。品类不会融合，只会不断分化，新品类会不断诞生，投资机会随之而来，这才是投资的大机会。

电动车是个新品类，比亚迪作为先行者吸引了不少眼球，特斯拉的入局颠覆了电动车作为中低端车的心理定位，传统汽车厂商的全面介入则宣布了电动车作为一个新的品类进入主流市场，万亿市场近在咫尺。电动车从产业链来讲，可分为四个大板块：电池、电机、电控、整车厂商，每个版块都值得认真分析，提前找出行业内潜在的赢家，与赢家为伍，伴随新品类不断发展壮大。

在线旅游是个新品类，去哪儿、同程旅游、途牛的快速崛起让传统的旅游巨头携程如鲠在喉。携程当年依靠会员制以及电话营销和电话服务快速崛起，一统江湖，梁建章也心满意足地提前退休，开始享受自己的留学生涯。在新的品类出现以后，如果传统企业不做改变，一定会被边缘化，甚至被淘汰出局，就如去哪儿的庄辰超所言：如果梁建章在那个时点不回来可能就永远回不来了。好在梁建章足够聪明，在恰当时间重出江湖，利用互联网的一套打法，利用十多年积累的丰厚资金以及资源，利用连横合纵策略，一举荡平在线旅游市场，进入寡头独处的时代，携程的竞争力有了大幅度的提升，从而成为互联网市场的第四级力量而崛起，携程的超级大平台呼之欲出。

在线超市也是新品类。以前一号店独立发展，由于资源不足、定位的偏差等问题被边缘化，濒临倒闭。京东收购一号店以及与沃尔玛联姻都说明京东强势入局在线超市，阿里也开始以补贴的方式发力线上超市，两大巨头的加码进入市场将在线超市这个新品类推向了风口浪尖，双方不断地增加资源投入，将在线超市这个新品类快速做大。在电子商务发展渐趋放缓，流量增速放缓的大背景下，在线超市的强势增长犹如一剂强心剂，所以双巨头都在不遗余力地发展并壮大这个新品类。

目前来看，大部分新品类都出现在互联网领域，比如网约车、共享单车、淘品牌等，这些新品类大部分都适合创业，适合风险投资，对传统投资者而言意义不大，但在传统领域内，随着品类的不断分化，其投资机会也是层出不穷的。

小茗同学是新品类创造的典范。从冰红茶开始，茶饮料作为一个新的品类不断发展壮大，成为主流的饮料品类，而小茗同学利用微创新，从口感、冲泡方式、卡通形象等几个层面进行升级创新，定位于高档茶饮料，从而脱颖而出。

常温酸奶是光明乳业的创新，利用莫斯利安攻城拔寨，享受了高额的利润，伊利和蒙牛被动入局，分别利用旗下的新品牌安慕希和纯甄来应战，在三巨头的共同努力下，常温酸奶作为一个新的大品类而存在，从而带动了乳品业的发展。

商业发展的动力是分化，分化诞生新品类，真正的品牌是某一品类的代表。消费者以品类来思考，以品牌来表达，品类一旦消失，品牌也将消亡。企业创建品牌的正道是把握分化趋势，创新品类，创建新品牌，发展品类，壮大品牌，以多品牌驾驭多品类，最终形成品牌大树。

品类分化的机会有很多，比如智能家电、智能家居、定制家具、互联网电视、有机食品、精酿啤酒、冷鲜肉等。品类分化是永远的趋势，新的品类机会一旦出现，我们应该奋力赶上，找到新的品类发展壮大的机会，我们就坐上了高速发展的列车。

品类的机会来自对生活的观察、对生活的感悟；品类的机会来自对商业洞察力的考量、来自对创新的敏感性。发现品类的机会才是投资的大机会。

13.4 渔夫系列文章有感——兼谈定位理论与企业竞争优势分析

大概花了1个多星期时间，将渔夫(雪球网专栏作者)的系列文章研读了两遍，收获还是挺大的，对定位理论的理解、企业竞争优势分析、财务报表解读等几个方面有了一定的提高，下面谈谈自己的感受。

1. 关于定位理论

定位理论的核心是找到原点人群，通过准确的产品定位，找到产品的差异化特性，围绕这个特征提供强有力的信任背书，打造产品的品牌，品牌是帮助企业占领顾客心智资源的手段。品牌就好像一块磁铁帮助我们去占领顾客的心智资源。

定位的关键点是找到差异性，企业需要让整个企业系统去支持这个差异性，比如广告、流程安排、管理培训等，当定位真正成为企业进行业务取舍、整体资源配置、开展运营的核心指引时，定位就从一种沟通战术、一种竞争战略上升成企业的根本战略。定位只有成为企业战略，成为整个企业的核心时，才能够真正发挥出它应有的威力。

定位可以从三个层次来理解。第一个层次是传播层次，定位解决的问题是如何更有效地把能够建立更好认知的品牌信息植入顾客心中，实现品牌与顾客之间的沟通，其方法就是关联第一(品牌所在领域的第一品牌、第一概念)或找到一个心智中的空位，然后第一个用广告去填补它。第二个层次是竞争战略层次，定位解决的问题是根据你对自己和你的竞争对手在顾客心中的位置，结合你的实力，确定你选择哪一种战略方式进行攻防。第三个层次是企业战略层次，定位解决的问题是你的企业的运营应该围绕什么差异化概念来进行整合、配称。

定位理论最好的两个案例都是由特劳特公司操刀的。第一个案例是王老吉，特劳特公司助力王老吉找到"怕上火喝王老吉"的品牌落脚点，使凉茶从广东的一个区域性特色饮料提升到了目前的一大饮料品类。加多宝和王老吉分家以后，加多宝调动了自己的全部资源去支持这个定位，只是改成了"怕上火，现在喝加多宝"。王老吉的品牌定位太强大了，加多宝利用大量的广告、大量的资源、准确的定位和营销手段，一步一步想将消费者的品牌偏好移植过来，但并没有成功。反观王老吉出了不少昏招，首先，广药逐步放弃了"怕上火喝王老吉"的定位，属于挥刀自宫的行为；其次，开始多元化发展，在和加多宝的对垒中还没有占据优势的情况下，将王老吉品牌延伸到其他品类，这属于又一次的自残行为；最后，个人感受王老吉的包装字体丑陋，包装内容繁多，丝毫没有美感。即便王老吉犯了那么多错误，还是品类第一，这也从另一个方面证明了定位理论的强大。第二个案例是东阿阿胶，在特劳特公司介入以前，阿胶不过是众多补血产品中的一类，典型的细分市场，市场空间极其有限，特劳特将阿胶重新定位为高端滋补产品，品类空间瞬间打开，东阿阿胶通过文化、品牌、历史等方面提供了足够的信任背书，从而占据了行业第一品牌，价值提升了10倍以上。

现实中，有很多企业的定位做得不错，但执行力度不够，这样的定位通常属于伪定位，因为不能落实的定位就不属于真的好定位。

2. 关于竞争优势

分析企业的核心是找到企业的竞争优势，并通过财务指标去验证。竞争优势的概念比护城河的概念要宽泛很多，主要是相对于竞争对手而言的。首先，通过定位理论来寻找企业的竞争优势是最佳路径，可以达到事半功倍的效果，通过商业模式分析、差异化因子分析、聚焦因子分析、企业战略分析，很快会找到企业的竞争优势；其次，需要判断竞争优势的可持续性，这一点非常关键，新的商业模式的出现、新品类的出现、颠覆性创新的出现都会颠覆企业原有的竞争优势，比如强大的诺基亚一夜崩塌，无敌的英特尔在智能设备时代举步维艰；最后，需要用财务指标去验证竞争优势，如果财务指标不支持，需要找到原因，比如好想你和三全食品的利润指标都在大幅衰退，如何解释？围绕着企业竞争优势的分析，你将对企业有更深入的了解。

3. 关于估值

估值的关键因素是保守，保守主义思维是理解价值投资的根本，套用渔夫(雪球网专栏作者)的说法，损失的可能性可以划分为两大类：一个是买贵，另一个是买入了可能迅速衰败的企业。保守主义可以避免买贵的风险，定位理论和企业竞争优势分析可以避免投资迅速衰败的企业，剩下的就只有成功一条路了。如果以10年为一个周期来考虑股票买入和卖出的问题，大部分问题都不会成为问题，需要的只是耐心。

4. 关于财务报表分析

企业的财务报表分析很多时候就像鸡肋——食之无味，弃之可惜。一方面财务指标是有滞后效应的，当财务指标变坏时，股价已经溃不成军，此时分析财务指标意义不大；当财务指标变好时，股价已经在天上，此时分析财务指标也没有太大意义。另一方面，如果没有财务分析，很难发现财务造假、存货大幅度减值、商业模式缺陷等风险，所以很多时候处于两难境地，毕竟分析财务报表是最耗时的，关键是值不值得去做。

通过阅读渔夫的系列文章，我豁然开朗，如果将企业的竞争优势和财务指标分析结合着看，相互验证，则是另一番景象。其一，通过定性分析，发现企业的竞争优势，再通过定量的财务指标，主要通过资产负债表、自由现金流指标、ROE指标进行验证，得出最终的结论；其二，将财务指标作为筛选指标，很快会淘汰一大部分不值得投资的企业，避免浪费时间；其三，通过财务指标，发现敏感点，找出问题，这样会早于市场发现企业存在的问题，从而避免损失。

13.5 商业趋势的力量1

曾经高度关注并投资过的三家企业：苏宁云商、物美商业以及凤凰卫视，2014年的财报简直是惨不忍睹，电商对传统零售业态的冲击，多屏时代对传统电视的冲击，如摧枯拉朽一般，非人力可为！

2015年，苏宁很火，先是与阿里联手，后又与万达商业结盟，忙得不亦乐乎，但在本人看来，都属于秋后的蚂蚱，不管多努力，大气候不行了。要说电商完全取代传统零售，那是不可能的，就像商超兴起以后并没有完全取代实体百货模式，关键是传统零售的模式被破坏了，必须经过痛苦的转型期，重塑行业的模式。

物美商业算得上是超市的楷模了，基本上把商超模式做到了极致，但也是节节败退，乐购彻底溃败，行业巨无霸华润万家日子也比较难过，不得已挥刀自宫，退市重塑商业模式，以待来日再战江湖。只有差异化比较明显的永辉超市经营尚可，依靠生鲜超市的差异性生存，后市如何还有待观察！

凤凰卫视作为全球中文台的金字招牌，也彻底沦陷了，在多屏时代，广告的分化不可避免，电视是依靠传统的广告而生存的，皮之不存，毛将焉附？广告分化必然导致电视的没落，电视台作为一个没落的贵族，无力回天。

在商业上，趋势是无敌的，就像一个个浪潮。抓住趋势的企业升上浪潮之巅，被趋势抛弃的企业则沉入浪底，轻易不会翻身。吴军博士写的《浪潮之巅》

中有无数的案例，虽然总结的是IT行业的事情，但适用于各行各业。

找到了商业的趋势，就找到了投资的方向，避开了投资的陷阱，有几个趋势还是比较明确的：①电子商务取代传统的零售模式不可避免，这是时代的选择；②电子商务的大平台模式也会产生分化，垂直类购物网站的兴起也只是时间的问题，只是这个时间谁也不知道；③天然本草护肤品的兴起才刚刚开始，影响深远；④中国治理雾霾导致清洁能源大发展，传统的煤炭能源还有没有清晰的未来，这的确是个问题；⑤人口老龄化在商业上影响深远，会影响到很多行业的未来，人口的结构变化其实是影响商业趋势的终极力量，即使强大的房地产业，也终究要面对这一严峻的问题，都终究躲不开自己的宿命。

13.6 商业趋势的力量2

2015年，我曾经写过一篇关于商业趋势的小文章，这里就顺着写第二篇！案例是自己曾经投资过的苏宁云商以及长期跟踪过的物美商业、华润创业以及永辉超市。

在商业领域，趋势的力量是无敌的，它会积蓄力量于无形，最后突然爆发出雪崩效应，任何不愿意改变的力量都会在雪崩面前被毁灭，被市场边缘化。在趋势面前，优秀的企业家、超强的执行力、优越的管理制度都没有用，都会被击得粉碎，唯一的机会就是跟随趋势，利用趋势的力量发展自己、壮大自己。

苏宁云商，非常优秀的企业，上一轮零售业变革的领袖级人物掌舵，以壮士断腕的决心坚决变革，进入电商领域，决心不可谓不大，但电商10%左右的费用率与实体店18%左右的费用率之间的巨大差别，根本没法解决左右手互搏的问题，所以苏宁易购黯然失色，最后只能委身于阿里，入住天猫商城。从那一刻起，苏宁云商全品类扩张之路已经熄灭了，只能作为一个电器类电商小平台而存在，但左右手互搏问题仍然没有解决，费率差是个死结，根本没法解决。时至今日，苏宁的未来并没有明朗化，委身阿里只是权宜之计，未来的路还需要自己来走。

物美商业，非常优秀的国内超市零售商，费用率甚至低于沃尔玛，管理层也是非常优秀的，但在电商面前，所有的优势荡然无存，股价从20元跌至3元左右，管理层只能私有化，物美商业黯然退市，令人惋惜。零售的本质就是比谁的费用率更低，比谁的服务更好，显然传统零售业没法跟电商来比，即使电商只是撬动了超市不到20%的市场份额，但商业模式已经被破坏了，一切都不同了，重塑之路虽然不容易，但在所难免。

华润创业，另一家管理优秀的零售企业，国内超市的老大，零售额接近2000亿元，传统企业的超级巨无霸，在2015年也是亏损累累，不得不私有化零售业务，看来规模也不能成为壁垒呀！转型之路还很漫长！

永辉超市，另一家差异化非常明显的超市，本身定位就是生鲜超市模式，这种差异化优势一定程度上保护了自己，毕竟电商在生鲜配送上成本太高，没办法大力推广，所以永辉超市还有余力去扩张。永辉的危机意识还是很强的，一方面在与京东进行深度合作，另一方面自己也在积极转型。永辉的未来发展如何，主要看电商能否解决生鲜配送的问题，即使电商无法解决以上问题，永辉超市仅凭生鲜也可以活下来，但其他商品还是受到很大冲击的，只是未来难有大的发展！

不得不说一下阿里，马云对趋势的把握无人能敌，其主动变革的决心非常大，阿里起家于B2B业务，在业务全盛时期，随着C2C业务的兴起，马云果断成立淘宝网，全面转向C2C业务，而B2B业务则日渐式微。随着京东的崛起，B2C业务开始兴起，马云再一次决断，成立天猫商城并引领B2C业务成为电商的主流模式。[①]在商业趋势面前，马云每一次都能迎合趋势，顺应趋势并引领趋势，确实是电商第一人。

360利用免费杀毒模式颠覆了传统杀毒企业，并引领杀毒行业进入全面的免费时代，没有及时转型的其他企业全部被淘汰了，这就是趋势的力量。微信利用免费短信和免费发图片颠覆了电信运营商的短信业务和彩信业务，电信运营商只能沦落为提供流量的管道商。

在个人电脑时代，微软取代IBM，成为IT业的中心；在互联网时代，微软逐渐被边缘化，谷歌取而代之成为互联网时代的宠儿；在移动互联网时代，微软与英特尔的联盟被瓦解，英特尔风光不再；在通信与电脑融合时代，诺基亚、摩托罗拉被抛弃，成就了伟大的苹果。以上这些优秀的大企业，确实做错了一些事情，但即使把事情做对了，结局未必好到哪里去，原因是其商业模式和架构是基于原来的业务模式而存在的，已经优化到非常好的程度，而现在的趋势是商业模式的变革，让这些企业彻底抛弃已经成熟的商业模式，从头开始是非常难的事情，是整个商业模式的重塑，艰难程度可想而知，只有很少很少企业很幸运地转型成功，比如IBM，大部分企业会随波逐流，让位给最新崛起的企业，这就是企业的宿

---

① B，Business；C，Customer。B2B，企业对企业；C2C，顾客对顾客；B2C，企业对顾客。

命。微软的重新崛起让很多人意外，但看了微软CEO萨提亚·纳德拉的新书《刷新》，一切豁然开朗，微软虽然错过了移动互联网时代，但萨提亚紧紧抓住了新的行业趋势——云计算+人工智能，将微软全面刷新，全面迎接新的趋势。

编者按：

本篇文章写于2016年6月22日。

13.7 检验护城河的唯一标准——定价权

自从巴菲特提出企业的竞争优势以及护城河的概念以来，有无数的关于企业护城河的探讨和争论，有说技术研发优势的，有说渠道优势的，有说低成本优势的，有说品牌优势的，但最有说服力的还是美国晨星公司的帕特·多尔西在《巴菲特的护城河》一书中提出的经典的4种护城河模式。实际投资有许多不明朗之处，人们总是将一时的竞争优势当作永久性的护城河。本人将企业拥有的竞争优势作为分析企业的重要一环，但时不时会混淆竞争优势和护城河的概念，本文就试图探讨一下什么是企业拥有的真正护城河。

1. 真正的护城河是什么

护城河的概念是巴菲特最早在股东信中提出的，其实与定价权的概念是同时提出来的，定价权与护城河是两个相辅相成的概念，所以本人认为定价权是检验企业是否具备护城河的终极标准，缺乏定价权的企业何谈护城河呢？下面按照这个标准对护城河进行验证。

(1) **无形资产产生的护城河**。能够构成护城河的无形资产包括强大的品牌、专利权、政府特许专营权等。强大的品牌可以产生品牌溢价，专利权就等同于定价权，政府特许权也意味着一种特许经营权，所以无形资产产生的护城河是真实存在的，相关企业具备强有力的市场定价权。需要注意的是，公用事业虽然具备特许经营的特质，但是由政府定价的，企业本身并不具备定价权，所以就不算是护城河了。

(2) **客户转换成本产生的护城河**。企业出售的产品或服务让客户难以割舍，这就相当于让企业拥有定价权。比如企业用的财务软件一旦确定品牌就很难更改，IT服务一旦选用了IBM软件就被终身捆绑了，通用电气的飞机发动机也是很难被波音更换掉的。一旦客户产生较高的转换成本，就轻易不会更换服务商，服务商也就具备了一定的定价权，只要定价不是太离谱，客户一般只能接受了，所以这是一种真实存在的护城河。

(3) **成本优势产生的护城河**。成本优势可能来源4个方面：低成本的流程优势、优越的地理位置、与众不同的资源和相对较大的市场规模优势。成本优势其实是一种超级强大的护城河，全行业亏损时企业还能盈利，这种定价权是企业梦寐以求的。随着时间的推移，企业一定会扩大市场份额，规模优势进一步累积，成本优势更加明显，从而具备持续扩张的基因。比如玻璃行业的福耀玻璃、水泥行业的海螺水泥、煤炭行业的伊泰煤炭和中国神华、零售行业的沃尔玛等。

(4) **网络经济产生的护城河**。如果一种商品或服务的价值随客户人数的增加而增加，那么企业就可以受益于网络效应，比如美国运通的信用卡业务、微软的Windows操作系统等。网络效应在信息类或知识转移型行业中更为常见，比如eBay、阿里巴巴、QQ等。网络聚合效应即人们常说的大平台效应，比如谷歌、微信、QQ、淘宝、京东、携程均形成了非常强大的平台，平台一旦形成，巨大的流量效应使均摊后的成本微不足道，拥有定价权的企业坚不可摧，所以平台效应是高科技领域内最强的护城河。

(5) **超强的研发能力是一种护城河**。比如医药企业超强的研发能力可以形成药品专利，华为的超强技术研发能力形成5G行业标准，英特尔的超强研发能力垄断了电脑行业。企业超强的研发能力可以持续产生新产品，而新产品一般都具备定价权，等其他企业跟进以后其二代产品已经面市，重新开始新一轮定价。

2. **虚假的护城河是什么**

下面通过产品定价权去验证其他方面的竞争优势为什么不能形成强大的护城河。

(1) **高的市场份额具备竞争优势，却不是企业护城河**。比如，水泥行业的中国建材市场份额高，但其制造成本也高，也就不具备产品的定价能力。又如，市场份额高居第二的中煤能源的制造成本也高，也是缺乏护城河的。所以市场份额的高低与护城河的关系不大，低成本制造商可以逐步做大市场份额，但高市场份额未必就可以做到低成本。

(2) **优质的产品也不具备护城河**。如果优质的产品缺乏客户认知，就难以形成定价权。优质的产品只有通过进一步提升具备品牌效应，才具备一定的定价权。比如电视行业、冰箱行业优质产品很多，但谁也不具备定价权，但空调行业的美的和格力已经形成品牌效应，具有定价权，所以具备护城河。

(3) **高效的执行力和卓越的管理能力不能形成护城河**。这两者更多的是一种过程管理，其导致的结果才是分析护城河的关键。一般来讲，具备护城河的企业都有高效的执行力和卓越的管理能力，但反过来则未必，比如三全食品的管理能力并不差，但并没有形成企业的护城河。

(4) **渠道优势是竞争优势的一种，但并不算护城河**。很多企业都具备渠道优势，但能否转化为低成本优势和规模优势才是能否形成护城河的关键，比如光明乳业、王朝酒业、中国食品、雨润食品都具备很强的渠道能力，可惜这些企业最终都没有形成低成本优势和总规模优势，只能黯然神伤。

(5) **产品创新能力不一定可以形成护城河**。产品创新能力能否形成护城河在于其商业化能力以及商业模式的设计能力。柯达发明了数码相机技术却丢失了一切；苹果创新能力超强，结果是统治了智能手机和平板电脑时代；微软利用Windows系统统治了电脑行业，IBM发明了个人电脑却错失了一切；安卓系统统治了智能手机操作系统，谷歌却并没有在其中有所盈利。所以说，产品创新能力很重要，但创新以后的后续动作更加重要，比如商业化的能力、商业模式的设计能力等。

最后用一句话总结：是否具备定价权是识别企业护城河的一把利器。

13.8 从5到10年的周期看行业发展趋势

投资本质上是在好的行业里面，找到好的企业家领导的好的企业，而好的企业一般具备以下特征：有好的商业模式；有扁平化的管理层级以及良好的激励机制；提供好的产品或服务；具有良好的营销定位能力，营销效率非常高。如何识别好的企业我们以后有机会再详细讨论，本篇文章的主题则是如何发现好的行业，即如何找到长长的雪道。把投资周期拉长到5～10年，则许多行业的发展趋势清晰可见。

第一个明显的趋势是人口老龄化。到2030年前后，中国的城市化将进入尾声，在那一年，中国的老龄化人口将超过30%，而步入中老的"60后""70后"将成为全球规模最大的高净值群体，养老产业替代房地产业成为第一大消费产业，对相关行业的影响有以下几点。

(1) **医疗医药行业会有广阔的发展前景，有可能成长为第一大行业**。其实从2008年以后医药行业一直就处在牛市里，是最近10年里投资回报率最高的一个行业。站在2030年的时点来看，医疗医药行业至少还会扩容2~3倍的空间，可以说是永远的朝阳行业。投资医药企业，研究的着力点在于医药研发能力和产品营销能力，医药研发能力直接决定了医药企业的未来发展，而营销能力则是属于中国特色的，是确保药品良好销售的关键，从美国著名医药企业的市值来看，未来国内出现万亿市值的医药企业是大概率事件。目前，研发能力处在第一梯队的医药企业是恒瑞医药、中国生物制药、复星医药三只市值过千亿元的企业，而且这三个企业的营销能力也是非常出色的，其他企业和他们比都有不小的差距，而且这种差距会逐渐扩大，医药企业在研发上的先发优势是非常明显的，而且具有持续性。

(2) **保健品行业会有非常好的发展**。这些年老人被骗事件时有发生，而大多数都发生在保健品直销行业，一方面说明老年人的确"怕死"，有很强的保健品消费动机，另一方面说明保健品行业鱼龙混杂，难辨真伪。所以，有品牌背书的保健品企业有很好的发展空间，比如安利、汤臣倍健、东阿阿胶等。2018年，行业的主流还是以安利为代表的品牌直销，但电商的崛起对直销行业是巨大的利空，直销企业有自己的营销推广链条，电商会将这些链条全部打碎，而直销企业是没法利用电商的，这与它的商业模式是相违背的，但汤臣倍健就不一样，电商对它有巨大的推动作用，未来行业主流由直销变为品牌分销是大概率事件，品牌直销企业的丧钟已经敲响。目前行业最大的问题是有品牌背书的保健品企业不多，保健品行业的规模不够大，保健品的口碑并不是太好，假以时日，保健品行业如果解决好品牌背书和产品的信誉问题，一定会获得大发展。

(3) **利空房地产行业**。2018年初，股市里房地产股大涨、港股的内房股在一年之内市值翻了好几倍，讲的是行业集中度提升的故事。其实从新建面积指标来看，房地产的高峰期早已经过去，2013年才是房地产的建设高峰期，地价大涨以后，行业门槛大幅度提升，金融限贷以后中小企业更是雪上加霜，所以行业份额向大企业集中是大势所趋，这就是目前正在讲的故事。故事的另一面则是：①从已经建设的房屋数据来看，存量房产基本上已经满足了居住的需求，只是供需存在不平衡而已，没房住的人口的确存在，但更多的现象则是有的人至少有2~3套的房产，这是个很普遍的现象，这才是房地产去库存以后中央限制土地拍卖数量的真正原因；②日后的人口老龄化会大幅度减少房产的投资需求，而养老需求会被动地释放房产，增加市场供给；③"90后"和"00后"人口相对较少，只从单纯的居住需求来看，房产需求端的萎缩是大概率事件；④房地产税的征收是大概率事件，只是时间点不确定，一旦开始征收房地产税，房地产的持有成本大幅度增加，投资性需求大幅度减少，市场的真实需求会逐步反映出来，那时候或许房地产的拐点会真正到来。一句话总结：目前的房地产市场是由投资性需求来支撑的，未来更有可能是由真实的居住需求来决定的。

第二个明显的趋势是中产阶级崛起，消费全面升级。这个现象其实已经在发生，2025年前后规模巨大的中产阶级崛起，在消费上会有巨大的趋势性改变，影响一批行业的兴衰。

(1) **对日常消费品的影响则是顾客更加追求营养、健康、安全、有机的消费理念**。比如国外大量健康食品的不断涌入，低温乳制品的大量消费，特仑苏的热销，有机蔬菜、有机水果的热销，健康环保建材的大量使用等，消费升级无处不在。能够抓住这一趋势的企业会占领消费的制高点，成为行业的最大赢家，比如伊利股份、周黑鸭等。同时，低端消费品的全面衰退，比如方便面、非健康饮品、垃圾食品等。

(2) **品牌消费成为主流**。品牌其实是对质量的一种背书，品牌消费成为主流，行业龙头、全国化的品牌成为赢家。比如乳制品的伊利股份和蒙牛乳业，白酒行业的贵州茅台、五粮液以及地方性的区域龙头，家电行业的格力和美的，调味品行业的海天味业等。

(3) **精神消费需求增加，娱乐、电影、体育等增加精神愉悦感的消费有巨大的需求**。所谓的小资情调就是精神上的愉悦感，这是消费升级的必然趋势。星巴克在中国的快速崛起，电影市场的大扩容、CBA赛事的火爆、直播的流行、奢侈品的大卖，无一不是在增加精神上的愉悦感，在这些领域，投资者一定会挖掘出好的投资标的。

(4) **汽车市场的大扩容是消费升级的标志性事件**。2018年，汽车市场已经成长为十万亿级别的大市场，仅次于房地产市场。虽然合资企业的汽车还占据主流市场，但国产车最近几年的市占率在逐年提升，以前只是在10万元左右的低端车市场上进行国产替代，目前已经开始在20万元左右的中端市场上发力，国产车占据主流市场的日子已经不远了，而国产车在电动车领域的快速反应也加快了这一替代趋势，可是，合资企业已经习惯了舒服的日子，在电动车领域、车型升级方面、电子配置方面反应迟缓，一个在奋起直追，一个在温水煮青蛙的环境里睡大觉，结局可想而知吧！

第三个趋势是环保升级，这个已经上升为国家战略。以前对这一政策重视不够，错失了一些机会，环保升级其实会对多个行业产生巨大的影响。

(1) **供给侧改革叠加环保升级，导致上游材料行业供给快速出清，价格短期内会暴涨，行业的利润率会得到显著改善**。这一现象已经在造纸行业、钢铁行业、化工行业、水泥行业得到了清晰的印证，价格维持在相对高位是大概率事件，但从需求端来讲并没有放量，所以持久性存疑。但无论怎样，行业利润率的改善是真实发生的，能够持续多久则不好预测，预测周期性行业的发展本来就是一件难度极大的事情，所以未来的趋势并没有那么明朗。

(2) **中端制造业受制于原材料价格的上涨，利润端受到压制，少部分有品牌优势的企业脱颖而出**。原材料价格上涨，人工成本上涨，土地成本上涨，环保成本上涨，未来2~3年之内制造业的日子不会好过，利润率会受到明显的压制，大部分企业的利润不容乐观，少部分具有品牌优势、可以将价格有效传递到下游客户的企业会脱颖而出，获得好的发展前景。

(3) **环保股里有真货，需要仔细甄别**。环保产业一定会出现大牛股，可是这个行业太难搞懂，大部分企业的现金流并不好，而且技术上的差异性并不明显，所以这个行业很难研究，有兴趣的朋友可以认真挖掘一下。

第四个趋势是剩者为王时代的到来。国内大部分行业其实已经发展成熟，经过市场的优胜劣汰，剩下的企业大多已经发展为行业龙头，行业的集中度大幅度提升，行业的竞争态势发生了根本性的变化，行业龙头的利润率大幅度提升，利润暴增，这其实就是目前市场上正在讲的故事，也是行业龙头最近两年市值大幅度上涨的逻辑所在。市场上所谓二八分化现象其实是有其深刻的产业逻辑的，行业龙头赚取了行业里80%以上的利润，股价上涨自然是水到渠成的事情，而创业板的故事再也讲不下去了，"屌丝"的逆袭只是小概率事件，强者恒强、大者恒大才是行业发展的本质。

第五个趋势是产业升级。这个主要体现在制造业上，国内的制造业经过多年的积累，开始了从量变到质变的过程，中国制造走出国门的日子已经开始了。

(1) **高端制造业受益于工程师红利、国产替代以及消费升级，有很大的发展空间**。中国的产业工人红利时代已过，低端制造业的竞争优势在明显衰退，往东南亚一带转移已经不可逆转，但高端制造业则不同，中国还有很大的工程师红利，结合中产阶级的消费升级，还有很大的发展空间。比如华为在通信领域成为行业老大，在手机行业同样快速崛起；海康威视在视频领域成为全球老大；金风科技在风机制造领域同样成为全球老大；机械行业内的三一重工也快速崛起，潍柴动力更是通过收购战略发展成为行业巨无霸。

(2) **产品向服务升级，有服务属性的产品发展前景更好**。产业升级的另一个方向则是产品向服务转型，或者说产品服务一体化，比如金风科技对风电场的建设、三一重工售后的快速响应机制，可见，服务才是产品升级的终极方向。

(3) **后工业化时代的来临**。纵览美国和日本的产业发展历史可知，中国其实已经开始向后工业化时代过渡，由投资需求转变为消费需求，后工业化时代几个主要标志是制造高端化、产品服务化以及社会消费型。这几个特征在中国已经开始明显地显示。后工业化时代属于消费的时代、服务的时代和高端制造的时代，这其实为投资指明了方向。

第六个趋势是国产产品的兴起。随着大国经济的崛起，一方面人们民族自豪感会日益加强，民族自信大幅度提升；另一方面人们的审美标准也同步提升，具备民族特色的产品更加符合顾客内在的审美需求。与此同时，国内制造经过长时间的积累，产品质量已经有了大幅度的提升，国内企业能够更有效地挖掘国人的需求，可以更快地决策，迭代产品也会更快地推出，而跨国企业受制于很长的决策链条、官僚的作风，对市场的风向标并不敏感。随着时间的推移，国产产品逐步深入人心，一步一步取代跨国企业的产品，这种情况已经在国内真实发生了，比如在家电行业、乳制品行业、机械行业，国产产品几乎已经全面取代跨国企业的产品，汽车行业、电子行业也走在快速取代的路上。这就是行业大势，非人力可为，顺势者大有可为。

第七个趋势是IT产业的普及化。在IT领域基本上已经是美国和中国的双簧时代，欧洲和日本已经全面落伍，IT已经全面渗透各个行业，而且已经发展成为全球最大的行业，流量、平台化成为这个行业的关键词。IT企业基于平台化的商业模式可以接触到全球的消费者，消费者的数量是亿级级别的，这是传统企业远远不可比拟的，所以IT企业可以发展得非常大，对企业边界的认识也开始模糊化，谁也不知道IT企业的边界在哪里。平台化是这类企业的标配，国内可以称为平台化的企业有腾讯、阿里巴巴、百度、携程、美团、京东等，这些企业未来都有可能是市值过万亿人民币，发展前景不可限量。

第八个趋势是电动车时代的来临。电动车已经成为全行业的共识，大部分国家都制订了在2030—2040年全面退出燃油车的产业计划。环保因素有力推动了电动车的发展，这一次，电动车时代真要到来了。从产业链条来讲，电动车推广的难点主要有两点：一点是上游的电池制造，电池制造的成本必须下来，否则难以推广；另一点则是下游的充电设备，这个取决于政府的决心，若政府决心坚决，实现全覆盖并不难。站在投资的角度来看，上游的电池制造是产业发展的最大瓶颈，具备技术优势和大规模低制造成本的企业会成为行业赢家。行业链条上的其他企业暂没有被明显颠覆的迹象。电动车行业的投资机会其实才刚刚开始，有的是机会慢慢分析，逐渐寻找行业内的赢家！

以上八点行业趋势分析就是最近半年的所思所想，在投资策略里面占据了制高点的位置。发现了好的行业，投资就成功了一半，另一半则是关于筛选好企业的故事，以后有机会再讲吧！

编者按：
本篇文章写于2018年1月19日。

第14章

行业思考

14.1 家电业的三国演义

记得2003年的时候,张瑞敏曾经说过一句:"家电行业的利润像刀片一样薄。"那的确是事实,当时海尔还是家电行业的龙头老大,但ROE多年徘徊在5%～7%的水平,的确够艰苦,但格力从2003年开始、海尔从2004年开始营收和利润均开始保持高速增长的态势,行业发生了什么事情让企业的利润飞速增长呢?个人认为有两方面的积极因素。

第一个积极因素,2000年以后房地产市场的高速发展。家电与房地产是息息相关的,房地产市场经过几年的高速发展,终于在2003年前后传导到了家电行业,尤其是家用空调行业,随着大量新房的装修入住开始爆发性增长,格力也是在这一年营收开始高速增长。随着装修业务量的加大,家电行业进入爆发期,行业容量逐年增加,行业进入发展的黄金十年,行业巨头赚得盆满钵满,与张瑞敏的说法背道而驰,看来大势不可违呀!

第二个积极因素,家电行业集中度快速提升。一个快速发展的行业,如果行业集中度不高、竞争激烈,大家照样赚不到钱,但家电行业巨头抓住机会开始快速扩张,将大量中小企业挤出市场,快速形成了海尔、格力、美的的三巨头市场格局,行业进入有序竞争阶段,行业利润开始快速提升,巨头们享受了双重红利,赚取了巨额利润。

可见,在家电行业,一方面行业高速增长,另一方面行业集中度快速提升,没有比这个更好的市场环境了,这就是笔者对家电行业过去10年黄金时代的解释。中国房地产的尖峰时刻应该是2013年，当年的开工量达到了历史峰值，虽然之后房子的价格还在进一步上涨，但每年的开工量都是递减的，意味着每年新入住房屋的数量开始小幅度下跌，并在2015年前后传导至家电行业，可以说家电行业的总容量饱和了。虽然还有二手家电的置换效应，但家电属于耐用消费品，除非装修新房子，一般人是很少换新家电的，中国人还没有养成将旧家电直接扔掉买入新家电的习惯，所以二手家电置换没有想象的乐观，能够消化房地产市场萎缩的那部分量就不错了。所以个人判断家电市场的总容量基本到顶，乐观点看，保持个位数的增长态势已经相当不容易了，所以说，行业的红利阶段已经结束了。

单独看看家用空调行业，由于一套房子一般需要3个空调，属于一带三的效应，所以在房地产的黄金十年里空调业爆发性增长，成长为家电业中最大容量的子行业，从而成就了格力和美的，海尔则有战略判断失误的嫌疑，在空调上发力不够，所以从行业老大掉到了老三的位置上。目前房地产周期逆转以后，空调行业受到的影响也是最大的，2015年，行业三强在空调上都是双位数衰退的，其他家电相对好很多，所以空调行业的不确定性要相对大一些。这是对行业的简单概括，下面重点分析家电三杰的表现吧。

1. 对美的集团的评价

（1）随着行业集中度逐年提升，家电行业由"薄刀片"的利润率提升到如今相当不错的利润水平。目前行业格局相对稳定，强者恒强，寡头垄断市场特征明显，行业利润率还有进一步提升的空间。

（2）家电行业的大发展是伴随着房地产的黄金期而来的，如今，房地产建设的高峰期已过，新建住宅总量逐年降低，这制约了家电行业的发展空间，其中，对空调行业影响最大，负增长成为常态；对冰箱影响次之；对洗衣机市场影响相对较小；对小家电市场基本无影响。

（3）在空调行业，格力疲态尽显，美的上升势头明显，有较好的发展空间；在冰箱领域，海尔的优势太明显，美的机会不大，发展前景一般；在洗衣机行业，美的上升势头强劲，可以与海尔掰掰手腕，发展前景较好；在小家电领域，美的一股独大，发展前景很好。综合而言，在家电行业成长空间有限的前提下，美的尚可依靠市占率的逐年提升增加其成长性，随着行业利润率的进一步提升，其利润增长会持续超过营收的增长。

(4) 作为较为典型的分红股，在成长性尚可的情况下，10倍PE以内买入算是一笔不错的投资。

2. 对格力电器的评价

(1) 空调行业天花板如期而至，行业调整刚刚开始，对格力的影响是最大的，美的空调竞争力大幅度提升，空调营收占比是格力的77%，市场占有率进一步提升。行业发展明显放缓，竞争对手步步紧逼，在两个方面对格力形成压制，格力疲于应付。

(2) 格力的多元化战略跨界太远，作为一个专家品牌，做产业链延伸尚可理解，跨界做手机就是不明智的行为，注定会失败。在小家电市场美的一股独大，格力机会不大，唯一的机会就是产业链延伸，但容量有限，对格力的价值提升帮助有限。

(3) 董明珠太高调了，作为一个企业家低调一点好，董明珠现在有点娱乐明星的味道，精力太分散了，对企业发展不利，一个高调的企业家对企业的发展是有负面影响的。

(4) 格力的估值并不高，作为分红型投资标的不错，但需要提防价值陷阱的存在。一个有意思的现象是，很牛的高瓴资本位列格力和美的的十大股东之列，市值都是接近10个亿，两边押注，有点意思。①

3. 对海尔电器的评价

(1) 行业老大和老二吃肉，行业老三只有喝汤了，虽然三者营收水平在一个量级上，但利润水平差距太大，看来海尔只能是喝汤的命了。

(2) 从产品竞争力方面来看，空调产品竞争力严重不足，竞争对手太强大，继续当老三吧；在洗衣机领域贵为老大，但竞争对手美的很强大，步步紧逼，日子不会太好过，被超越也未可知；冰箱和冷柜是海尔的传统强项，竞争力和品牌力都很强大，也是客户心中的认知点，竞争对手机会不大，这才是海尔产品的强项。

(3) 行业老三相对都比较困难一点，海尔也不例外，接着当好老三吧，挑战老大和老二的机会不大。

4. 对三家企业的点评

(1) 海尔的目光是向内部看的，管理创新很多，研发创新也不少，最新提倡的

---

① 本文写于2016年5月。2020年2月，高瓴资本已成为格力大股东。

"人单合一2.0——共创共赢生态圈模式",让每一个员工成为"自己的CEO"。在管理创新上很牛,但市场并没有买账,原因何在?个人理解就是产品信息没法有效地传递到客户心中,与客户的心理定位存在偏差,在营销定位上存在重大问题,所以只能当老三了。

(2) 美的的目光是向外看的,就是产品定位做得比较好,能够将产品信息有效地传递给客户,比如美的的变频空调宣传语是"每晚一度电",一下就抓住了客户的关注点,占据了变频空调的老大位置,或许格力和海尔的变频空调质量更好,但客户不知道也是枉然,所以说美的的定位做得更好,更会讲故事,所以他可以当老大呀!

(3) 格力在客户心目中就是一个专家品牌,定位是非常清晰的,所以他是空调业的老大。但在目前空调业受压的情况下格力就比较难受,相关多元化战略对美的合适,但对格力就不适合,跨界多元化更是没谱儿的事情。董明珠的营销能力确实非常强,但在战略层面并没有过人之处,目前的困境如何破解就看董明珠的能力了!

(4) 刚入行做投资时,依稀记得巴菲特说过耐用消费品投资价值不大,而且当时整个家电行业的利润率的确很低,就把这个大行业给放过了,后来就是错过了很好的投资机会。所以说价值投资绝不能教条化,应该根据行业和企业发展的时代背景进行判断,应该有自己原创性的判断,而不是人云亦云。再比如2001年贵州茅台刚上市时,市场一致判断白酒就是一个夕阳产业,没有未来,结果呢?白酒业一枝独秀,开始了黄金十年的发展期,随便一只白酒股都会大幅度跑赢市场。可见,原创性判断最重要。

编者按:

这篇文章写于2016年5月3日,目前来看,本文对企业竞争优势和行业格局的分析还是非常准确的,美的和格力都获得了很好的发展,海尔相对发展得就差一些。但这篇文章对行业发展的判断明显有偏差,随着2016年房地产刺激政策的出台,房地产引发了全民的狂欢,房地产市场又一次扩大了,家电市场随之进一步扩大,家电三强赚得盆满钵满。随着中央对"房住不炒"的定位,房地产的热度逐步减弱,房地产逐步回归真实的居住需求。这篇文章如果放在2019年的时点,本人还是维持这篇文章的投资观点,即家电行业的总容量基本到顶,未来最大的可能是保持缓慢增长的态势,但行业龙头企业还可以继续享受行业集中度提升和行业利润率改善的红利,行业龙头还会有不错的发展前景。

14.2 电商的江湖

笔者有个习惯,就是做投资时喜欢研究竞争对手的动态,2009—2010年投资了苏宁云商,然后就开始跟踪京东的发展动态,对刘强东的每一篇讲话、京东所有的公开消息都做过跟踪研究。大概到2013年时,突然看明白了,京东对连锁电器的发展是一种致命的打击,代表了更为先进的一种零售模式,虽然苏宁也在电商上发力,但左右手互搏,缺乏电商的基因注定转型艰难,而刘强东的坚毅和一往直前的性格令人印象深刻。所以在2013年利用苏宁电器申请银行业务的概念炒作,导致股价大幅度上升之际我手中的苏宁云商以13元左右全部出清,收益率在1倍以上,还算不错。之后京东在美股上市,我又利用京东股票调整期买入京东的股票,持续持有至今,目前属于重仓股之一,从此进入电商的江湖。

投资了京东,就不得不研究阿里巴巴,最近两年对京东和阿里都在持续地跟踪研究,对电商也有一些心得,最近又读了《穿布鞋的马云》,感悟更深,顺便推荐一下,这本书相当不错,是写马云最好的一本书。以前感觉马云就在云端,神一样的存在,离普通大众太远,但看完这本书以后才感觉到马云其实远没有那么神奇,也是一个真实的人。马云前三次创业全部失败,后来才成功创建阿里巴巴。阿里巴巴聘用国际化的管理团队并第一次发力国际化的战略以惨败收场;收购中国雅虎以后拼尽全力也没有挽救成功,并间接成就了百度的崛起;赖以发家的B2B业务日渐式微,可以说一路走来马云犯了很多错误,但阿里巴巴仍然发展成为万亿市值的公司,说明马云也做对了很多事情,马云的坚持、马云的梦想、马云的战略判断力都起到了作用。马云的战略眼光是在逐步的学习中练就的,并不是与生俱来的。时至今日,说马云是中国企业界战略眼光第一人,实至名归!

首先,说说电商江湖中的阿里系吧!马云的战略眼光是最强的,首先是从B2B业务迅速转型到C2C业务,淘宝雄霸天下,之后强势推出B2C业务——天猫商城,利用支付宝介入金融业务,迅速布局菜鸟网络,强势进入健康娱乐业。目前完整的布局如下:淘宝和天猫商城、蚂蚁金服、菜鸟网络、健康与娱乐平台,在电商行业形成一个大的闭环,各个板块互相依存,互相加强,形成超级强大的竞争力。天猫商城在B2C市场占有率为51%,受益于菜鸟网络的提速效应,其增长的速度明显加快,竞争力还在自我强化,淘宝商城在C2C市场遥遥领先,但发展潜力相对一般,而且并不是电商的未来。综合而言,阿里依托电商进行产业链延伸(俗称生态系统),在电商领域竞争力超级强大。

其次，说说电商江湖中的京东。京东的定位是相当准确的，完全站在了阿里的对立面，利用阿里强势中隐含的缺陷穷追猛打，自营保证正品、自建物流保证速度、货到付款保证了客户体验，可以说抓住了唯一的发展机会，在阿里的重重包围中京东还是突围成功。刘强东的性格几乎也是马云的反面，马云高调，善于利用媒体造势，刘强东低调而踏实做事；马云擅长战略布局，战略眼光无出其右者；刘强东善于战略跟随策略，但战术执行力超级强大，令人胆寒；马云积极营造电商的生态战略，电商布局超级强大，刘强东则聚焦再聚焦，京东商城、京东金融、京东技术三大战略全部聚焦于电子商务，更符合一个零售商的经营本质。本质上来讲，依托社会化物流的阿里和自建三张全国性大网的京东谁更有效率，谁更能够降低产品的价格，谁就是最后的胜利者。目前来看，京东占据B2C市场31%的市场份额，天猫占据51%的市场份额，从2016年上半年来看，受益于菜鸟网络提速效应的影响，天猫的成长性在加速，而京东则略显疲态，但这仅仅是战斗的开始，双方都在优化自己的物流系统，效率高者最终胜出，或许两者最终走向融合也未可知。个人判断，未来B2C市场一定是电商的主流模式，市场规模以10万亿计，在这么大的市场里面，一家根本吃不下，或许京东模式和天猫模式会长期共存下去，并互相融合，互相学习，共同发展。

再次，说说电商江湖中的另一极——在线旅游市场。在线旅游市场规模足够大，至少未来以万亿来计算，这个市场里面只有一个大玩家了，那就是携程。虽然京东、阿里都在进入这个市场，但这并不是他们的主流业务，而且其经营的专注度、精细化管理程度、资源投入、线下渠道的精耕细作显然不如聚焦的携程。今日的携程占有的优势资源、拥有超级强大的企业家、具有强大的野心，基本上算是一股独大了，所以，笔者看好携程的未来。

最后，说说电商江湖的另一个分支，那就是O2O市场[①]，目前这个市场的大玩家也只有一家了——美团/大众。在团购市场和餐饮市场，这两家已经将竞争对手全部打败，基本上算是独占市场了。美团的王兴，也是一个超级强大的企业家，具有远大的抱负。虽然马云战略投资了美团，但王兴并不买账，并不想被阿里控制，逼得阿里只能退出，可见王兴的野心之大，美团/大众的未来不可小觑。

本质上来讲，以上这四家能够发展起来，都是因为提高了传统行业的效率，改善了社会上存在的问题，这才是电商发展的原动力。电商的江湖很大，但重量

---

① O2O，Online To Offline，即线上到线下。

级玩家基本上就是这四家了，加上后面的投资者，基本上就是整个互联网的主要玩家。电商的江湖很热闹，时而合纵，时而连横，最终涉及的是利益。电商的江湖像一部好莱坞大片，很热闹，也很好看，或许我们都在戏里吧！

编者按：

本篇文章写于2016年，电商的江湖果然热闹，2018年7月新的玩家——拼多多上市了，其攻势非常凌厉，成为电商新的一极，同时美团开始侵入酒店业务，与携程展开正面竞争，阿里收购饿了么，全面介入本地生活服务市场，开始与美团竞争。本来已经相对平静的电商江湖重起波澜，电商的江湖精彩纷呈！

14.3 房地产的未来

记得很多年以前看过一本关于经济周期类的专业书籍，书中说房地产周期大概在18年左右，当时觉得不可思议，18年时间太长了，是遥不可及的事情。但转眼间从1998年房改算起到现在也已经18年了，房地产走过了辉煌的18年，潮起潮落，跌宕起伏，然而这部大剧终归有谢幕的时候。下面分析一下房地产的过去并对未来做个简单的预测，就当娱乐一下吧！

首先从经典的波浪理论来分析(用波浪理论分析小周期等于算命，但分析大周期还是蛮有道理的)。从1998年房改算起到2007年应该是房地产的第一波上涨周期，这一波房地产价格上涨幅度在10倍左右，这是投资房地产市场的黄金时期，投资者个个赚得盆满钵满。2008年随着次贷危机的爆发，房地产市场价格开始回调，当时有点风雨欲来风满楼的感觉，一片萧条。但这一轮调整并不彻底，随着2008年国家4万亿刺激政策的出台，房地产价格调转方向，重新开始上涨，2008—2013年这几年应该算是房地产市场的第二波上涨周期，上涨幅度在一倍左右，但已经开始出现分化，一线城市上涨幅度最大，二线城市紧随其后，三、四线城市开始出现滞涨，房地产市场第一次出现分化现象。2013—2015年，房地产价格出现第二次调整，70个大中城市中超过一半的城市都出现量价齐跌现象，同时宏观经济也开始下行，经济压力明显大增。2015年中，迫于宏观经济的压力，国家层面开始刺激经济，对房地产限购政策全面放松，金融层面也提供一定的资金支持。从2015年下半年开始，一线房地产价格开始暴涨，紧随其后二线城市价格也开始飙升，这就是房地产市场的第三波上涨周期，奇怪的是三、四线城市房地产价格不涨反跌，出现冰火两重天的现象。

上面就是我国房地产市场过去18年发展的大概脉络，3波上涨周期，中间2次短暂的价格调整，完全符合经典的波浪理论，也就是说，目前应该是最后一波上涨周期了，形容为6000点的股市也不为过。

那么冰火两重天的现象如何解释呢？笔者是这样理解的，三、四线城市土地供给充足，房地产市场严重供大于求，已经完全满足了市场的需求，所以价格很难上涨。一大批开发商没法在三、四线城市立足了，所以只能收缩战线，全面进入一、二线城市。由于一、二线城市土地资源受限，加上当地政府有意识地控制土地供应量，狼多肉少，大批开发商去土地市场竞买土地，导致地王频出，面粉贵过了面包，这进一步提升了房价预期，导致房地产价格进一步上涨，客户出现恐慌性购买欲望，房地产市场出现量价齐升行情，这就是目前的市场现象。

从客户层面来分析，什么人在买动辄500万～1000万元的房子呢。经过分析得出以下结论，全款买房客户几乎不存在了，所谓的刚需客户都已经被挤到了城市周边区域，市内主力购买客户只有一种了，那就是2010年以前买房的客户的改善型需求，这部分客户原来买房的价格低，贷款基本上已经还清，将原来的房子卖了，再贷一部分款买一个大一点的房子。这就是房地产的主力客户，等这一部分客户换房完毕，房地产市场再无主流客户了，所以说这部分客户的购买力决定了这一波房地产上涨周期。

从经济层面来分析，目前宏观经济严重不景气，百业萧条房产盛！目前市场上还看得见工资上涨的企业吗？凤毛麟角吧，也就是说居民的收入水平开始停滞了，大部分企业都不景气，民间资本投资大幅度衰退，说明实体经济的回报率非常低了，居民的收入缩水了。还有一点很重要，就是反腐导致公务员体系的钱包也缩水不少，所以结论是居民的收入水平不是提高了，而是开始缩水了；购买力不是提高了，而是降低了。在这种背景下，一、二线城市房价大幅飙升，除了大幅度加杠杆，实在想不出客户还有什么能力购买。

从资金层面来分析，最近1年，一、二线城市的房地产贷款大幅度飙升，一年的贷款总量几乎达到了过去10多年贷款总额的50%。根据北京2016年上半年房贷总量来推测，北京市场全年的贷款余额接近3000亿元，一年的新增贷款相当于2011年底所有的住房贷款总量。深圳和上海的房贷数据也比较恐怖，这就是赤裸裸的加杠杆呀！客户已经没有能力买房了，所以只能大幅度增加杠杆率，客户几乎透支了未来十多年的购买力，够疯狂，够给力！问题是加杠杆有没有上限？这才是问题的本质！

从人口结构层面来分析，"00后""90后"人口数量相对较少，加上人口老龄化快速到来，这会改变很多行业的未来。如果说影响经济发展的因素有很多的话，那么最重要的因素一定是人口结构因素，人口老龄化决定了许多产业的未来，对房地产可能是一个致命的因素。日本的房地产价格1992年崩盘以后一直跌倒了2003年的谷底，并不是什么宏观经济不景气，而是人口老龄化因素导致的，这是房地产市场的终极决定因素，中国会是个例外吗？

从波浪理论、客户需求层面、宏观经济层面、资金层面以及人口结构层面5个方面对房地产市场进行分析，结论都是一样的，那就是目前处在房地产第三波，也就是最后一波的上涨周期里。目前的主流改善型客户需求和加杠杆的上限决定了这一波的时间长短。如果一定要加上一个时间的话，笔者认为不会超过2年，也就是说2018年前后房地产的大周期确定无疑要结束了，或许时间点会有偏差，提前或者延后皆有可能，但不会影响最后的结论。

最后一个话题，如果房地产周期结束了，中国经济会不会步日本的后尘，进入失去的10年？对于这一点笔者要乐观得多，其实中国绝大部分城市的房地产价格都是合理的，并没有多少泡沫，真正有大泡沫的城市不超过10个，10个大型城市的房价不会影响到整个宏观经济层面，就像一线城市房价大涨对经济贡献有限，所以房价的下跌对经济层面的影响也不大，就当作定点爆破吧，不会伤害无辜的。

从资产类别来讲，有证券资产、债券资产、房地产资产、黄金资产、大宗商品资产等几个大类。对于资产来讲，不会有永远的赢家，也不会有永远的输家，只是有时候周期太长了，我们都已经忘记了周期的存在，但周期终归是存在的，这是经济规律，政府可以延缓规律的发生，但不能改变规律本身！除非整个经济史改写！

编者按：

这篇文章写于2016年8月13日，正是房地产市场最火热的一段时间，绝对勇气可嘉！有无数的经济学家对房地产的未来发表过见解，但无一不被证伪。预测房地产的发展的确和算命差不多，这篇算命的文章倒是准确率颇高，文章里预测房地产的大周期在2018年前后基本结束，目前还是坚持这个判断，即中国房地产的大周期基本结束了，或者准确地说作为投资品的房地产周期已经结束了，但作为消费居住的房地产还有很长的路要走！

第15章 企业思考

15.1 对投资好想你和三全食品的再思考

对好想你和三全食品的投资已经结束，感慨良多，自我做个总结吧！大概在两年以前，我在价格低位(14.3元左右)买入了好想你，好想你涨停那一天卖出了三分之一仓位的股票(42元左右)，在犹豫中股票停牌了，被关在里面了。在复牌时大盘已经开始大幅度调整了，一路下来都没舍得卖，等中报出来以后才发现基本面发生根本变化，大势已去，利用好想你反弹时在24元左右出清，整个投资历时2年，投资收益率在100%左右，从收益率角度来看还不错，算是成功的。具体操作详见图15-1。

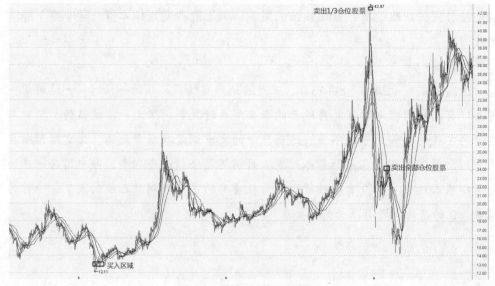

图15-1　好想你股价走势图

三全食品大概是2014年买入的,买入价格是19元左右,由于当时手头现金不多,所以买入的数量有限,大概拿了不到一年,除权以后三全食品大幅度上涨,在18元左右出清的,整个投资历时接近1年,投资收益率接近100%,与好想你的收益率差不多,从收益率角度来看还不错,也算是成功的。具体操作详见图15-2。

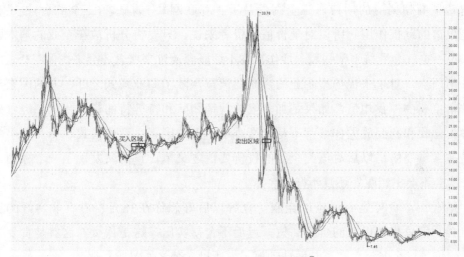

图15-2　三全食品股价走势图①

但是,从对企业的判断来看,这两笔投资都是比较失败的,只是稀里糊涂地把钱赚了,但对企业的分析完全错误。

第一点,对好想你和三全食品的投资都是基于未来优势型企业的投资来看待的。先分析好想你。好想你号称红枣第一品牌,由特劳特做全权营销策划和产品定位,后来苗国军的加盟更是超级利好,一切因素都显示好想你是未来优势型企业的胚子,向商超转型是水到渠成的事。但是中报显示完全逆转,商超渠道转型不顺利,公司重新聚焦专卖店模式,但专卖店有两个致命的缺陷:动销不够以及红枣单品不足以支撑专卖店的运营,这两点对快消品简直是致命的,不可逆转,所以我现在完全看空好想你,以前对好想你的分析完全错误。

第二点,三全食品作为速冻食品的行业老大,以市占率作为战略的支撑点,又出手收购了龙凤水饺,行业基本形成双寡头状态;另外,冷链的行业壁垒非常高,怎么看三全食品都是未来优势型企业的胚子。以前我还将三全类比年轻版的伊利股份,随着营收规模的扩大,规模优势凸显,利润增速会显著高于营收增速,但是2015年中报显示,传统业务营收几乎全线停滞,这是在营收并不高的

---

① 其间,三全食品实行了一次10股送10股的分红,本图为未复权图。

情况下发生的，难道速冻食品行业到顶了？至少我不这么认为。合理的解释是公司拿出相当的人力和财力去做三全鲜食了，公司不聚焦了，传统业务下滑在所难免，我对三全食品的判断也失误了。

第三点，对企业基本面的判断完全错误，但还是赚到钱了，好想你受益于市场对转型商超渠道的期待，三全则受益于"互联网+"的概念(三全鲜食)，还有就是牛市的助推作用。所以对于价值投资者来说，只要将分析放在企业的基本面上，说不定就会受益于某些概念炒作，你不炒概念反过来概念还会来找你呢！

第四点，对未来优势型企业的判断要慎重，除了商业模式之外，人的因素还是非常重要的，我相信，如果是加多宝的营销团队和特劳特的定位团队在经营好想你，营收和利润放大10倍都不是什么难事。人的因素、商业模式、商业洞察力都是非常重要的，以后对该类企业的投资要慎之又慎。目前又发现了一个标的，这一次会不会出错呢？还真不好说！

第五点，贪婪之心最难以克服。复牌以后好想你在38元左右有非常好的卖出机会，但总想着以前的价格高位，迟迟不舍得卖出，这是什么？这就是贪婪之心，修炼了这么多年，在利益面前动摇了，所以贪婪之心最难克服！

第六点，投资最重要的是什么，个人认为是商业洞察力和安全边际。安全边际决定了你不会轻易亏钱，因为你的买入价格足够低，比如我投资好想你和三全食品，虽然判断错了，但买入价格足够低，所以不但不亏钱，还赚钱了；商业洞察力决定了你能赚多少钱，2008年我在10元左右买入伊利股份，在30元卖出，自诩为一笔很成功的投资，但是伊利股份复权以后在百元以上，实实在在的十倍股被我放飞了，这就是商业洞察力不够，没有看到乳业的行业变化和伊利基本面的变化。在大秦铁路和福耀玻璃的二选一上，我重仓了大秦铁路，放过了福耀玻璃，结果是这一轮牛市中福耀的收益率比大秦铁路几乎高出一倍，当初这哥俩可在同一个价位呀！无他，商业洞察力不够！这一点除了多看书、多思考、多分析企业年报，多积累知识，还有其他办法吗？好像没有吧！

编者按：
这篇文章写于2015年9月1日。

15.2 和复星医药说一声再见

依稀记得第一次买入复星医药的时间大概是2012年年初，买入成本在10元以内。当时买入的逻辑就是想配置一只医药股,首先看上的是恒瑞医药,但感觉价格太贵了,就放弃了(结果恒瑞医药是2008年以后最大的牛股之一,教训就是投资首选行业龙头),所以就选了复星医药,当时是把复星医药当作一只医药产业基金来看待的!研究得也不深入,就当作一个产业来配置的!

由于复星医药一直比较低估,所以买入以后一直持股不动,直到2015年股价涨至40元左右才卖出了一半仓位股票,当时我对于这只股票还是很割舍的,毕竟复星医药基本面有了实质性的变化,在医药行业的综合排名已经到了第4名,个人认为复星医药已经是仅次于恒瑞医药的好企业了!在牛市氛围里减仓不是一个很容易的决定!

牛市之后,复星医药开始下跌,我在18~20元又加了三分之二的仓位,逻辑是复星医药的确是低估了,但不确定性则是郭广昌协助组织调查对复星战略的影响。当时买入也是支持一把老郭,顺手又在港股账户加仓了复星国际,复星国际+复星医药的配置算是重仓股了。郭广昌是我非常欣赏的企业家之一,企业家才是创造财富的最大源泉,买入复星系的逻辑除了商业模式因素以及行业因素以外,最重要的一点其实是看好郭广昌的企业家精神!其他所有的分析都没有这一点重要。

2017年以来,在40~47元陆续将复星医药卖出了,今天将最后的3000股全部清仓[①]。复星医药的确不错,创新药层出不穷,在单抗领域研发能力极强,但估值也不低,基于估值的原因还是卖出了,2017年的收益率太高了,还是有一点落袋为安的意思,相信还会找到性价比更高的股票,这一点还是有信心的!具体的操作详见图15-3。

图15-3 复星医药股价走势图

---

① 本文写作于2017年12月22日。

前期卖出了福耀玻璃，股票继续上涨；卖出了万华化学，股票继续大涨；清仓了招商银行，貌似也要继续涨的节奏！这一次清仓复星医药，是不是也会继续上涨呢？也许吧，我只赚自己能看明白的钱，只赚股票低估的钱和企业发展的钱，市场的钱就随缘吧！其实卖出股票并不是不看好后市，而是仓位管理的要求，良好的仓位管理可以做到心平气和地长线持股，可以在调整市里大展拳脚。

虽然卖出了复星医药，但手里还有复星国际，还有复星作为二股东的青岛啤酒，希望老郭同志继续带领企业前进，力挺老郭！

15.3 对小米集团的思考

最近一直在看有关小米集团的相关书籍和资料，总结了一个大概的思考脉络，同时建立了一点观察仓位，将思考简单汇总如下。

1. 对小米商业模式的思考

(1) 小米的商业模式：重构产业链，通过低营销成本和低毛利率策略，提供极高性价比和一定品质感的产品，属于类平台经营。

(2) 以硬带软，硬件产品保持微利，通过互联网服务提供增值服务。

2. 小米的优点分析

(1) 小米独一无二的竞争优势体现在：通过爆品战略重构产业链，通过低营销成本和低渠道成本，通过以上三项措施维持产品的低毛利率运营，同时保证产品的品质，即低成本、高品质是小米独一无二的竞争优势。

(2) 爆品战略、口碑效应、极致简约的外观设计是小米IoT(物联网)产品的竞争优势。

(3) IoT产品的竞争力是很强的，现阶段小米最大的想象空间是IoT产品而非手机产品和互联网服务。

(4) 小米内部类合伙人机制极大提高了管理效率，虽然最近在学习华为的内部员工分级制度，但不管如何变革，小米的管理效率还是非常高效的。

3. 小米的缺点分析

(1) 依靠硬件维持低毛利率，通过软件提供增值服务的商业模式变现链条太长，商业模式有一点复杂。现阶段小米互联网服务营收占比仅10%左右，而且大部分是广告和游戏收入，广告收入是有天花板的，过多的广告植入会严重影响到客户体验，所以互联网服务的想象空间或许是有限的。

(2) 小米手机的竞争力严重不足，国内市占率已下滑至第五位。小米手机提供高配置+低价格的性价比策略，背后的商业逻辑是将手机产品等同于电脑产品，电脑产品最后的胜出者都是低成本制造商，即同等价格提供最好的硬件配置。这个商业逻辑并不适用于手机，因为电脑的主要用途是办公，没有任何炫耀功能，当然硬件配置是最重要的，而手机则不同，手机是有炫耀功能的，即拍照、外观设计、外界的评价等都非常重要，手机的档次非常重要。小米手机的低价格天然与高档是相冲突的，尤其是红米手机的推出，小米手机等同于低端机的代名词了，即便今年分拆了红米，让其独立发展，小米手机提高品牌形象之路仍任重道远。

(3) 小米手机面临的另一个棘手问题是随着手机处理器技术的不断成熟，硬件配置过剩时代马上来临，客户不会再过度关注硬件的配置了，客户的关注点更加倾向于拍照、外观、屏显等彰显个性的设计，而这些都是竞争对手的优势，小米的高硬件配置策略不再奏效，这是小米手机深层次的危机。

(4) 小米的IoT产品的确是不错的，具有极致简约的设计和亲民的价格，很受客户青睐，但问题是产品是要有边界的，宜家的定位是生活家居，无印良品的定位是生活服饰类，而小米的IoT产品无所不包，有生活家居、手机外围产品、电脑外围产品、大家电(白电和黑电)，这会让客户产生很大的困扰，小米产品到底代表的是什么？一方面来讲，小米产品在手机外围、生活家居等领域缺乏强有力的竞争对手，此时小米产品是有强竞争力的，但在空调、洗衣机、电冰箱等大家电领域是有强大竞争对手的，此时小米产品没有任何胜出的可能性，只是在浪费企业的资源；另一方面来讲，小米产品的本质是在技术成熟产品领域通过极致简约的外观设计提供高性价比的产品，这些产品是缺少技术门槛的，竞争对手是很容易学习的，看看公牛插座和美的小家电的产品设计就一目了然了，外观设计是最容易学习的。

(5) 小米手机顾客群客观来讲是低收入群体，对这些客户的互联网增值服务的变现能力是有限的。IoT产品中电视和电脑产品营收占比40%，这部分产品属于成熟产品，变现途径是广告+游戏，这个变现途径是有上限的，过多的广告绝对会影响到客户体验，这块想象空间不大，其他IoT产品占比60%，目前还没有明显的变现途径。

4. 小米的未来

(1) 小米未来最大的想象空间或许是物联网和智能家居。IoT产品本质上就是智能家居，这块属于强需求还是弱需求还不确定，小米处在不错的位置，但行业的发展如何演变不好预测。

(2) 小米IoT产品的最佳策略是限定产品边界，在没有强竞争对手的领域大杀四方，在有强竞争对手的领域保持谨慎。

(3) 小米产品要解决一个终极问题，即高档次与低价格如何兼容，高档次本质上代表了品牌价值、差异化、炫耀功能和一定的稀缺性，而低价格代表的是高流量、高出货率，以数量取胜，天然与高档次不兼容。

(4) 小米未来的最佳定位应该是类似于好市多的零售商，而不是制造商，通过参股的方式生产一部分性价比高的小米系列产品，通过精选产品提供一部分其他商家的优选产品，从而成为一个零售商品牌。

(5) 小米如何估值？这个问题让大家来回答吧。

15.4 对涪陵榨菜的冷思考

由于涪陵榨菜2019年半年报不理想导致股价大跌，一时成为雪球的热门讨论话题，这两天应该有所降温，本人也简单谈一下，算是冷思考吧！

1. 问题

(1) 2019年中报显示营收10.86亿元，增长2.11%，利润3.15亿元，增长3.14%，考虑到四季度产品提价10%，销量是减少的，提价策略应该是告一段落了，未来一段时间进入缓慢增长的态势。

(2) 品类拓展不力，其他佐餐开胃菜占比不到15%，第二曲线还没有真正起航。

(3) 榨菜过去几年高速增长的最大动力是提价和消费场景的增加，目前来看行业的渗透率非常高了，如果提价告一段落，成长性会显著放缓。

2. 优点

(1) 品牌即品类，这是公司最大的优势，品牌价值随着品类的扩大而增值。

(2) 产品的消费场景在扩大，榨菜包装化是行业发展趋势，提供了行业发展最本质的动力。

3. 对未来发展的判断

(1) 涪陵榨菜这届管理层成功地做了两件事情：①通过营销定位，成功将榨菜产品由流动人口消费转变为家庭消费为主：炒肉、烧汤、夹馒头、蒸鱼、焖肉、涮火锅、送粥、泡面、下米饭，大大拓展了消费场景，提供了行业发展的动力；②通过新包装和新品种巧妙实施提价策略，成功利用了产品的提价权。这届管理层能力非常强，叠加管理层持股的因素，让人高看一眼。

(2) 涪陵榨菜销售量从2010年的8.466万吨提升到2018年的14.44万吨，增长70.56%；销售均价从2010年的6437元/吨，涨到2018年的13 252元/吨，增长105%。量价齐涨的结果是，销售额从2010年的5.45亿元，增长到了2018年19.14亿元，增长了251%。

(3) 三个区域的新产能接近12万吨，扩张90%。2010—2018年，产量总共增长了70%，如果这些产能全部投产，几乎等于再造一个涪陵榨菜，产能不是问题，关键看营销，从产能来分析，公司营收未来可达50亿元左右。

(4) 2003—2018年，包装榨菜行业收入由19.6亿元增长至53.5亿元，年复合增速为6.9%，增长动力来自产品包装化、消费场景增加、产品提价三个方面；预计未来5年行业复合增速在6%～7%(3%销量增加+4%价格增加)，公司的成长性快于行业，预计可以保持10%左右的营收增速，利润增速有望保持在10%～15%。

(5) 品类拓展方面，公司将产品拓展至泡菜、萝卜海带丝、脆口榨菜等多种系列，但目前拓展产品占比不到15%。收购策略可以利用现有的销售网络，具有一定的协同效应，但收购产品的品牌力不足。涪陵榨菜有潜力发展成为佐餐开胃菜领域的绝对领导者，但也有不确定性。

(6) 2018年开始现金流已经落后于净利润，2019年中报显示预收账款减少29%，应收账款大幅度增加(绝对数额不大)，说明产品经过大幅度提价以后终端销售偏弱，渠道有压货的嫌疑，榨菜的销量在减少，提价权已经使用完了，未来的成长性存疑。

(7) 榨菜本质上属于比较成熟的小行业，目前行业总规模在100亿元左右，包装榨菜在50亿～60亿元，涪陵榨菜的总市值是有天花板限制的，300亿～400亿元几乎是极限值了，500亿元不敢想象。

(8) 涪陵榨菜未来发展的三条线：

① 第一条线，消费者对食品安全的诉求上升，环保监管趋严，手工、家庭式作坊和一些不达标准的中小型榨菜企业不断退出，行业不断向包装化趋势集中，

包装榨菜的行业规模在不断增加，有望从行业占比50%提升到70%，行业有望继续保持7%左右的增长速度。

② 第二条线：渠道下沉，不断拓展低线城市(10万人口以上)；不断拓展新渠道：餐饮、团购、新零售场景等，即通过渠道下沉和拓展新零售渠道在渠道层面提供增量市场。

③ 第三条线：品类拓展，一方面拓展榨菜新品类，比如脆口榨菜、萝卜榨菜等，拓展成绩不错；另一方面拓展泡菜(市场规模是榨菜的5～8倍)，成绩暂时不理想，但泡菜行业本身无强势品牌，涪陵还有机会。

4. 对5年以后企业发展预测

按照10%的营收成长性测算，营收有望达到31亿元左右，按照30%利润率测算，利润在10亿～12亿元，市值在200亿～300亿元。

5. 估值

(1) 历史估值：25倍PE以内属于低估值区域，20倍PE以内属于最佳买入点，对于有适度成长性的消费品龙头企业，A股、港股、美股估值都在20倍PE以上的水平。

(2) 合理估值：
① 公司暂时进入低速成长时期，估值应该会回落至20～25倍PE。
② 涪陵的估值：2018年每股利润为0.84元/股，个人预计2019年利润增长10%，20倍PE=18.5元/股(0.84×1.1×20)，22倍PE=20.3元/股。
③ 综合考虑，20～22元可以适度配置一部分，20元以内风险极低，属于可以重仓的价格。

编写按：
本篇文章写于2019年8月5日。

15.5　对伊利和蒙牛的几点看法

2019年十一假期和朋友探讨了一下乳制品和伊利的未来发展前景，对伊利和蒙牛的一些做法做了梳理，对发展战略和未来的竞争格局变化分析如下。

1. 伊利股份的发展战略：产品差异化、相关多元化、渠道精细化

(1) 产品差异化。充分利用了客户认知，收购新西兰的优质奶源，在奶源上形成差异化，从而提供安慕希、金典有机奶、塞纳牧有机奶粉等差异化产品，这部分产品的利润率非常高，伊利目前的策略是利用常温白奶引流(基本盘)，利用差异化产品赚取利润，引导乳制品从以前的同质化产品向差异化产品演变。安慕希已经成为品类绝对老大(占据46%的市场份额，超级大单品)，金典以前比特仑苏的竞争力要差一些，但在引进新西兰奶源以后竞争力提升明显，2019年金典和特仑苏的市场份额已经接近，未来超越特仑苏成为第二个大单品的概率并不低。

(2) 相关多元化。进军豆奶市场、功能饮料、咖啡饮料、包装水等领域，有些产品成功的概率很高(带乳的产品有很高的客户认知和品牌联想)，有些产品成功的概率不高(比如瓶装水，缺乏品牌联想)，这些产品本质上都是利用现成的渠道拓宽产品线，试错成本有限，所以并不会影响伊利的基本盘。伊利未来的对标企业是雀巢，伊利成为健康食品集团的概率并不低。日常消费品的核心竞争力是品牌知名度+品牌曝光度+一定的产品品质保证，核心其实是持续性的产品营销投入，伊利最大的优势是每年200亿元的销售费用以及100多亿元的品牌营销费用(这个数额每年逐步增加)，所以说相关多元化成功的概率是很大的。目前国内的企业里只有伊利有能力发展成为像雀巢一样的企业，不会找到第二家。

(3) 渠道精细化。最新的数据是截至2019年6月，公司常温液态类乳品的市场渗透率为83.9%，提升了2.7个百分点，其在三、四线城市的渗透率为86.2%，提升2.3个百分点。渠道深耕属于硬实力，对公司能力要求是很高的，需要持续的积累，一旦布局完成则属于一本万利的买卖，相当于搭建好一个平台，不断在平台上增加新产品即可。渠道精细化的关键在于产品动销，这与品牌持续的曝光度有很大的关系，在这方面，伊利是有优势的。

2. 蒙牛的发展战略：收购、产业链整合、做强低温、跟随战略

(1) 收购。收购战略本质上是自身能力不足，希望依靠外力达到补短板的目的。从蒙牛以往的收购历史来看，除了君乐宝还算成功(已经单飞了)，对其他企业的收购都谈不上成功，对企业的资源造成了某种程度的浪费。

(2) 产业链整合。收购上游奶源企业现代牧业和中国圣牧，收购下游的低温奶企君乐宝和奶粉企业雅士利，上游控制奶源，下游补短板，从战略层面来看没有任何问题，是完全正确的。但从这四家收购企业的发展来看，君乐宝发展得非常好(属于独立发展,蒙牛的话语权不高,更多地类似于一个财务投资者),其他三家发展较差,所以可以得出结论,蒙牛在管理层面是存在明显短板的,在战略完全正确的情况下,执行力和管理能力与战略不匹配,一个好战略并没有产生好的结果。

(3) 做强低温。在低温奶领域蒙牛市占率29.5%,伊利是16.6%,这一块蒙牛占据绝对优势,但君乐宝已经单飞,刨去君乐宝的话,蒙牛的市占率为20%左右,仍然比伊利要强,但已经在视线范围内,蒙牛在低温奶上的竞争力并没有想象得那么强,但仍然是蒙牛的一个强项。

(4) 跟随战略。蒙牛紧跟伊利,推出了自己的饮料产品、咖啡产品以及新西兰奶源的产品,这个战略其实是对的,作为行业老二,紧跟老大是比较靠谱的做法。

3. 综合评价

(1) 蒙牛在管理上的短板是客观存在的,伊利新一轮股权激励措施通过以后,伊利相对于蒙牛的管理机制优势更加明显。

(2) 蒙牛的管理能力不足以支撑其收购战略,所以不看好蒙牛的对外收购;此外,蒙牛在战略上有一些摇摆不定,人事变动比较频繁(在流动的沙滩上难以建立稳固的堡垒),这些都是蒙牛存在的深层次问题。

(3) 伊利的相关多元化战略推出的一些产品会取得成功,一些产品注定会失败,但不会影响伊利的基本盘,伊利很可能成为中国的雀巢,即健康食品集团。

(4) 蒙牛从2018年发起的新一轮乳制品价格战压制了整个行业的利润率,短期对伊利不利,但好的一面是有效扩大了乳制品的市场容量,从长期来看,管理、营销投入、产品差异化这三个方面决定了竞争的最终结局,而伊利是占据明显优势的,所以伊利胜出是一个合理的推测。

(5) 行业竞争加剧以及伊利推新品都会大幅度增加营销费用,所以对伊利的短期利润压制明显,但在某个时间点上,一旦行业竞争趋缓或者胜负已分,伊利的净利润会有一个暴增的过程(以前投资古井贡酒时也做出了这种推测,最终古井贡在2018年出现利润暴增,利润兑现),未来百亿利润是伊利的最低配置。

(6) 蒙牛的管理体制、人事变动、战略摇摆等决定了蒙牛未来发展的上限,估计未来是一个弱势老二,一旦伊利在营收上拉开与蒙牛的距离,蒙牛的任何战略都不会影响到伊利的战略选择,伊利可以决定整个行业的游戏规则,这也是伊利最近两年能够积极应对蒙牛竞争的深层次原因。

15.6 永辉超市的未来

2019年11月初,永辉超市大跌,市场有一点点恐慌的味道。本人对永辉超市有一定的研究,简单分析一下,看看永辉的未来会如何发展。

永辉超市的第一个核心竞争力是基于内部合伙人管理机制的生鲜战略。其他超市的生鲜损耗率一般都在20%~30%,而永辉的生鲜损耗率可以有效控制在4%~5%的水平,生鲜战略是永辉独一无二的竞争优势。永辉的生鲜战略是以内部合伙人管理机制作为支撑的,其他超市根本没办法从管理层面做出改变和复制。所谓"一招鲜吃遍天下",永辉依靠其独一无二的生鲜战略成为行业内唯一在继续扩张的超市企业。

永辉超市的第二个核心竞争力是生鲜直采的产业链优势。生鲜直采不仅可以大幅度降低产品的物流成本和产品价格,还可以保证产品的生鲜度,在价格和生鲜两个方面提供有效的支撑,同样是生鲜战略不可缺少的支撑体系。生鲜直采的产业链需要多年的积累才会建立起来,建立之后具有排他性效应,属于核心竞争力,在这一方面其他超市远远落在了后面。

永辉超市第三个核心竞争力是差异化定价能力。永辉生鲜的营收占比在50%左右,这是一个巨大的优势,在客户引流方面发挥巨大作用,进入永辉超市的客户当然会顺手买一些其他日用品,即便定价高一点,客户也不会太在意。永辉恰恰利用了客户的这种心理作用,在其他日用品上定价较高,从而提高了产品的综合毛利率水平,盈利水平远高于其他传统超市,这是隐藏在生鲜战略后面的终极秘密。

永辉超市第四个核心竞争力是较低的租赁费用。由于永辉超市拥有巨大的引流作用,这无疑成为商业综合体经营方的香饽饽,在商业谈判中占据非常主动的位置,可以大幅度压低物业的租赁费用,同时永辉将租赁到手的三分之一物业高价返租给其他小商贩,自己做第二房东,这一点可以有效提高其毛利率。其他小商贩之所以愿意高价租赁永辉的物业,主要是因为永辉巨大的引流作用足可以抵消物业租赁的高价格。物业方愿意低价格租赁给永辉,也是因为永辉巨大的引流作用,只有客户来了大家才可以赚钱,大家各算各的账,最后都是赢家。

永辉超市相对于传统超市,在经营上具备三大优势:①生鲜巨大的引流作用以及生鲜的低成本供应;②部分产品采用差异化定价策略提高毛利率;③租赁上的低成本提高毛利率。永辉超市具备巨大的竞争优势,营收上每年保持20%左右的增长率,且具备持续性,一步步吞并其他超市的份额,成为行业第一只是时间问题。

永辉超市相对于传统的菜市场优势明显,属于降维打击,一方面购物环境好,干净卫生，生鲜种类多；另一方面部分产品价格还低于菜市场，永辉在各个层面的购物体验都远超传统的菜市场，部分替代传统菜市场的功能也是可以预期的。

永辉超市相对于电商也是具备优势的。目前电商超市渗透率在12%左右，未来渗透率提升到20%～30%是大概率事件，线下市场还会占据70%～80%的市场份额，线下一直会是主流的市场，市场空间足够大，永辉未来的发展空间基本上不受制约。而生鲜电商的客户群体受限，绝大部分客户是年轻的小众客群，单价高、消费频次不够是行业难题，所以还没有一家生鲜电商可以盈利，还没有一家商业模式已经完全可行。相反，消费频次很高的中老年人基本上偏爱传统消费模式，即主流的消费人群仍然在菜市场和超市。

在可预见的未来，永辉超市发展成为行业第一是大概率事件，千亿市值是标配，所以永辉的未来值得看好。

编者按：
本篇文章写于2019年10月25日。

15.7 对洋河股份的最新思考

资本市场目前对洋河的争议比较多，本人收集了一些资料，也做了一些商业方面的思考，最新的思考如下。

1. 洋河存在的问题

(1) 洋河股份的核心产品是蓝色经典系列，洋河的问题是品牌区隔做得不好，蓝色经典系列在品牌联想上是一个整体，前期海之蓝是销售主体，中期天之蓝是主体，目前梦之蓝是主体，品牌虽然在提升，但三个产品之间无法兼顾，发力其中的一个必然导致其他两个边缘化。今世缘在江苏的崛起实际上抢占了海之蓝和天之蓝的市场份额，并不仅仅是渠道原因，这个局面并不好破解。此外梦之系列又分为M1、M3、M6、M9，但M1和M3的价格区间和天之蓝是有部分重叠的，进一步挤压天之蓝的空间，造成客户的认知困扰。还是那句话，品牌属性是有唯一性的，不可能从低端到高端全部代表。

(2) 梦之蓝系列产品线过于复杂，对客户认知产生了干扰，这一块有优化空间。

(3) 洋河蓝色经典系列缺乏品牌底蕴和品牌历史感，品牌强度明显不如高端三品牌，而白酒竞争的核心就是品牌，所以洋河的品牌竞争力明显是不足的，或者说其营销能力强于品牌力!

2. 洋河具备的优势

(1) 洋河的管理机制是业内最强的,洋河的渠道精细化管控能力是业内最强的,洋河的品牌营销能力在业内是处于前列的,这是洋河的优势。

(2) 从未来的产品竞争态势来看,茅台单独处于2000元以上的价格带;五粮液和国窖1573处于1000元以上的价格带;500~1000元的价格带出现了真空状态,洋河梦之蓝(M6)独处这一价格带,成为次高端第一品牌,这个价格带消费量有可能是最大的,M6成为销售额达到100亿~200亿元的大单品概率很大。

(3) 洋河的战略重心应该高度聚焦500~1000元的价格带,手工班和M9树立品牌形象,M3和M6负责做大销售量和赚取利润,天之蓝和梦之蓝成为发展的核心,海之蓝随波逐流,自然生长就好。

(4) 洋河的品牌序列相对比较健康,适度聚焦之后会更加健康。

3. 洋河目前存在的短期问题

(1) 渠道利润低的问题相对好解决,适度降低出厂价,控货提价,渠道商的利润自然就出来了,貌似洋河的管理层在做正确的事情。

(2) 利用股价低位推出10亿~15亿元的股份回购作为股权激励是非常明智的,以很少的代价弥补了现任管理层持股偏低的不合理现象,使管理机制得到进一步的完善。

(3) 江苏省内市场是个大问题,今世缘已然做大,但洋河在营业收入、利润、销售费用、品牌知名度等方面仍然占据明显优势,管理层已经对省内市场高度重视,对今世缘会产生明显的压制作用,江苏省内市场恢复正增长应该是可以预期的。

4. 对洋河未来发展的判断

(1) 洋河存在的短期问题是可以有效解决的,洋河有很大概率占据500~1000元的黄金价格带,梦之蓝有很大概率成长为销售额达到100亿~200亿元的超级大单品。

(2) 成长性会降低一个台阶(10%左右),由于产品重心逐步转向梦之蓝系列,利润增长有望超过营收增长率(10%~15%)。如果管理层能够高度聚焦营销资源和产品线于500~1000元的价格带,适度放弃低端系列,适度发展超高端产品,树立品牌形象,则未来的发展可以更好,会比预想的更加乐观。

第16章

投资总结

股票投资伊始，出于不断学习和提高自己分析能力的初衷，我习惯做一些简单的投资汇总。从2013年开始，每个投资年度结束，第二年年初，我会及时做一下前一年的投资复盘，包括投资方面的得与失、经验教训以及对未来的展望，这么多年一直坚持着，积累了一些比较好的投资感悟。第16章的内容就是在当时情景下写的投资总结，从这些投资总结中，我可以发现自己每一年都在学习和进步，从而进化为一个合格的投资者！读者朋友们也可以将自己代入当年的情景中来阅读，相信会有很多感悟和收获！

16.1 进化之年——2013年股票交易总结

2013年，笔者对投资有了更深的了解，投资框架已经成型，并且基本按照计划进行操作，并对部分股票进行了换仓操作，结果比较理想，终于解决了以前犯的一些错误，下面将一年的情况总结如下。

16.1.1 2013年操作总结

2013年，上证综指由2269点下跌至2115点，下跌幅度为6.75%，本人A股账户收益率为20.78%，跑赢大盘27.53个百分点，结果比较理想，是投资以来第一次大幅度战胜市场，也是投资上自我进化的一年。

1. 对2013年的市场分析

2013年，大幅度战胜市场的投资标的有优质医药股、优质消费股以及创业板，其他股票均小幅度下跌，白酒股大幅度下跌，几乎腰斩，创业板大涨翻倍，始料不及。

2013年，行情开始分化，优质股票逐步走强，低点在逐步提升，传统蓝筹股仍在低位徘徊，新兴行业彻底爆发，均有很好的涨幅，说明在市场资金有限，经济转型的大条件下，更多资金还是往新兴行业聚集，也算是市场有效性的一种体现吧！展望2014年，改革全面启动，IPO制度改革全面重启，一方面政策性红利在逐步释放，另一方面股票供给加大，经济转型的阵痛期在延续，不确定性极大。综合来看，连续6年的熊市有终结的迹象，新一轮的行情启动在即，高看至3000点，持股不动是最好的投资策略，辅以适当的换股操作，争取2014年收益率达到30%。

2. 对2013年的操作分析

(1) 大盘中幅震荡，采取逢低逐步买入策略。2013年，大盘由2269点一度上涨到2450点附近，震荡后一路走低，最低值1849点，最大跌幅达25%，个股均普遍下跌，如果没有始终如一的投资策略，很容易在震荡中出局，投资简单而不容易。采取逢低买入策略和换股操作，操作很成功，投资策略明确。

(2) 对投资标的有了深度了解，对不符合要求的股票坚决换仓。由于商业知识的相对匮乏，以前对投资标的认识不够深入，经过一年的知识积累以及对投资标的的持续跟踪，对企业的商业模式和竞争壁垒有了深入了解。根据新的理解，对不符合要求的股票(苏宁云商、铁龙物流、东软集团)坚决换仓，下一步的研究重点是寻找一部分可以长期持有的"皇冠上的明珠"。查理·芒格早就说过："对我来说，准确地判断股票的卖出点太难了。"大师尚且如此，我何必在此处多费工夫呢？寻找优质白马股属于一辈子的事情。

(3) 重仓白酒股和金融股。

白酒股大幅度下跌，股价已腰斩，面对需求端的萎缩(限"三公消费")，供给端产能严重过剩，市场一片悲观，我对白酒行业的看法如下：①白酒属于人际交流的润滑剂，还具有成瘾消费的属性，会长期存在；②白酒具有面子消费、礼品消费的属性，具有成为高端品牌的社会基础；③茅台、五粮液、泸州老窖具有强大的千年文化和强大的品牌壁垒的保护，护城河坚不可摧，中国高端品牌无出其右者；④从需求端来说，价格腰斩以后民间消费逐步增加，有逐步替代"三公消费"的趋势，此外中产阶层人口的大量增加以及人口老龄化以后"少喝酒，喝好酒"的理念逐步得到认可，消费端的逐步扩大是确定无疑的事，长期来看，市场前景看好；⑤从供给端来看，酒精酒占据三分之二的产能，若在酒瓶上严格标注,则会快速退出市场,相信这会成为市场竞争的利器。低端酒价格逐步上移是趋势,所以供给端并没有想象那么收缩。综合以上分析,此时不买入,更待何时?不过市场机会有很多,可采取逢低逐步买入的策略,逐步加码。

金融股跌至净资产附近,市场利率化、房地产泡沫、地方债危机等,全是利空,那么回头看美国、中国香港和台湾的历史,以上危机都经历过,结果银行仍然是市场上存活最好的行业之一,超低的价格可以覆盖一切风险,目前的银行估值和20世纪90年代初巴菲特买入富国银行的估值相当,作为品牌、口碑、客户体验最好的招行,难道不值得持有?逢低加仓是必然的选择,不过需要控制节奏和仓位,不能操之过急。此外,由于预测十八届三中全会后会有改革的利好支撑,股市进入牛市,年底时大幅度加仓中国平安和中信证券,有一定的赌的成分,但买入价格比较合理,标的都是行业龙头,即使没有牛市,投资风险不大,尚可接受。

3. 完善了操作理念

(1) 投资逐步聚焦于六大投资领域:①金融服务业;②消费品行业;③科技行业;④医药保健行业;⑤能源行业;⑥优势制造业。逐步退出其他行业投资,强力聚焦以上行业,进行深度研究,寻找好的投资标的。

(2) 严格按照四大投资类型的划分进行投资:①优秀的成长型明星企业投资;②价值分红型投资;③困境反转型投资;④一般的成长性企业投资。重点关注成长型投资标的,成长是投资的核心因素,对这一点需要有足够的认识。

(3) 在以上两点的基础上,逐步聚焦于"漂亮20"的投资标的,择机买入,构建10年以上的投资组合。

4. 2013年的不足之处

(1) 对白酒的行业危机认识不足。年初白酒股大幅度下跌,但对限制"三公消费"的认知不够清晰,以为只是一场整风运动,很快会过去,导致买入价格有所偏高,若买入价格能够再便宜15%,那就完美了,不过整体的操作尚可,基本及格,这受益于对李宁投资失误的反思。

(2) 对困境反转型投资模式存在缺陷。对运动服饰、中葡股份、苏宁电器、白酒股的投资均出现买入价格过高的问题,所以对困境反转型投资需限定苛刻的买入价格+分段买入的策略;对成长型明星企业的投资在价格上则需宽容一些,允许溢价的存在。

16.1.2　2014年操作展望

1. 对大盘点位的分析

大盘的上涨概率极大,估计上证综指年终收于3000点以上,新一轮牛市启动的概率是存在的,低点在2000点左右,根据这一预测进行资金管理工作。

初步估计2014年会有一部分现金流入股市,只要确保新投入的资金在2100点以下持续买入,就可以确保战胜大盘。此外,通过逐步换仓,将大秦铁路和海油工程逐步换成消费和医药类股票,相信会有好的回报。以上的双保险操作,目标是收益比大盘涨幅高出10~15个百分点。当然,如果是持续的牛市,保证与大盘同步即可。

2. 对2014年行业发展前景的分析

(1) 对宏观经济的基本判断。

① 国际:欧洲和美国市场均逐步向好,外围环境好于2013年。

② 深化改革全面启动,但经济转型的阵痛期是客观存在的,改革的红利会逐步释放,长期看好,但短期来看,问题多多,如何能够有效解决考验领导层的智慧。宏观经济层面类似于20世纪70年代的欧美经济,反复震荡在所难免。

(2) 对房地产市场的判断。

① 房地产投资的高峰期已过(人均30平方米的居住面积以及高房价的制约),中国经济以房地产为龙头的基础投资基本结束。

② 房地产调控政策不放松、供求关系的逆转、宏观经济的减速、人口老龄化等元素均对房地产市场不利,或许房地产市场的拐点已经到来,至少高峰期已过,所以与房地产有关的行业前景均不明朗,有待于进一步观察。

③ 利率和政策变动对房地产市场的影响重大,密切关注这两个因素,记住高利率将是房地产市场崩盘的导火索,其他因素都是次要的。

(3) 对金融市场的判断。

① 利率市场化全面启动,短期来看,银行利差收窄是确定无疑的,利润增速放缓或小幅度衰退比较确定,但长期来看,转型成功的银行会有不错的收益,银行业作为一个整体还是具有投资价值的行业。

② 10万亿以上的信托资产、10万亿以上的银行理财产品、数万亿的民间小贷公司均以高利率吸引投资,以10%~15%的利率放贷,风险巨大,密切关注这部分

资产，有可能引起中国版的次贷危机。

2013年主要持仓标的：①五粮液；②贵州茅台；③招商银行；④中信证券；⑤中国平安；⑥大秦铁路；⑦海油工程；⑧复星医药；⑨万华化学。

16.2 跑输牛市——2014年股票交易总结

2014年，本人没有进行太多的操作，主要利用新入市的资金在大盘低迷期增加了一些仓位，对整体的布局没有太大的影响，主要起到了锦上添花的作用，下面将一年的情况总结如下。

16.2.1 2014年操作总结

2014年，大盘由2115点一路上涨至年底的3234点，上涨幅度为52.9%，典型的牛市行情。但过程并不像结果那样美好，具体的走势可分为三个阶段：①2014年初到2014年7月21日，大半年时间股市低迷，大盘在2000点附近窄幅震荡，毫无生机，丝毫看不出牛市的征兆，大部分投资者都认为这又是一个平淡无奇的熊市年份，毫无希望；②2014年7月21日—11月20日，历时4个月，股市开始缓慢地放量增长，上证综指由2057点上涨至2443点，上涨18.8%，期间最高点突破2500点，有经验的投资者已经感觉到了牛市的脚步，但大部分投资者还持观望态度，成交量有一定程度的放大；③2014年11月20日—12月31日，大盘快速拉升，仅仅用了40天的时间，大盘由2443点上涨至3234点，上涨32.4%，可见一年中真正赚钱的时间仅为10~15天，但为了这短短的这几天，你必须耐心地等待很长时间，错过了这几天，会碌碌无为，颗粒无收。这印证了一句话："当闪电来时，你必须在场。"

2014年，笔者的投资收益率为40.8%，跑输大盘12.1个百分点，结果不算太理想，主要原因是2014年新资金买入的股票收益率太低(2015年或许正好相反)，若剔除2014年新投入资金，则收益率提升至45%，结果稍好一些。2014年在股市低位增加了消费类股票，2015年的目标是大幅度提升绝对收益，至少保持不低于大盘的增长率。

1. 对2014年的市场分析

2014年，大幅度跑赢市场的投资标的有非银金融类、低价周期类股以及大蓝筹；与市场同步的投资标的有银行类；其他股票均大幅度跑输大盘，其中在熊市中表现出色的医药类和消费类表现最差,在行业涨幅中排名垫底。在牛市启动以后的牛市一期中,金融类以及低价周期类股票大幅度上涨是符合预期的,也是牛市一期的规律之一,大部分投资者抱怨满仓踏空是有一定道理的。目前牛市一期已经基本结束,以上行业的股票上涨行情基本告一段落了。

2. 对2014年个人操作的分析

(1) 在7月21日之前的第一阶段,采取逢低逐步买入策略。上证综指在2000点附近窄幅震荡,消费类个股普遍创新低;周期类个股受到反复践踏,成为垃圾;银行股跌破净资产,无人问津。在此期间,利用消费类股票走低的机会买入了一部分优质消费股、医药股。第一阶段丝毫没有牛市的征兆,在熊市思维下买入防守型的优质消费股和医药股的策略无可挑剔,值得肯定,本阶段操作得分在90分以上。

(2) 在11月20日之前的第二阶段,操作上值得商榷。该阶段牛市启动的特征已经比较明显,本人也已经判断是牛市行情,但操作上还是熊市思维,错失了扩大战果的机会,得分为60分,反思如下。

① 对牛市一期的规律认识不清,错失了金融类和低价周期股的买入机会,主要原因是对上一场的牛市缺少深入的分析和理解,没有深入参与其中也是主要原因之一。这一点目前已经有了很大的改善,对牛市的运行规律有了深度的认识。

② 缺少必要的冒险精神,即如查理·芒格所说:"当赔率非常有利的时候必须大举押注。"其实对金融类股票在牛市中的表现还是有所了解的,但由于熊市思维作祟以及不愿意冒大一点的风险,结果错失了加仓招商银行、中信证券、中国平安、中国神华的重大投资机会,这是跑输大盘的重要原因。目前,对查理·芒格的名言已经有了深度的理解,熊市思维已经彻底转变,但对防守型思维,缺少冒险精神的状态还需要进一步修炼,希望下一阶段能够有所突破。

③ 这期间,买入周期型股票中国神华是唯一的亮点,值得肯定,但是出于防守才加仓的,主要是看中其分红收益,遗憾的是,买入仓位偏低。

(3) 在11月20日之后的第三阶段,操作上值得肯定。第三阶段,大盘快速拉升,牛市特征非常明显,此时满仓持股不动是最好的策略,该阶段热点逐步扩散,无法准确预测,我不追热点,让热点来追我是此阶段的操作核心。在该阶段,本人心理状态已经彻底调整为牛市思维,满仓持股,并利用大幅度波动适度低位加仓,操作策略非常准确,得分为90分。该阶段招商银行存在加仓机会,但错过了,有点小遗憾。

3. 2014年的不足之处

(1) 对部分持有标的的理解深度不够。之所以错失一些机会，本质上是对买入标的缺乏信心，这就需要对标的自身以及所处行业有深度理解，这一点是获利的关键要素，需要修炼的是"理解行业的本质和商业的本质"。

(2) 对牛熊市规律认识不足。从大的层面来理解市场，对牛熊市的规律认识意义重大，直接影响整体的操作策略。对这一点以前没有重视，以后需要从两个方面做起：①深度参与是基本前提，只有参与到市场中才会有深刻的理解，对操作进行实时记录，事后回顾反思，这样才会有极其深刻的认识。对上一轮的牛市缺乏深度理解以及熊市印象深刻就是活生生的例子。②自己动手总结牛熊市的规律，外加大师经典语录的验证，得出一套自己能够深入理解的牛熊市规律，这是终极目的，与深度"理解行业的本质和商业的本质"同样重要，属于个体和整体的关系。

4. 2014年的收获

(1) 对六大投资行业有了深度理解。以前对行业的分析都是零散的，没有重点，缺乏统筹性的分析，现阶段通过精确聚焦"六大投资行业"，能够做到有的放矢，事半功倍，而且对行业的理解可以进一步深入，聚焦时间，聚焦行业，最后聚焦企业。

(2) 从过分关注价值低估股票到关注成长性股票的转变。以前的投资标的以价值分红型以及困境反转型为主，关注点更多集中在价值低估本身，结果在某种程度上落入了价值陷阱中，有许多失败的教训。现阶段除了关注价值之外，更多地关注企业成长性，给予成长股一定的估值溢价，这才符合投资的本质。虽然这一次策略的转变对2014年的收益贡献是负值(一定程度的路径依赖，挨了市场的耳光)，但我相信这一策略无可挑剔，在更长的时间段内会有更好的收益，在2015年或许会得到验证。

16.2.2　2015年操作展望

1. 对大盘的分析

2015年，大盘上涨是大概率事件，牛市基本确立，若大盘成功突破上一次的高点3478点，则牛市100%确认。2015年大盘点位高看6000点以上，牛市二期和牛市三期会随之展开，但随着岁末注册制的正式实施，牛市或许会灰飞烟灭，随之而来的断崖式下跌为做空股市提供了重大的机会,以上是对2015年市场的一个基本判断,作为操作的主要依据。2015年的目标是收益确保与大盘同步,不能被大盘甩开太多。

2. 对2015年宏观经济的分析

(1) 对宏观经济的基本判断。

宏观经济正式进入所谓的"新常态",GDP增速下一个台阶,进入5%~7%的中速增长期成为大概率事件。"三驾马车"中出口进入低速增长期,房地产投资基本饱和,进入下降通道,制造业面临严重考验,只有消费和政府主导的基建成为拉动经济的火车头,经济转型成为必然,改革的红利会逐步释放。相对于经济的不景气,资本市场的甜点会正式到来,理由有以下几点:①利率放松导致社会资金宽裕;②实体经济对资金的需求大幅度减少;③房地产市场的翻转会使资金吸储功能大幅度弱化;④赚钱效应会使得各路资金进入股市,甜点来临;⑤日本、韩国、美国的股市发展历史明确地告知了以上判断的有效性。

(2) 对房地产市场的判断。

① 房地产投资的高峰期已过,从房地产投资角度而言,正式进入下降通道(2013年为最高点),中国经济以房地产为龙头的基础投资基本结束。从房价角度而言,会保持在相对高位,结束了单边上涨的阶段,进入震荡阶段。

② 一、二线城市住房供给受限,受益于外来人口的增加,房价维持在高位或者小幅度上涨都是合理的,虽然有价格的泡沫,但基本可以维持住原有水平,保持稳定的发展态势,短期内没有任何崩盘的迹象。

③ 三、四线城市的房价还算合理,但巨大的供给量远超需求,供给的泡沫是客观存在的,供需矛盾突出,泡沫巨大,短期内根本没有化解的可能。中国经济最大的危机就体现在这里,如何化解不得而知,这与股市注册制一样重要,直接影响股市的走势,需要密切关注,一旦破裂,对金融的影响是超预期的。

(3) 对金融市场的判断。

① 利率进入下降通道,在一定程度上缓解了坏账的大幅度增加,银行业进入坏账周期是确定的,但只要房地产市场不彻底崩盘,则坏账的整体风险是可控的,不会有系统性风险。

② 利率市场化全面启动,短期来看,银行利差收窄是确定无疑的,利润增速放缓或小幅度衰退比较确定,但长期来看,转型成功的银行会有不错的收益,银

行业作为一个整体还是具有投资价值的。

③ 10万亿以上的信托资产、10万亿以上的银行理财产品、数万亿的民间小贷公司均以高利率吸引投资，以10%～15%的利率放贷，风险巨大，密切关注这部分资产，只要以上资产没有大问题，则银行业无忧矣！

3. 2015年操作策略

以上的基本面分析作为操作的基本依据，具体的操作策略如下。

(1) 牛市一期基本结束，目前进入牛市二期，牛市二期的基本特征是震荡加剧，金融类和低价周期股的行情基本告一段落，优质股票(主要集中在消费类、医药类优势制造业)进入拉升阶段，股市热点开始分散化，所以唯一的策略就是持股不动，静等抬轿子行情。

(2) 牛市二期以后，进入牛市三期，该阶段的主力变成各路基金，基金的大量发行是普遍现象和社会热点，此时牛市氛围进入最高潮，权重类大蓝筹成为此阶段拉升的主力军，其他股票则会相对疲软，此阶段的操作如下：①适度换股，将股票集中于权重类蓝筹股、防守型的消费类和医药类，减少持股的种类，集中式持股；②逐步减仓，将涨幅巨大的股票落袋为安，逐步退出股市；③密切关注行情，尝试性开始股指期货以及融券类操作，进入做空阶段。

2015年主要持仓标的：①五粮液；②贵州茅台；③招商银行；④中信证券；⑤中国平安；⑥大秦铁路；⑦海油工程；⑧复星医药；⑨万华化学；⑩中国神华。

16.3 熊市赢家——2015年股票交易总结

2015年，大盘跌宕起伏，年初基本上是满仓持股，主要操作有以下几项：①在4000点以上卖出一些股票；②股灾中在3200点以下加了一部分仓位，其他时间基本没有动过，下面将2015年的情况总结如下。

16.3.1 2015年操作总结

2015年，上证综指由3234点开始上涨，年底收盘至3539点，全年上涨幅度为9.43%，过程跌宕起伏，千股涨停，千股跌停，大起大落，非常考验投资人的智慧。具体的走势可分为三个阶段：①2015年初至6月15日，上证综指一路上涨至5178点，上涨幅度达60%，除了在4500点有一个10%左右的回调之外，几乎没有像样的回调，典型的大牛市行情；②正当投资人欢呼雀跃，高看8000点甚至10 000点的时候，股灾不期而至，千股跌停常态化，几乎是一口气就调整到了2850点，两个月的下跌幅度达45%，标准的大熊市；③在国家暴力救市的政策下，大盘开始反弹，最高反弹至3684点，幅度接近30%，之后大盘处于震荡区间，年底平稳收盘至3539点。

2015年，本人的投资收益率为24.1%，跑赢大盘14.7%个百分点，结果还算不错，但还是犯了一些错误，而这些错误本来是可以避免的，个人认为合理的收益率应该在30%左右比较合理，那6%的利润就算是交个学费吧，来年再战！对2015年的个人操作分析如下。

1. 对2015年的市场分析

2015年，创业板以全年84.5%的涨幅傲视群雄，这个确实让人大跌眼镜，今年只要是参与创业板了，收益率应该都不错，投资蓝筹股的收益率也就在15%左右。我从来没有参与过创业板，以后也不会轻易参与，所以没什么说的，不管买什么股票，睡得踏实最重要，我没有胆量去搏高收益，眼里始终是风险，只要不赔钱，赚多赚少无所谓的事情。

说实话，当大盘突破5000点的时候，我做过认真的分析，主要的思考如下：①如果参考上一次牛市的估值水准，应该在8000点以上，退一步讲，如果是标准的牛市行情，最起码应该突破上一次的高点6124点；②从牛市起步的时间来看，还不满1年，这绝对不符合牛市的定义，一个标准的牛市，时间至少应该在1.5～2年；③持有的股票市盈率最高为40倍左右，最低还在10倍左右，虽然有所高估，但在牛市中算是合理的估值。基于以上时间、空间、估值三个方面的思考，我认为大盘没有达到牛市的标准，所以我对后市持谨慎乐观的态度，导致卖出仓位偏低，对收益率有一定的负面影响。

2. 对2015年个人操作的分析

（1）在大盘突破4000点以后的减仓操作。大盘突破4000点以后，基于仓位控制的要求开始减仓，在大盘突破5000点后加大了减仓的力度，但由于对后市看好，整体仓位仅降低了25%，在大盘调整的过程中又择机减仓10%，最终减仓35%左右，整体的仓位还是比较重的，所以在下跌中损失还是很大的，但个人认为操作还是有很大的合理性的，即使再来一次，估计我最多减仓40%左右，跟以前的操作没有太大的区别。原因在于你必须对后市进行判断，如果判断偏乐观，那你的仓位不可能降低太多，所以对于这部分操作我为自己打70分。

(2) 在大盘跌破3200点以后的加仓操作。我从来都是买跌不买涨，更喜欢熊市，所以在大盘跌破3200点以后开始加仓优质品牌消费类股票，记得最恐慌的那一天(跌至2850点)是我加仓最多的一天，整体仓位增加了10%，此外将大部分招商银行股票换为消费类股票，使整体的布局更趋于合理。加上股市反弹以后的股票优化调整，年底的整体仓位为70%，算是比较合理的持仓布局，这个组合以防御为主，减少了进攻性品种。整体来说，对于这部分操作我为自己打80分。

在股市最恐慌的时候我看低到2500点，所以加仓相对比较保守，最主要的问题是大盘在3000点以下仅仅保持了1到2天的时间，还没有形成比较好的判断，若多停留一段时间，估计仓位还会增加10%左右，当时的现金储备准备坚持到2500点，一旦跌破这个点位，我的场外资金以及融资资金都是要准备上场的，所以计划还是比较完整的。我对风险的考量始终是放在第一位的，这在一定程度上降低了收益率，但睡得放心。

(3) 2015年的失误之处。2015年最明显的失误是在5000点以上减仓不够坚决，按照我本人的估值体系，40倍PE以上一定是要卖出的，但由于对后市偏乐观的估计，没有及时卖出，得出的经验就是牛市规律还是不太靠谱，对后市的预测不太靠谱，最靠谱的只有两点：①仓位控制最靠谱，低估值高仓位、高估值低仓位是永恒的真理；②估值也比较靠谱，基于估值高低进行仓位增减是最有效的措施。

另一个失误是对大秦铁路的操作。首先，作为第一重仓股，5元多的成本，在价格高位(15元)应该全部卖出，但心存侥幸心理，还在想着20元，所以只卖出了60%左右仓位股票；其次，煤炭的下行周期已经非常明显了，煤炭运输萎缩已经板上钉钉，但错过了非常好的换股机会。这个是自己已经预测到的事情，但行动上太迟缓了，这种不作为导致市值损失了8%左右，金钱买来的教训呀！

一般而言，市场对利润负增长的公司是不留情面的，大幅度杀跌在所难免，目前大秦铁路就是明显的例子，所以我对有利润负增长预期的股票都比较慎重，除非股价已经充分反映了这种负面因素，否则我是不会介入的。

3. 2015年的收获

(1) 对六大投资行业有了深度理解。以前对行业的分析都是零散的，没有重点，缺乏统筹性的分析，现阶段通过精确聚焦"六大投资行业"，能够做到有的放矢，事半功倍。对行业的理解进一步深入，聚焦时间，聚焦行业，最后聚焦企业。

(2) 对企业分析更上一层楼。2015年看了很多管理类书籍，对定位理论进行了系统化的总结，对企业管理有了更深入的理解，对财务指标的分析比以前更重视了，对企业未来发展前景的判断更有信心了一些。总之，通过1年的学习以及牛市和股灾的洗礼，升级版的投资体系呼之欲出，拭目以待！

16.3.2　2016年操作展望

1. 对大盘的分析

注册制是2016年唯一的主题，这会改变A股一直以来的生态圈，供求关系会发生逆转，而且对高估值的创业板而言，大股东大量减持是确定无疑的事情，只有傻帽儿才会和散户一样，拿着股票不放手，最合理的逻辑一定是减持再减持，所以个人判断创业板的黄金时代已经过去了，未来充满了不确定性。优质蓝筹股则进入了价值投资时代，在股票过量供应的时代，除了投资"价值"还有其他更好的投资方式吗？

利率下行周期远没有结束，面对巨量的地方债务，居高不下的企业负债率，不景气的宏观经济，除了进一步降低利率，政府还能有其他办法吗？所以利率下行周期还在继续。另外，各种金融产品的收益率在全面下跌，垃圾债刚性兑付被打破，市场上几乎没有什么高收益率的产品了，相对其他大类资产而言，优质股票估值算是比较低的了。综合以上的判断，大盘往上走的概率还是比较大的，突破4000点值得期待，当然下跌的概率也是存在的。所以不管大盘如何变化，只要提前做好了计划，确定应对之道，就可以稳坐钓鱼台了。

2. 对宏观经济的基本判断

宏观经济正式进入所谓的"新常态"，GDP增速下一个台阶，进入5%~7%的中速增长期成为大概率事件，"三驾马车"中出口经济进入低速增长期，房地产投资基本饱和，进入下降通道，制造业面临严重考验，只有消费和政府主导的基建成为拉动经济的火车头，经济转型成为必然，进入阵痛期，改革的红利会逐步释放，进入新常态。相对于经济的不景气，资本市场的"甜点"会正式到来，理由是：①利率放松导致社会资金宽裕；②实体经济对资金的需求大幅度减少；③房地产市场的翻转会使资金吸储功能大幅度弱化；④赚钱效应会使得各路资金进入股市,"甜点"来临;⑤日本、韩国、美国的股市发展历史明确地告知了以上判断的有效性。

3. 2016年操作策略

以上面的基本面分析作为操作的基本依据,具体的操作策略如下。

(1) 若大盘开始上涨,原则上不轻易减仓,可以进行换仓操作,将更多股票集中于荒岛类股票;若上证指数突破4000点,则进入减仓通道。低估值高仓位,高估值低仓位是永恒的真理。

(2) 若上证指数下跌至3000点,则提供了又一次加仓机会,除了加仓就是加仓,极端情况下会用到融资杠杆,不打无准备之仗,军中有粮,打仗不慌!

(3) 进行适度的调仓工作,优质消费股和医药股是投资的首选项,如果发现高弹性品种基本面的催化剂事件,则会坚决买入。六大行业是投资的永恒主题,其他行业不管如何诱人,绝对不参与。

2016年持股明细:

(1) 重仓股:五粮液、贵州茅台、伊利股份、中国平安、复星医药、万华化学。

(2) 中度仓股:招商银行、双汇发展、青岛啤酒、张裕A、华润三九、福耀玻璃、川投能源。

16.4 熔断之年——2016年股票交易总结

2016年的主要操作:①在大盘"熔断"以后开始加仓,一直持续到2638点;②在年底大盘调整期间调整了持仓结构,下面将一年的情况总结如下。

16.4.1 2016年操作总结

2015年,上证综指由3539.18点"熔断"开始大跌,年底收盘至3103.64点,全年下跌幅度为12.3%。具体的走势可分为两个阶段:①年初开始实行熔断机制引发一轮急速下跌,短短一个月内下跌至2638点,下跌幅度达25.5%,许多人都措手不及,比去年所谓的股灾之年损失更大;②之后大盘震荡上行,最高涨至3301点,年底收盘至3103.64点。

本人的投资收益率为15.5%,跑赢大盘27.8个百分点,结果基本达到预期,最高时盈利达20%,年底最后半个月的调整损失了5个点的利润,对2016年的个人操作分析如下。

1. 对2016年的市场分析

2016年创业板终于以大跌27.7%收盘，这个还是比较合理的，个人认为估值还是太高，远没有跌到位，还是以观望的心态对待吧。上证综指以小幅度下跌12.3%收盘，超过心理预期，个人预计在3500点左右，与2015年持平。其实2016年的行情是相对好操作的，年初大跌时布好局，年底一定是正收益的。

2. 对2016年的个人操作分析

(1) 在大盘"熔断"以后的操作。大盘"熔断"以后急速杀跌，给了我从容布局的好机会，利用2015年高位减仓35%的现金不断买入，最高加到90%的仓位，这部分的操作比较合理，为2016年的正收益做出了贡献，唯一的遗憾是买入力度差了一些，个人预计会调整到2500点，所以预留了一部分资金，算是一点小遗憾吧！这部分操作我为自己打80分。

(2) 对持仓结构的调整。年底利用大盘调整期间，对持仓结构做了进一步的调整，将分散化的标的相对集中了，目前对持仓结构比较满意，目前的重仓股为伊利股份、五粮液、贵州茅台、中国平安、双汇发展、国投电力，还有一些中度仓位的股票就不说了。

其实2016年利润贡献最大的是贵州茅台、五粮液和伊利股份三只股票，这三只股票至少贡献了利润的70%以上，其他的股票只是锦上添花。贵州茅台和五粮液是塑化剂之后的布局，只是收获在2016年而已，伊利股份是2016年初加的重仓，全年表现还不错，这三只股票的后市表现还是值得期待的，基本上算是长期持有标的。复星医药每逢新低必买入，也属于长期持有标的，是下一个潜在的重仓股标的。

2016年下半年对平安和双汇有了深入的认识，所以年底加为重仓，这两只股票算是零风险投资，但都有很好的发展潜力，平安已转型为低成本获取客户的平台型公司，市值迟早过万亿；双汇的最大看点是低温肉、进口肉、屠宰三大块市场，发展前景都不错，只是在产品创新上还是差于同为消费龙头的伊利，但双汇的市场竞争结构比较好，一股独大，还有时间做产品创新，而且2016年产品的创新还不错，值得期待；对招商银行、万华化学这两只股票已持股7年，虽然中间有过几次加减仓位的动作，但也算是始终不离不弃吧，招商银行还会一直持有下去，万华化学估计2017年会有好的卖出点，卖出的可能性极大，不过即使卖出以后还会买回来的。国投、川投是2016年初加的重仓，没怎么赚钱，但未来还是值得期待的，最低的发电成本就是该只股票最大的护城河，不管能源结构如何变化，最低成本的公司一定是最大的受益者。

古井贡酒和恒顺醋业是2016年新买入的股票，中度仓位，属于潜力无限的品种，值得期待。中国神华年底买了一点，属于赚一票就走的投资，风险收益比不错，如果进一步下跌还会加仓买入。

最不可捉摸的股票就是上海家化了，仓位和买入价位都不错，风险和潜力都是无限的，是我2017年最关注的标的，没有之一，如果基本面改善明显则会快速加仓至重仓股行列，如果继续恶化那就只能不动或者卖出了，不会影响大局。其实，上海家化的基础和口碑还是非常好的，但面临的问题也不少，张东方女士如何解题值得期待！上海家化究竟是公主落难还是美人迟暮，在2017年会有最终的答案。

海天味业、海康威视、兴业银行这三个股票仓位轻，可以灵活处理，我倒是希望可以进一步下跌，提供加仓的机会，估计只能是做梦吧！

(3) 2016年的失误之处。2016年基本上没什么失误，是自己目前真实水平的体现。

3. 2016年的收获

(1) 对六大投资行业有了深度理解。以前对行业的分析都是零散的，没有重点，缺乏统筹性的分析，现阶段通过精确聚焦"六大投资行业"，能够做到有的放矢，事半功倍。对行业的理解可以进一步深入，聚焦时间，聚焦行业，最后聚焦企业。

(2) 对企业的分析更上一层楼。2016年看了几本好书，对企业的分析体系和估值体系基本完善，对自己的原创性研究更有信心了，对企业定性分析方面有了明显的提升，对企业定量分析方面还存在短板，需要进一步改善。

16.4.2 2017年操作展望

1. 对大盘的分析

对2017年大盘的看法是没有看法。如果一定要说的话，估计上证综指会有上攻3500点的可能性，但跌破3000点的可能性也会有，所以还是不预测了，从更长期的角度来看，大盘总会上涨的，行业龙头还会进一步做大，知道这个就够了，过程中的事情就不用过于纠结了。

2. 对宏观经济的基本判断

2016年之前投资房产的爽翻天了，2016年更是变本加厉地上涨，说它是最佳投资品一点不为过，"房子是用来住的，不是用来炒的"这句话基本上为房产市场定性了，大涨的可能性几乎不存在了，大跌也不可能，保持平稳是大概率事件。

认真看了一下中央2017年的经济工作会议文件，个人认为，国企混改和防范金融风险应该是2017年最大的两个动作。限薪、双规、不作为这些都是2016年的关键词，所以下一步要激活企业家精神。国企要想做强做大，只有一条出路，那就是国企混改，个人利益得到改善，这是可以预期的。至于资本市场如何反应，不太好说，但对市场的影响则是绝对正面的。

2017年，要有防范金融风险的意识。防范金融风险则主要是指防范房地产市场风险和企业债务风险，作为对冲机制，只能将债务融资改为股权融资，所以一个健康发展的资本市场是必不可少的，可以帮助政府解决一大堆问题。

美国加息周期开始，中国的降息周期估计是结束了，全球估计开始新一轮的加息周期了，但由于政府债务问题，这个过程会相当缓慢，短期内对市场不会有太大的影响。

3. 2017年操作策略

(1) 不动如山是核心，除非股市大幅度动荡为加减仓/调仓提供机会，否则2017年就是喝茶的时间。

(2) 优质消费股和医药股是投资的首选项，六大行业是投资的永恒主题。

16.5　价投大年——2017年投资总结

2017年基本上没什么动作，最主要的操作就是在高位套现了一部分资金，在调整期又配置了一部分资金，仅此而已！

16.5.1　2017年操作总结

2017年上证综指由3103.64点震荡上行，年底收盘至3307.17点，全年上涨6.55%。大盘波澜不惊，貌似牛市一期的走势！笔者2017年的投资收益率为70%，基本上是在高位收盘，跑赢大盘63.4个百分点，结果完全超预期，应该是入市以来收益率最高的一年了，目前是82.5%的持股仓位。对2017年个人操作的分析如下。

1. 对2017年的市场分析

2017年大盘波澜不惊，在震荡中上行，但个股风云突变，全市场应该有超过1600多只股票下跌，但白马蓝筹股异军突起，涨幅巨大，的确是价投的绝对大年，价投们应该都赚得盆满钵满！

2. 对2017年的操作思考

(1) 持仓结构的微调整。卖出了众多"老友"，有五粮液、招商银行、万华化学、国投电力以及上海家化，都是好股票，其中招商银行和万华化学都是持股接近10年的"老友"了，其实是有一点不舍的，但由于找到了性价比更好的标的，所以只能放弃，希望有缘再相会！买入的标的有老白干酒、泸州老窖、青岛啤酒、桃李面包、华兰生物、海澜之家、人福医药。2017年的换手率估计在30%左右，实在是有一点高了，以前的换手率也就20%(平均5年持股周期)，后面会降低换手率，稳定在20%~25%，做4~5年的长线布局。

(2) 2017年的投资思考。2017年，我对投资有了许多新的思考，有了更多的认识，简单谈几点：①用屁股赚钱。2017年是丰收之年，但第一批种子是2014年白酒塑化剂事件以后种下的，第二批种子是股灾以后种下的，两批种子都发芽结果了，持股不动就把钱给赚了，所以大部分钱是靠屁股赚到的！长线投资才是王道。②好股吃3年。2016年和2017年都是白酒股的天下，创造利润空前，估计2018年白酒股还会有很好的表现，真是好股吃3年。③仓位管理非常重要。克服贪婪和恐惧的有效工具其实就是仓位管理，心态不稳了，怕调整了，就适当减减仓位，减到心情平稳就行了！投资不能太贪婪，动不动就满仓加杠杆，那是找死的做法，手里持有一部分现金，时不时会发现一些好机会，现金是永不过时的看涨期权。

(3) 2017年的失误之处。貌似没什么失误嘛！开外挂的一年。

3. 2017年的最大收获

只有一句话，非常重要的一句话：创始人、企业家、治理结构，是一个公司最终的核心竞争力，伟大的企业家与优秀的治理结构才会激发每一个人的正能量与创造力，好的组织与好的商业模式应该充分激发人性善的一面。只有人才是创造价值的终极源头。找到一个好的行业，找到一个好的企业家，恰好出现一个好的价格，淡定地买入，时间自然会创造价值！

4. 对价值投资的理解

第一个阶段(2013年以前)，认为低估是王道。以低PE高分红作为估值的核心，筛选了一批股票，但投资结果大失所望，都有一点怀疑人生了！

第二阶段(2013—2017年)，认为成长性才是王道。以合理估值买入具有发展前景的好企业是不二之选，合理利用行业性的不利时机寻找买入点，买入以后享受企业成长的时间红利，这段时间投资复合收益率为33%。成长性的确可以创造价值。

第三阶段，就是当下，我对投资有了进一步的领悟，认为从企业经营的角度来看投资才是王道：①企业家才是创造价值的源泉。优秀的企业家会创造出良好的商业模式和公司的治理结构，企业在竞争中自然会脱颖而出。②行业以及行业所处的竞争结构非常重要。③垄断才是商业竞争的本质，有能力走向垄断的企业才是优秀的企业。④产品力非常重要。好的行业+优秀的企业家+类垄断的商业模式+好的产品体验+合理的估值=利润的源泉。

最近三年主要看了成功企业家的传记以及企业经营方面的书籍，价值投资很好理解，但难以操作，要发现好的企业必须有企业家思维，站在企业家的角度来看待企业，这就需要知识的积累。价值投资的门槛其实非常高，需要有大量的知识储备和经营企业的思维，路还很长，我才刚刚入门而已！

16.5.2 对未来发展趋势的几个判断

1. 人口结构会有深层次的变化，人口老龄化，青少年群体急剧减少

这一人口结构的变化对各个行业都有不同程度的影响，第一个影响是医疗保健行业的大发展，未来10年，保健行为有望取代房地产业成为第一大行业，这个行业才是投资者取之不尽的财富源泉；第二个影响则是国货的全面崛起，一方面是因为国内制造的水平提升很快，另一方面则是"80后"和"90后"已经对洋品牌没那么多的崇拜之情，追求性价比和个性化成为消费的主旋律，家电、汽车、家具、日常消费品等都已经是中国制造的天下；第三个影响则是与青少年需求有关的消费品行业总需求会逐步萎缩，比如啤酒行业，只有通过产品的消费升级来获得增长；第四个影响则是老龄化社会对房地产的需求是负面的，所以房地产的总规模一定会逐步萎缩的，这一点确定无疑，但价格则是另一回事，取决于政府的政策，与市场的关系不是太大；第五个影响则是整个社会的经济活力会受到抑

制，从经济扩张型社会走向消费型社会，一如2000年以后的日本和欧盟。

2. 环保持续加强，青山绿水可期，这一趋势对原材料行业影响非常大

第一个影响是环保风暴叠加结构性去产能，原材料行业价格短期暴涨，纷纷处在价格高位；第二个影响则是处于中游的制造业受到抑制，在人工工资上涨、土地价格上涨、原材料价格上涨的前提下，制造业会有一段艰难的日子，品牌力强大的企业能够顺利转移成本上涨；品牌力小的企业则会举步维艰，新一轮的优胜劣汰开始了，消费品的行业集中度会趋于集中；第三个影响则是对于钢铁、水泥等传统行业而言，个人认为仅是一次回光返照而已。总体而言，大宗原材料的上涨最终会抑制整个行业的总需求，行业的总规模会逐步萎缩的，在一个萎缩的行业内寻找投资标的无异于走钢丝，实在太难。

3. 剩者为王的时代已经到来

经过30多年的大浪淘沙，各个行业的竞争格局基本确立，行业集中度大幅度提升，尤其是消费品行业，单寡头、双寡头以及三巨头的行业格局频频出现，的确是到了收割的时候。商业竞争的本质是垄断，只有垄断才可以创造出超额利润，消费品行业目前已经进入了品牌垄断的时代，投资行业龙头是不二之选。

4. 中美双王(经济领域)时代已经到来

只要中国自己不折腾，依靠惯性的经济力量，中国经济的总规模就可以超过美国，其实经济总量能否超过美国并不重要，两者的经济总量至少在同一个级别上，就是大王和小王的区别。曾有一篇文章详细地汇总了2018年全球营收在千亿美金以上的企业，发现只有中美在各个领域都有千亿美金的企业，这个基本反映了目前的全球经济格局。这一趋势反映在投资领域则是暗示了中国龙头企业的市值空间。参照美国龙头企业的市值，中国龙头企业的市值都应该在千亿美金以上。

16.5.3 核心持股一览

1. 贵州茅台

贵州茅台是最牛的消费型企业，没什么可说的，安心地持有了4年，第一次有了卖出的冲动，9000亿元市值实在是没有什么想象的空间，市值突破万亿是可以

预期的，但市值翻倍的空间不敢想象，而市值翻倍是我买入股票的最低目标，从这个角度来讲，茅台是可以卖出了，前提是找到性价比更好的投资标的，如果没有，那就安心持有吧！

2. 伊利股份

乳制品行业在向单寡头的方向演变，伊利从管理、原材料、营销、品牌美誉度方面完胜蒙牛，在全球范围内构建了乳制品的原材料优势；基于规模优势的品牌营销构建了品牌优势；产品结构升级提升了利润空间，目前不到2000亿元的市值，尚可以放心地持有一段时间，绝对是日常消费品第一股。

3. 中国平安

中国平安是中国最好的保险股，基于交叉销售的低成本优势和管理优势碾压众多国家队成员，在保险、银行、投行、车、房、互联网金融等领域已经构建为平台型企业，发展空间很大。

4. 古井贡酒

白酒行业是最具有差异化的行业，典型的区域龙头企业，古井贡目前行业内排在第五，预计2018年营收可突破百亿元，虽然目标是行业前三甲，但洋河和泸州老窖的管理层非常优秀，基本上不会犯什么错误，所以行业三甲的目标基本没戏。但古井贡品牌定位清晰，独占"年份原浆"的概念，占据了消费量最大的中端市场，由行业内仅次于洋河的营销团队保驾护航，市值突破500亿元应该没什么悬念。

5. 老白干酒

老白干酒是我2018年初入手的核心持股，持股逻辑如下：①公司已非昔日吴下阿蒙，依靠十八酒坊和古法老白干酒的产品结构调整，公司产品60%以上在百元以上价位，定位上已经蜕变为区域市场的中端酒；②目前，老白干酒在河北省的市占率在15%左右，属于弱势的区域龙头，若2018年收购板城烧锅酒以后，利用双方的现有渠道以及产品的互补性整合了河北省的市场，市占率将超过30%，3~5年之内营收突破百亿元没什么悬念，一定会成长为强势的区域龙头企业，参考汾酒在山西的市场地位，公司市值预计会达到300亿元，上涨空间还很大，可以放心地长线持有；③老白干酒是雄安的最大受益者。未来10年雄安一定是全国范围内基础建设最多的区域，最大的受益者一定是酒水，老白干近水楼台，这个市场空间应该是百亿级别的。

6. 桃李面包

桃李面包是年轻版的伊利，中央工厂+大众超市的商业模式独一无二，唯一的全国性品牌，除了价格高一点没什么毛病。唯一的遗憾是前期对其商业模式的有效性还有一定的疑虑，所以在调整期买入的有一点少了，希望后面可以再跌一跌，加加仓位，那就是一个完美的本垒打！

7. 青岛啤酒

青岛啤酒是行业老二，品牌力老大，行业总规模基本到顶。投资逻辑是行业竞争结构的改善和产品的结构升级，第二点已经明显地发生了，第一点还不能确定，其实这取决于华润啤酒的态度，雪花啤酒决定了中国啤酒的价格指数。如果行业内长期存在一个价格屠夫，那么这个行业盈利情况是很糟糕的，2018年雪花换装，貌似有提价的意思了，对行业是长期利好。复星入股青岛啤酒算是意外之喜，原来打算到40元以后卖出，现在倒不急于卖出了，如果复星可以推动青岛啤酒的管理效率提升，那利润会滚滚而来，拿着小板凳坐在一边看看热闹吧！

16.6 投资者的炼狱——2018年投资总结

16.6.1 2018年投资总结

2018年初大盘由3307.17点一路上攻至3587点，气势如虹，大有突破4000点的气势，但下半年风云突变，年底收盘至2493.9点，全年下跌24.6%，属于A股历史第二跌幅，个股腰斩者比比皆是，全年能够取得正收益的股票寥寥无几，算是最近20年最难以投资的市场了，不管你做什么、投资什么大概率都是亏损的，最佳策略则是不投资，太具有讽刺意味了！

笔者2018年收益率为-17.5%，仅次于2008年的亏损幅度(-25%)，仅仅跑赢大盘7.1个百分点，算是非常差的一年，对比去年70%的收益率，简直是天上与地下的差别，丑媳妇终于要见公婆，直面才是最好的选择，只有做到不对自己撒谎，才会真正进步！对2018年个人投资的总结如下。

1. 对2018年的投资思考

(1) 对中美贸易冲突的后果估计不足。2018年上半年股市的走势还是不错的，上证综指一度达到了3587点，白马股纷纷创了新高，收益率一度接近20%，原本以为又是开挂的一年，但下半年随着中美贸易冲突的加剧，市场风云突变，不但跌破了2016年股市熔断之后的2638点，更是进一步下跌到了2449点。期初，我对中美贸易冲突过于乐观，以为通过双方谈判就可以解决，不算什么大事件，对股市预期是最多跌至2800点，即便在极端情况下，也不可能跌破上一轮股市熔断的点位，所以在2800点左右接近满仓。其实在上半年的白马股行情中，本人高位减持了不少股票，手里现金满满，处在非常有利的位置，但过于乐观的判断将一手好牌打坏了，实为憾事！

(2) 骄傲是投资的大忌。以前一直不太明白，为什么一个有名的将军在连续打了胜仗以后很容易吃败仗。他用的是同一个理论、同一套战术，为什么会失败呢？今年我彻底懂了。在本人账户连续5年取得超过30%的复利增长率以后，潜意识里面就会有自满和骄傲的情绪，这种自满情绪可能并没有明显地表现出来，但在潜意识层面已经暴露无遗了，在投资上表现在：①对投资标的的质量选择明显放松了。比如浦发银行、中国建筑这种质地非常一般的股票都被买了进来，虽然买入的数量并不多，但买本身就是错，与数量多少无关，对于平庸的企业一股都不应该买入。②对买入股票的价格要求不那么严格了。本来对每只股票的首次买入价格和加仓的价格都有严格的要求，但在2018年并没有严格执行，导致一些还不错的股票买入价格有所偏高，比如老白干酒和飞科电器。③不懂得敬畏市场。以前我是不会轻易预测市场的，只是根据市场点位做仓位配置，按照我自己的仓位管理原则，资金是可以支撑到2600点的，结果在2800点子弹就打光了，后面就比较被动了。

骄傲和自满是投资的大忌，市场总会抓住一个人的弱点进行痛击，没有人可以预测市场或者掌控市场，应对市场才是王道，提前做好应对之策，不急不躁，按照计划做事情，才会成为赢家。

(3) 收获满满的一年。

第一，投资体系日趋完善。2018年，本人对投资体系进行了全面的梳理，在整理过程中，发现了不完善的地方，弥补了一些短板，使投资体系日趋成熟。

第二，整理出了一整套分析企业的方法。这套方法论从行业层面、企业层面、管理层面、产品层面系统分析企业，能够对企业定期进行体检，从而筛选出优质企业。经过10多年读书的积淀，2018年，我终于可以做到将各种知识融会贯通，对企业分析上了一个新台阶。

第三，对市场应该有敬畏之心，不要心存侥幸，可以去感知市场的温度，可以用估值来确定市场当前的位置，但绝不能去做预测，预测属于上帝的视角，只有上帝可以，其他任何人都不可以，投资者应该通过资产配置和仓位控制来应对市场的极端情况。

第四，损失了金钱，埋下了种子。2018年是布局之年，新一轮的布局基本已经完成，未来3到5年的收成(或者损失)基本上已经锁定了，剩下的事情就是用屁股等待了，企业终将会发展，牛市终将会到来，我还在，我一直都在市场里，所以当闪电打下来时我一定在场。

2. 对价值投资的最新理解

股权思维、商业思维才是价值投资的根本出发点，价值投资的本质就是在合理价位买入优秀公司的股权，陪伴公司一起成长。

16.6.2 对几个热点问题的思考

1. 投资就是赌国运

投资本质上就是赌国运，百年美股的收益率均值在7%左右，离不开美国的持续发展，做多美国是唯一的选择；中国改革开放40年就是国运持续向上的40年，每个人都是受益者，虽然中美贸易摩擦导致许多人对未来有一点迷茫，但只是发展中的波折而已！退一步来讲，如果未来国运向下，不管我们做什么其实结果都差不多，但如果国运持续向上或者说国运没那么差，那选择做什么结果会完全不同！国家层面的事情不是我们能影响或者决定的，但自己必须做自己可以掌握的事情，做对自己负责任的事情，剩下的就交给运气吧。

2. 对中美贸易冲突的看法

从2018年6月中美贸易冲突开始，愈演愈烈，直到中美首脑会谈以后才有了3个月的回旋余地，但未来仍然有不确定性，我们可以推演一下：第一，中美在3个月以内达成协议，贸易冲突正式结束，中美进入正常的经济发展轨道，这是最好的结果，也是大家一致期盼的结果，概率至少在60%以上；第二，中美没有达成贸易协定，美国如期加税，中美进入新一轮的贸易冲突，但会继续谈判，因为中国的经济结构没法支撑持久的贸易战，谈判妥协只是早晚的事情，贸易冲突终将解决，这种概率有30%；第三，经济铁幕降临，中美进入全面对抗，这种概率不会超过10%。如果进入这种情况，中国的房地产市场肯定崩盘，会将整个金融体系拖入泥潭，中国的经济崩溃，整个政治体系将从根本上产生动摇，属于多输的局面，没有任何人能够承担这种后果，所以这属于超低概率事件。

通过以上三种结论的推演，中美贸易冲突一定会解决，国运向下的担心也可以排除了，做多中国是我们唯一的选择。

3. 对当前政策的看法

2018年，国家连续出台了一些政策，比如明星补税、限制游戏总量、限制校外教育、医药带量采购、个人所得税调整等，市场调侃说出一个政策打倒一个行业，属于神助攻。但抽丝剥茧来看，所有政策的出发点都是打击特权，提倡公平的原则，所以政策没那么糟糕。40年改革至今，始终是效率至上，形成了各式各样的特权区域，中国的贫富差距高居全球前几位，所以目前的政策导向是效率兼具公平，没什么不好。只要中国不形成北欧国家那种全民高福利，以公平牺牲效率的极端情况，这种政策调整就没什么问题。效率兼具公平应该是当前时期最优的政策选择。

4. 对环保政策的看法

从本届政府的执法来看，环保成了硬指标，每一个投资人都需要认真思考，哪些行业是环保政策的受益者？哪些企业不但不受影响，反而进行了环保加持？哪些行业是环保政策的受害者？哪些企业受害最严重？认真回答这些问题是投资人必须做的功课。两个结论是显而易见的：①各个行业的龙头企业都是环保政策的受益者，而小企业则是普遍的受害者；②某些行业的进入门槛明显提高了，在位企业具有了明显的优势。

5. 核心持股一览

(1) 贵州茅台：最牛的消费型企业；

(2) 伊利股份：大众消费第一企业；

(3) 中国平安：中国最好的保险企业；

(4) 泸州老窖：被市场低估的高端白酒企业；

(5) 老白干酒：最具发展潜力的白酒企业；

(6) 青岛啤酒：国内品牌力最强的啤酒企业；

(7) 飞科电器：产品性价比之王；

(8) 人福医药：困境反转型企业；

(9) 周黑鸭：从0到1的商业模式和品牌打造之路已经走通，从1到10的标准化复制之路能否顺畅？

(10) 永辉超市：生鲜超市之王。

16.7 二次进化——2019年投资总结

16.7.1 2019年投资总结

2019年初上证综指由2493.9点一路上攻至3288点，气势如虹，市场氛围热烈，成交量暴增，一轮牛市呼之欲出，但5月之后风云突变，中美贸易谈判破裂，8月大盘下跌至2733点，一轮潜在的牛市夭折。下半年股市波澜不惊，年底收盘至3050.1点，全年上涨22.3%，全年最好的策略是持股不动。股市表现是冰火两重天，优质股票屡创新高，平庸的股票在低位徘徊不前。2019年是A股历史上估值分化最为严重的一年，在国际资金的加持下，A股发展进入新常态，同涨同跌时代或许已经过去，A股市场进入分化发展的阶段：好的更好，差的更差。股市大跌之后的第二年往往是收益比较丰厚的一年，这一规律再一次被市场验证。

笔者2019年A股账户收益率为43.7%，跑赢大盘21.4个百分点；港股账户收益率71.1%(最主要的贡献是李宁)，跑赢大盘60.6%个百分点，账户的综合收益率为53%左右，对整体的操作大概可以打75分，基本可以接受，但离优秀还有距离。2019年是笔者的投资体系基本完善的一年，承前启后，虽然还有过去的烙印，但已经完成二次进化，成为一名成熟的投资者。

2019年操作较少，大部分仓位都是2018年已经持有的，针对2018年的一些错误做了局部纠正：①对飞科电器进行了换股操作，换仓至洋河股份和伊利股份；②加仓了东方雨虹和永辉超市，这是2019年最重要的两笔加仓；③由于个人资金需求减持了贵州茅台。减持茅台应该是2019年最差的操作了，虽然赚了7倍收益，但卖出就是错误，优质资产绝对不能轻易卖出，引以为戒！具体的投资思考有以下几点。

1. 找到好的赛道、好的商业模式、好的管理，即投资需要找到"三好学生"

赛道在投资中起决定性的作用，在主赛道里投资事半功倍；偏离了主赛道，不管是企业经营者还是股票投资者，只能苦哈哈地活着。赛道重于一切，抓住主赛道，充分享受时代的红利和时间的红利。

好的商业模式同样重要，商业模式决定了企业成长的天花板甚至是企业的生死。以环保行业为例，行业处在主赛道里，行业的成长性非常好，但由于环保行业以PPP(公私合伙模式)项目居多，现金流非常差，行业的商业模式有很大的缺陷，企业做得越大越容易死掉，比如东方园林、桑德环境等高成长企业在2019年几乎破产了，被迫卖身求生存。

好的管理同样是不可或缺的，好的管理可以放大企业价值，比如中国平安、海底捞等；平庸的管理可以抑制企业的价值，即便企业潜力巨大也难以发挥出来，比如老白干酒、飞科电器等；差的管理可以毁灭价值，比如人福医药，如果管理层最近5年什么都没做，企业的价值比现在至少高50%，管理层最近5年所有的做法产生的都是负效应，所以说管理是非常重要的，管理就是企业发展的催化剂。

好赛道是底层逻辑，是本质；好的商业模式可以放大企业的商业价值；好的管理是组织保证，可以创造商业价值，"三好学生"才是股票市场的常青树，才是牛股集中营。

2. 在同一个坑里跌倒了两次

以前在企业管理层面吃了太多的亏，2019年又一次掉到了这个"万人坑"，2019年有两只股票是负收益：飞科电器和老白干酒。好的一面是这两只股票都是2017年和2018年买入的，属于以前的"旧账"，所以勉强还可以接受；坏的一面是没有及时通过换仓卖出，飞科电器已经分散换仓至洋河股份和伊利股份，结果尚可。老白干酒还在继续持有中，当初投资老白干和投资泸州老窖的逻辑基本是一样的，结果有天壤之别，区别就在于老白干酒有一个极其平庸的管理层，老白干酒属于管理层抑制企业价值释放的典范！好在2020年是老白干酒管理层持股解禁的年份，管理层应该有业绩释放的动力。老白干酒的毛利率水平在60%以上，但净利率在10%以下，太不合理了。从逻辑上而言，老白干酒做到行业平均20%的净利润率没有任何压力，可惜一手好牌打得稀巴烂。2020年要彻底翻底牌了，不管结果如何，2020年都是投资老白干酒的最后一年，就当3年白干吧！2020年以后投资上的一条铁律就是坚决不和"猪"一样的管理层做队友。

3. 三点新收获

第一点收获是投资体系基本成熟。经过7年的不断打磨和完善，本人的投资体系基本具备了可持续性盈利的特点。对投资而言，每年多赚一点或者少赚一点其实并不重要，最重要的是两点：①没有负收益或者将极个别年份的负收益控制在个位数的水平；②每年的正收益具备持续性。如果可以做好以上两点，根本没必要去羡慕别人的高收益，持续性才是最重要的。

第二点收获是明白了大道至简，即在知识上做加法，在投资上做减法。在知识上需要持续学习，商业类书籍、管理类书籍、行业类书籍都需要持续阅读，持续性地增长商业知识，加深能力圈，拓展能力圈。在投资上需要持续做减法，通过投资门槛的设定来减少股票投资的数量，通过深度研究提高对企业未来发展判断的准确性。大量的商业知识储备是投资上做减法的前提条件，否则什么投资都是空中楼阁。

第三点收获是认识了一批新朋友。通过参加大视野的投资分享活动，认识了许多做价值投资的朋友，在价值投资的道路上，我们结伴而行。

4. 对价值投资的最新理解

股权思维、商业思维才是价值投资的根本出发点，价值投资的本质就是在合理价位买入优秀公司的股权，陪伴公司一起成长，"三好学生"是投资者追求的永恒目标。

16.7.2　对未来发展的几点看法

1. 过去18年(2000—2018年)经济发展的主赛道：5条主赛道+2条辅赛道

(1) **房地产**：房地产市场由2万亿平方米成长至17.2万平方米，与房地产高度相关的地产商、电器、水泥、防水等行业获得了空前绝后的发展机会，成就了万科、融创、海螺水泥、美的、格力、东方雨虹等大牛股。

(2) **汽车**：汽车市场由200万辆成长为2800万辆，成长了10多倍，带动了汽车产业链上企业的大发展，成就了福耀玻璃、上汽集团、长城汽车、吉利汽车等大牛股。

(3) **互联网**：互联网和移动互联网的大发展，带动了电子商务、社交网络等业务，成就了百度、阿里巴巴、腾讯、美团等大牛股。

(4) **消费升级**：人均GDP由2000年的959美元增加至2018年的9770美元，增加了9倍，消费扩容和消费升级是消费行业大趋势，成就了贵州茅台、泸州老窖、伊利股份、海天味业、安踏体育等大牛股。

(5) **医药扩容**：医药工业收入由2000年的1572亿元增加至2018年的24 270亿元，增长了14倍，医药行业成为投资主赛道之一，成就了恒瑞医药、云南白药、中国生物制药、复星医药、华兰生物等大牛股。

(6) **基建(辅赛道)**：基础设施的大建设让机械行业获得大发展，成就了三一重工、潍柴动力等大牛股。

(7) **出口贸易(辅赛道)**：出口贸易量翻了好几倍，由于出口以加工贸易为主，缺乏品牌效应，并没有出现太好的投资机会。

2. 未来10年(2020—2030年)经济发展的主赛道预测：5条主赛道+2条辅赛道

(1) **消费升级与消费分级**。随着GDP的减速以及效率兼具公平的新发展理念，消费升级和消费分级现象开始出现，逐步往"M"型社会靠拢，轻奢与追求性价比消费同时出现。

(2) **电动车成为主赛道之一**。电动车目前市占率为5%，2030年有望达到50%的市占率，有10倍的增值空间，以宁德时代为代表的相关企业会有不错的发展空间。

(3) **数字化时代来临**。电商、支付、外卖、出行大发展本质上是以上行业的数字化，提高了行业的效率，未来10年各行各业的数字化是一个大趋势，标志性事件是物联网和车联网的发展。

(4) **环保大大加强，受益于环保加持的行业竞争态势会有明显改观**。

① 环保因素提高了许多行业的进入门槛，很多行业的竞争态势会有明显的改观，行业投资逻辑会有明显的变化，比如化工行业、水泥行业、煤炭行业等。

② 环保相关行业可能会有不错的发展机会。

(5) **老龄化社会正式到来，与老人生活有关的行业是主赛道之一。**

① 医药行业总规模还会进一步扩大，但超级采购团(医保局)的出现改变了行业投资逻辑，仿制药市场萎缩以及利润率大幅度走低是可以预期的；创新药会有不错的发展前景，但国内的支付体系不支持高价药，创新药很难达到在欧美市场的表现。

② 医疗保健市场和医疗服务市场会有不错的发展前景。

③ 老年人服务市场(自己花钱)会有非常好的发展前景，具体可以参考一下日本的现状。

(6) **进入存量时代，房地产是第一条辅赛道。** 2018年是一个重要的时间点，房地产的最高峰已经过去，未来属于存量市场的竞争，市场占有率提升是房地产市场的主旋律，大量中小房地产商倒闭不可避免，头部企业市场份额快速集中。

(7) **受益于工程师红利的相关行业是第二条辅赛道。** 过去的人口红利+完善的基础设施让中国成为全球制造业中心，当前的工程师红利必将让高端制造业、医药研发、IT高端技术突破成为必然(本质上受益于研发技术进步的行业均可以受益)。

3. 目前经济发展的硬约束条件

经济发展是有约束条件的，政府只能在现有的约束条件下做文章，具体来看中国经济发展的硬约束条件包括以下几点：①过去20年政府把房地产作为拉动国家经济的支柱产业，这个支柱产业已经足够大，大到已经很难产生增量市场，未来进入存量市场阶段(60%的城市化率+50平方米/人的住房面积)；②地方政府负债率已经达到极限位置(PPP项目乱象本质上就是地方政府无法提高负债，出售未来一段时间的特许经营权进行融资)；③国企高负债和央企70%负债率约束国企未来一段时间内降杠杆仍是主旋律；④过去几年房地产市场的火爆和价格暴涨让居民杠杆率急速攀升，居民储蓄率由2013年的45%急速降至7%；⑤中央政府的负债率尚处于低位，是未来唯一可以加杠杆的部门(中国的总负债为GDP的250%，其中企业负债为GDP的130%，家庭负债为GDP的56%，政府负债为GDP的64%)。

通过以上约束条件的分析可以发现，只有中央政府还有继续加杠杆的条件，其他各个部门的杠杆率已经到了极限值。对内来看，经济要进一步发展，人民要追求美好的生活；对外来看，突破美国对高科技封锁最有效的手段就是创新和技术突破，而这一切都离不开资本市场的支持，资本市场的发展已经成为政府的必选项。

4. 未来经济发展的推动力

未来经济发展的推动力离不开资本市场的支持，具体来看有以下几点：①债务融资已达到极限值，2017年以来降杠杆成为国策之一。股权融资成为必选项，强大的资本市场是经济发展的巨大推动力。②科创板的推出、注册制的逐步实施、法律层面提高资本市场违法成本，制度建设逐步完善。③中央对资本市场的定位：2018年中央经济工作会议的公告指出"资本市场在金融运行中具有牵一发而动全身的作用"。④中美贸易冲突让中央意识到科技不能受制于人，大力发展科技和创新成为国家战略，资本市场是发展科技不可缺少的环节。⑤资本市场取代房地产市场成为未来经济发展的主引擎(经济发展的主引擎必然是10万亿以上级别的产业，房地产、汽车、资本市场)。⑥目前整体市场15倍PE，大盘10倍，1.5倍PB，便宜是硬道理。⑦资产配置：美国家庭房产占比35%，股市占比32%；中国家庭房产占比70%，股市配置3%。

发展资本市场已经成为国家战略，占据主赛道，享受时间的红利，资本市场的未来无限光明！

16.7.3　2020年投资策略

1. 持续做减法

投资上持续做减法，持股逐步向最优秀的企业集中，放弃某些有局部缺陷的企业，向"三好学生"集中，在企业研究上持续提高"三性"：成长性、确定性、持续性。将"三性"和"三好学生"结合起来，做优质股权的收集者和长期持有者。

2. 守正出奇

小仓位介入发展潜力巨大但风险点尚存的企业，这是一种大胆的尝试，"败"无关痛痒，"成"则拓展了投资思路，作为一种补充策略，允许错，故可以试。

3. 核心持股一览(A股)

(1) 伊利股份：大众消费第一企业；

(2) 中国平安：中国最好的保险企业；

(3) 泸州老窖：被市场低估的高端白酒企业；

(4) 老白干酒：潜力与价值陷阱共存；

(5) 青岛啤酒：国内品牌力最强的啤酒企业；

(6) 人福医药：困境反转型企业；

(7) 周黑鸭：优化商业模式，有望从小众市场进化为大众市场，天花板提高一个数量级；

(8) 永辉超市：生鲜超市之王；

(9) 东方雨虹：防水之王，房地产市场集中度提升的受益者。

这本书的出版发行,首先要感谢施猛先生,施猛先生充满热情,出谋划策,提出了不少宝贵的意见,并认真进行审稿工作,在此表示感谢!

  其次要感谢我的妻子钟琪女士。写书是一件很花时间的事情,我的妻子积极支持我的工作,并对本书进行了第一次审稿,提出了恰当的修改建议。

  然后要感谢李金星先生和姜崇健先生,他们认真校对书稿,为本书的顺利出版做出了贡献。

  最后要感谢蒋炜先生和张居营先生,两位都是资深的投资人士,在繁忙的工作之余为本书作序,他们写的序言很棒,是本书内容的重要组成部分。

  希望本书可以为广大读者带来价值,读者需要做的只是"买一手"。

张靖东

2020年2月于天津